1ª edición, octubre 2021
2ª edición, abril 2025

Editan:
Calumnia edicions
Cuadernos de Contrahistoria

Diseño de cubierta y maquetación:
Curro Rodríguez

ISBN: 978-84-129699-2-4
DL: PM 00128-2025

Foto de la cubierta:
Aranjuez, 1931. Negativo orginal de L.M.D. procedente del archivo personal del
cronista gráfico Chele Ortíz.

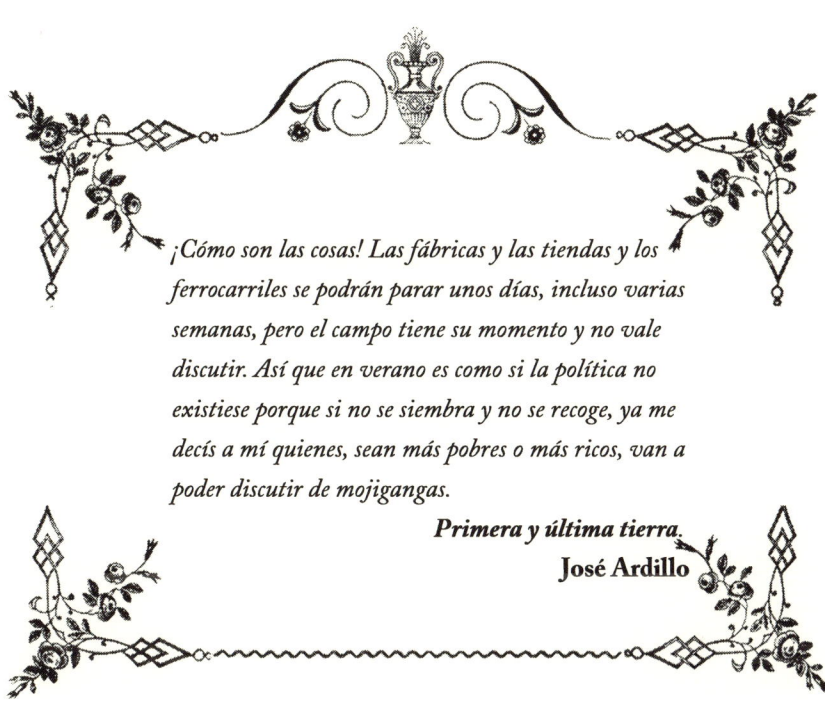

¡Cómo son las cosas! Las fábricas y las tiendas y los ferrocarriles se podrán parar unos días, incluso varias semanas, pero el campo tiene su momento y no vale discutir. Así que en verano es como si la política no existiese porque si no se siembra y no se recoge, ya me decís a mí quienes, sean más pobres o más ricos, van a poder discutir de mojigangas.

Primera y última tierra.
José Ardillo

DE MORRO ANTE LOS FENÓMENOS DEL TIEMPO

Sindicalismo y explotación de la tierra durante el periodo republicano en Aranjuez

Curro Rodríguez

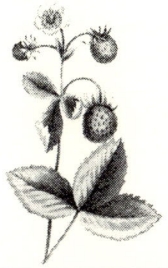

ÍNDICE

El socialismo de los países más "modernos" ha aceptado en su conjunto los puntos de vista industriales y "progresistas" de la burguesía. En España las masas se rebelaron y básicamente continúan rebelándose contra toda forma de progreso o europeización (...) Bajo el repetido impacto de los países que continúan progresando, ha entrado en un periodo de desintegración que está lejos de haber terminado. Pero en el curso de este lento proceso, las fuerzas espontáneas y primitivas de las clases más bajas (de las cuales se habla tanto y con tan poco realismo en el occidente progresista) han sido liberadas y han comenzado a actuar, con increíble fuerza, obedeciendo a una reacción fundamental, característica de todo pueblo atrasado contra sus vecinos más progresistas; las masas españolas odiaban y odian esta civilización moderna que les es impuesta y luchan contra ella con la furia que solo los españoles son capaces de desplegar en tales ocasiones.

El reñidero español
Franz Borkeneau

Prólogo

El autor del libro que nos ocupa, investigador social entre otras labores, sabe que hacer historia es bregar tanto con el pasado como con el presente, porque los hechos históricos solo alcanzan a tener forma gracias a un empeño que mira hacia atrás, pero buscando siempre en el ahora los criterios que quiere hacer valer. La escritura histórica, sobre todo aquella que se vuelve hacia el pasado de las luchas sociales, no puede esquivar esta premisa, que la obliga a menudo a romper el cerco del olvido -o de la ignorancia interesada- para rescatar una verdad que necesitamos.

Tampoco ignora el autor que la búsqueda de la verdad histórica no puede ser a priori conducida por una visión teórica determinada, sino que debe esforzarse en desvelar los hechos en su desnudez, al margen de toda veleidad ideológica, incluso si esto supone renunciar a ciertas comodidades que nos dan los lugares comunes y admitidos. Este es el propósito que el autor nos anuncia desde las primeras páginas, ir de lo particular a lo general, y con ello intentar respetar la veracidad de los hechos, y su significación histórica.

Imposible en estas pocas líneas resumir cabalmente el contenido del libro y mejor dejar que el lector descubra por sí mismo su contenido. Solo señalar algunas líneas maestras de esta investigación, que concierne tanto la historia del sindicalismo agrario en la zona ribereña de Aranjuez, antes y durante el periodo de la guerra civil, como sus implicaciones políticas dentro de la tradición que podemos considerar libertaria en un sentido amplio.

El autor sondea la historia del problema agrario en paralelo a la cuestión de la propiedad de la tierra sin la cual el primero no se entiende, y todo ello dentro de la excepcionalidad de una comarca como es la de Aranjuez, tan sometida a los caprichos de la grandeza nobiliaria arraigada desde tiempo lejano en la zona. Es en el contexto de las diferentes desamortizaciones decimonónicas de carácter liberal, como el autor lo señala, que hay que empezar a entender los problemas del campesinado de comienzos de siglo, unas desamortizaciones que, por supuesto, nunca fueron un medio para que las clases trabajadoras pudieran acceder más fácilmente a la tierra con la que se ganaban el sustento.

Desentrañado el verdadero significado de la desamortización, de la incipiente mecanización del campo, de la pérdida de autonomía material, se entiende mejor la situación de creciente penuria que podía experimentar una parte importante del campesinado de la región. Rodríguez, teniendo en cuenta todos esos factores, nos conduce luego a un análisis histórico de la conflictividad política que se fue desarrollando desde principios de siglo hasta el periodo de la guerra.

Una cuestión, a nuestro modo de ver apasionante, es como se pudo vivir esta conflictividad en lugares donde por ahora no se han documentado, o de manera muy insuficiente, todos estos episodios. Por no hablar de su significado más hondo, que aquí solo podemos apuntar muy de pasada. La investigación que aquí presentamos es uno de esos raros intentos de rescatar una historia local, concreta, que por la misma razón tiene un significado que cada vez cobra más importancia según pasa el tiempo, en el sentido en que la centralización ha monopolizado también la interpretación histórica.

A parte de los momentos de oposición declarada, de las huelgas, de enfrentamientos con las fuerzas del orden por parte del proletariado local, el libro aborda sobre todo la evolución de la lucha sindical agraria, en especial en el periodo republicano, donde siempre bajo los auspicios del IRA y las vicisitudes de la Reforma Agraria, los campesinos politizados intentan, en la medida de lo posible, aumentar siempre los límites de la ley para acercarse un poco más a la realidad de una igualdad económica y social con respecto a la propiedad agrícola. Interesante y bien documentados pues son los capítulos que el autor dedica a las experiencias de las fincas de Sotomayor y posteriormente de Villamejor, así como a la presencia de la asociación La Fresa, cuyo solo nombre nos hace ya saborear una particularidad productiva local. El lector podrá seguir con exhaustividad documental las derivas de estas experiencias de explotación más o menos colectiva, sus logros y sus fracasos, así como sus implicaciones políticas. Las limitaciones documentales no dejarán siempre desvelar toda la importancia de estas tentativas y mucho menos sacar conclusiones definitivas, pero nos darán una idea de lo que a nivel local se estaba produciendo en todo el país.

El autor, a pesar de los muy modestos resultados de estos experimentos, no desdeña el potencial de sus lecciones históricas, como nos dice: «El despliegue de la guerra social en Aranjuez durante los años estudiados, no puede ni debe resumirse en un fracaso mayúsculo en los términos de la revolución social» (p. 174) e insistirá en su valor como factor posible de transformación social.

Una de las aportaciones más interesantes del libro es que nos deja adivinar la complejidad del conflicto sobre la tierra y el campesinado en el primer año de la guerra, siempre partiendo del ejemplo concreto de lo que podía estar ocurriendo también en la comarca de Aranjuez. Y eso a pesar de la precariedad documental a la que el autor se enfrenta.

Como sabemos, dadas las características de un país como España en los años treinta del pasado siglo, donde la población campesina era aún muy importante frente a la población urbana y el proletariado industrial, y con una gran presencia de sindicatos socialistas y anarquistas en el campo, era forzoso que durante la primera parte de la guerra, donde todavía se vivía una situación revolucionaria, el problema de la tierra pasara a primer plano.

Es interesante ver cómo en los extractos de la prensa izquierdista local seleccionados por el autor, podemos captar lo que desde finales de diciembre del 36 y primeros del 37, venía fraguándose en el seno de las organizaciones políticas del bando republicano en lo que concernía la cuestión del campesinado. El problema del campo, no resuelto por las distintas Reformas Agrarias propuestas desde 1931, no podía sino desbordar las políticas asistenciales y bienintencionadas propuestas por los diferentes gabinetes republicanos.

La apropiación o reapropiación de la tierra por las masas campesinas implicaba a fin de cuentas una manera de habitar el territorio que estaba en contradicción con el proyecto mismo de la modernidad republicana de una u otra tonalidad ideológica. Y esto en la medida en que una población campesina con acceso libre a la tierra cultivable podría reforzar su independencia de cara al Estado y la gran industria. Lo que estaba en juego en aquel verano del 36, para una población que todavía guardaba una forma de vida campesina y que a la vez estaba abierta a las ideas igualitarias, era la posibilidad de quebrar el programa liberal e industrial que pretendía implantar una economía a gran escala, mecanizada, centralizada y urbana. Demolido bajo su envoltura republicana, este programa solo podría imponerse bajo el mandato sanguinario de la dictadura franquista.

El partido comunista, desde finales del año 36 en adelante, se convertiría dentro del territorio republicano en el brazo armado de ese gran bloque internacional modernizador que solo contemplaba la tierra como una materia prima más de la Megamáquina, nunca como el elemento vivo de una relación fundamental entre las poblaciones y sus modos de vida.

En estas páginas, Rodríguez recuerda las concepciones marxistas sobre el campesinado, y de manera aguda desvela las contradicciones de los propagandistas comunistas que intentaban imponer sus puntos de vista con un lenguaje engañoso y retórico. Denuncia el autor el taimado paternalismo de la prensa comunista que, pretendiendo halagar una supuesta autodeterminación del campesinado, preparaban ya su encerrona dentro de su programa estatal y centralizador:

«En tanto que doctrinas científicas, la propuesta del PCE parecía incontestable, al igual que su hoja de ruta para el problema de la explotación de la tierra. Tan solo había que irradiar esta postura oficial entre la masa de obreros, según el PCE todavía inmaduros, para avanzar en su particular revolución democrático-burguesa». (p. 181)

Sin embargo, y vistos los testimonios presentados a través de los documentos, el debate no estaba del todo cerrado e incluso entre los militantes comunistas podía haber voces disonantes, que no solo defendían las vías colectivizadoras, sino que lo hacían de una manera no dogmática.

Es interesante pues ver como estos militantes de base (tal vez en activo dentro de las colectividades) no ponían en contradicción la idea de la colectivización con el objetivo de una mejora de la producción, que era una de las claves de la propaganda comunista (como podía serlo el fin de las milicias y la profesionalización del ejército).

Rodríguez nos indica que la posición de la CNT no estaba representada -o muy poco- en ese entorno ribereño, y señala:

«En todo caso, parece que el debate sobre la explotación de la tierra no tenía una postura inequívoca, algo de lo que debió tomar nota el PCE de Aranjuez» (p. 184)

Desde luego, y como afirma el autor, a pesar de las disparidades, los órganos de propaganda comunista intentaron recentrar la discusión acercándola a la línea oficial del Partido. Algunas otras intervenciones de sindicalistas de la zona dejarían ver, entre otras cosas, un deseo más o menos explícito de acabar con la colectivización y volver a un ideal de pequeña propiedad que estaba en consonancia con lo que promovían las autoridades centrales (y no por defender dicha pequeña propiedad en sí misma, desde luego, sino por restablecer un régimen de propiedad que sería el primer paso para posteriores medidas normalizadoras, que se realizarían bajo la contrarreforma franquista).

En fin, esta discusión es larga y sus ondas siguen llegando hasta nuestros días, contagiándonos de su vieja urgencia jamás satisfecha. El libro que tienes en tus manos no te ofrecerá una respuesta, pero te ayudará seguramente a formular mejor ciertas cuestiones, vinculándolas a una historia concreta donde todavía podemos escuchar las voces que expresan a la vez la derrota y el deseo de superar dicha derrota.

José Ardillo, febrero 2025

Estado de la Cuestión

Vamos, ¿Quién se apunta?
Combates por la historia
Lucien Febvre

Suele ser un lugar común en las discusiones de sobremesa entre cierto segmento de población, generalmente mayor de 40 años y en localidades sin abrumadora densidad demográfica, el traer a colación los años del periodo republicano. Mucho se discute, se recuerda y se olvida al mismo tiempo sobre el asunto. Se toma partido furibundo, se contrastan opiniones o versiones del mismo asunto, se terminan los cafés y comienzan los licores y el tema en cuestión comienza a tomar cuerpo y, generalmente, temperatura. La construcción de los relatos en esta discusión ficticia suele seguir las mismas reglas y los mismos estilos dialécticos. Sobre el tapete de la mesa sobrevuela toda una serie de lugares comunes, ideas preconcebidas, macizos ideológicos expuestos sin pudor, pero especialmente una sombra mitómana que termina por enturbiar lo que prometía ser un intercambio de recuerdos o posiciones.

En Aranjuez, hablar de la II República suele ser así. Todo el mundo tiene algo que decir, algún libro que quiere publicar o, como en el caso que nos ocupa, cuando ya se ha hecho con todo el fasto de la propaganda, el resultado adolece de poco contenido respecto de la historia disciplinar. Es decir, la II República en suelo ribereño sigue siendo una gran desconocida. En esto estamos totalmente de acuerdo con el presidente del Ateneo de Izquierdas de Aranjuez, Carlos Ruiz de Toledo, aquel 13 de abril de 2018 en la presentación del trabajo de Francisco Javier Torres Montenegro, *Aranjuez en la II República: recortes de prensa (14 de abril de 1931- 1 de abril de 1939)*. Quizás desbordado por el entusiasmo, en un evento acogido en el decrépito y semiabandonado salón de actos de la Casa del Pueblo, propiedad de la

UGT -que no del pueblo-, con la entonces Alcaldesa Cristina Moreno como insigne invitada, Ruiz de Toledo llegó a afirmar que el trabajo de Torres era el primero que se manejaba en el periodo citado a la espera de nuevas publicaciones. Ciertamente, si hubiera echado un vistazo a los fondos de la biblioteca municipal Álvarez de Quindós, hubiera comprobado cuán equivocado estaba.

El formato de la cronología, a partir de un barrido de notas periodísticas, es un trabajo que ya se había realizado parcialmente cuatro años antes, en 2014, bajo el título *Cronología de la Guerra Social, Aranjuez (1931-1939)*, publicado en los *Cuadernos de Contrahistoria Local*. En este trabajo, a pesar de llevar en el título el margen superior cronológico hasta 1939, realmente la recopilación terminaba en noviembre de 1934. Por otro lado, si Carlos Ruiz de Toledo, o cualquiera de los ponentes aquel día, hubiera hurgado en el catálogo de la biblioteca, habría encontrado otra monografía relativa al periodo republicano que, por supuesto, tampoco citó en su intervención. Nos referimos al artículo publicado en el segundo número de los *Cuadernos de Contrahistoria Local* (mayo de 2015), *Capitalismo y conflicto agrario en el sur de Madrid: Aranjuez, junio de 1932*, cuyo autor es el mismo que subscribe estas líneas. Dicho trabajo se centra particularmente en la investigación de los sucesos acaecidos en el verano del 32 en torno a una huelga -que se convertiría en general en todo el municipio de Aranjuez- iniciada por los jornaleros ribereños en contra del uso, por parte de empresariado local, de maquinaria para las labores de la siega.

En la presentación del libro de Torres Montenegro, uno tenía la sensación que la investigación histórica del periodo republicano era lo de menos, algo que pudo certificar todo el auditorio con ciertas inquietudes en este sentido cuando terminó el evento sin el oportuno turno de preguntas. Bien mirado, aquello no era una propuesta de comunicación historiográfica al uso, sino más bien un acto de propaganda mercantil sin mayores pretensiones que la de transmitir los mismos resortes que hacen que una discusión de sobremesa sobre la II República eche a andar, pero sin los carajillos. Realmente había que ritualizar una justificación de las posiciones presentes con un bagaje simple que mitificara el pasado sin aparato crítico alguno. El resultado, que al parecer dejó satisfecho a la mayoría del auditorio, es una historia de retazos puntuales mediatizada por la pluma periodística, sin relaciones sociales que los hagan moverse y al mismo tiempo puedan explicarlos, una historia petrificada en la consigna y el eslogan a la que le falta la substancia, como le falta a un libro del que solo disponemos del índice.

Este es el verdadero estado de la cuestión en la investigación historiográfica sobre la II República en suelo ribereño[1]. Un discurso autorreferencial con un mínimo trabajo de las fuentes, nada que se parezca a una propuesta o proyecto a medio plazo de trabajo sistemático de archivos o un cuerpo de hipótesis coherente desde el que iniciar la investigación y, por supuesto, ya hemos dejado constancia unas líneas más arriba, la más absoluta indiferencia oficial, por no decir otra cosa, de los trabajos que se han ido publicando sin tanto bombo institucional. Una situación que cumple con un viejo aforismo de Wittgenstein citando a Franz Grillparzer: *Cuan fácilmente nos movemos en lo grande y lo distante pero qué difícil de apresar es lo cercano y particular*, especialmente si hablamos de la II República.

Es en este sentido, yendo de lo particular a lo general, en el que hemos querido trabajar algunos aspectos del periodo republicano que, por su importancia, llama poderosamente la atención que no hayan sido objeto de anteriores investigaciones o monografías. En primer lugar, a día de hoy no hay un solo trabajo que haya sistematizado, ni siquiera de manera general, una historia del sindicato agrario más importante, con mayor número de afiliados y con tanto protagonismo como lo fue *La Fresa*, sección sindical del campo de la UGT en Aranjuez. Aunque la documentación se encuentra dispersa y, en ocasiones, la colaboración de las instituciones locales para acceder a la documentación de los archivos es mínima, en el presente trabajo hemos intentado arrojar cierta luz sobre algunas de sus actividades sindicales. Por otro lado, tal como vamos a intentar exponer más

---

1 Existen algunas publicaciones esporádicas sobre el periodo, provenientes del entorno académico, de las que debemos dar cuenta, como por ejemplo Robledo y Gallo, 2009.

adelante, las transformaciones agrarias en Aranjuez durante la República fueron, si bien no substanciales en el sentido de los coetáneos movimientos revolucionarios[2], sí al menos en lo relativo a la distribución de la tierra, la organización del campesinado o las trabas que este interpuso a los embates del capitalismo agrario local. Los efectos de la reforma agraria son todavía un vacío sin solucionar del que muy poco sabemos[3].

El tema, por tanto, no puede ni debe agotarse con un trabajo como este. Quisiéramos pensar que estas líneas puedan servir para ir abriendo brecha en la investigación en torno a la historia agraria local, la historia del campesinado y sus formas de organización, ya sean formales, en el sentido sindical, o informales durante los años que hemos referido, esto es, los años de la II República. Las múltiples facetas de un tema con semejantes magnitudes de estudio son, sin duda, un toque de atención para las inquietudes de la historiografía local, pero también para estudios más generalistas. Y aun cuando tengamos la sensación de estar empezando la casa por el tejado, es decir, rescatando la historia del movimiento obrero contemporáneo en su momento álgido sin antes haber consolidado el estudio de su formación histórica, creemos que la necesidad apremia y las circunstancias determinadas por la victoria del olvido y la tergiversación actual lo justifican. Se trata, como decía Walter Benjamin, de *pasarle a la historia el cepillo a contrapelo*, y ver lo que cae.

---

2 Queda, del mismo modo, pendiente iniciar una semblanza de las organizaciones anarcosindicalistas como la CNT en Aranjuez o en toda la comarca, una investigación por otro lado ya en proceso.

3 En el ya clásico trabajo de Luisa Utanda Moreno, *Geografía agraria de la Comarca de Las Vegas*, este asunto se desarrolla en tan solo dos páginas (268-269) y, lamentablemente, sin mención explícita alguna al término de Aranjuez.

El movimiento obrero en proceso
Orígenes contemporáneos en suelo ribereño

> *No es la conciencia de los hombres lo que determina su ser, sino por el contrario, es su existencia lo que determina su conciencia.*
> **Prólogo a la Contribución a la Crítica de la economía política**
> **Karl Marx**
>
> *El proletariado se arroja a la lucha de clases por su propia naturaleza de clase asalariada y explotada, sin necesidad que nadie le enseñe nada; lucha porque necesita sobrevivir.*
> **La Guerra Del Pan**
> **Agustín Guillamón**

En Aranjuez, a pesar de los condicionantes históricos, de lo que en su día denominamos *los infortunios de la servidumbre*[4], las clases populares siempre han encontrado algunos resquicios para levantarse. Aunque la investigación sobre la formación de la clase obrera ribereña es un trabajo todavía en proceso[5], actualmente podemos certificar las numerosas manifestaciones de protesta popular que se han ido sucediendo en Aranjuez y su comarca desde el siglo XVIII. Desde los robos de leña al furtivismo[6], de los conflictos en las hilanderías dependientes de la Real Fábrica de Guadalajara[7] a las primeras

---

4 Rodríguez, 2014.

5 Un trabajo del que esperamos dar cuenta en breve y que recoge desde la persecución del pauperismo hasta los motines del pan a comienzo del siglo XX, entre otros asuntos.

6 Rodríguez, 2019.

7 López Barahona, 2015.

huelgas de jornaleros del campo, los modos de la protesta popular siempre han tenido su protagonismo local.

Hace tiempo que la vieja cantinela de cierta historia del movimiento obrero que identificaba su formación con la aparición de organizaciones formales fue puesta en duda[8]. Las viejas posturas historiográficas que sepultaban en el olvido multitud de prácticas de protesta popular[9], tachadas de atrasadas, tradicionales o preindustriales, poco a poco han ido siendo rechazadas y hoy comenzamos a tener un esbozo claro de los procesos de formación de la clase obrera no solo en el ámbito de sus organizaciones, sino también desde la óptica de la cultura popular y la historia social en sentido amplio.

Y sin embargo, en lo que respecta a la historia de Aranjuez, no podemos decir que tengamos el mencionado esbozo de una cosa ni de la otra[10]. En este artículo, queremos aportar nuestro grano de hielo a esa punta del iceberg de la historia del proletariado local que es el sindicalismo y las organizaciones obreras formales que se consolidaron con fuerza en la década de los 30 del siglo XX. Tenemos un objetivo claro: fundir el hielo de la superficie y que aflore todo cuanto estaba hundido y olvidado. En esta tarea, de la que queda todo por hacer, hemos de mencionar, siquiera de forma somera, una trayectoria mínima de conflictos, de huelgas y sus protagonistas, que sin lugar a dudas repercutieron en la aparición de un colectivo de proletarios y proletarias bregado en la lucha de clases, sin los cuales sindicatos como *La Fresa* jamás hubieran nacido.

---

8 Álvarez Junco y Pérez Ledesma, 1982.

9 *Vid.* Rudé, 1978; Lucea Ayala, 2005; Cruz y Pérez Ledesma, 1997; Bascuñán Añover, 2008; Castillo y Ortiz de Orruño, 1998.

10 Seguimos defendiendo que el libro publicado por CCOO en 2007, *Primera crónica del Movimiento Obrero de Aranjuez y surgimiento de las Comisiones Obreras*, no es una historia en sentido estricto (no hay citas de las referencias utilizadas, ni de archivo ni bibliográficas, por ejemplo) sino, tal y como reza el título, una crónica sin mayores pretensiones.

Gracias a los anuarios estadísticos del Instituto de Reformas Sociales (IRS) y sus recopilaciones de huelgas y *anormalidades en la vida del trabajo*, tenemos una cronología aproximada de estos conflictos modernos en diversos ámbitos y sectores productivos.

Comenzamos en 1916, año de un verdadero hito fundacional del movimiento huelguístico ribereño. La *Memoria*[11] publicada en 1918 para la estadística de huelgas de los años 1915 y 1916, nos informa de que, primero en el mes de mayo de 1916 y más tarde entre junio y julio del mismo año, se produjeron sendas huelgas en el campo ribereño. Entre el 18 y el 20 de mayo, de un total de 700 braceros, 575 varones y 125 mujeres, ocupados en las labores del campo, 500 unos y 100 otras, se declararon en huelga. La razón, según la *Memoria*[12], fue *la reducción de la jornada*, reflejando en el resultado una G mayúscula equivalente a *ganada totalmente, es decir, que los huelguistas consiguieron todo lo que reclamaban*[13]. El cuadro estadístico no refiere, como en otras localidades, colisión alguna entre huelguistas y obreros esquiroles. Poco tiempo después, el 7 de julio, *los obreros eventuales del campo* bajaron sus brazos en el tajo para pedir *un aumento del salario y reducción de la jornada*. Esta vez, de un total de 1450 contratados, 570 hombres y 115 mujeres fueron a la huelga. El ambiente debía de estar muy caldeado, porque del resultado la tabulación de huelgas nos informa con una *G. p.*, esto es, *ganada parcialmente*. En la celda inmediata derecha se informa de que *fueron procesados 15 obreros por insulto a fuerza armada. Bajo la presidencia del Sr. Alcalde se establecieron unas bases de transacción*[14]. Lamentablemente, poco más podemos decir de este importante episodio del conflicto de clase local, a pesar de ser una investigación en curso y que, allá por 2014 anunciábamos, en el primer número de estos *Cuadernos*, su pronta publicación.

---

11 *Memoria* que presenta la Sección 3ª Técnico-Administrativa. *Estadística de Huelgas, 1915-1916*. Instituto de Reformas Sociales, 1918, Madrid.

12 *Memoria*, 1918 (año de publicación), pp. 60-61.

13 *Ibid.*, p. 48, al pié de la página.

14 *Ibid.* pp. 240-241.

1922 puede considerarse un año de cambios y retirada de los movimientos revolucionarios peninsulares hacia posiciones defensivas. Después de las oleadas insurreccionales y huelguísticas de 1917[15], especialmente en Barcelona, del denominado Trienio Bolchevique andaluz[16] o de las maniobras contrainsurgentes del terrorismo patronal en los denominados años del pistolerismo[17] y del Sindicato Libre, cierto *impasse* o agotamiento revolucionario parecía manifestarse. En Aranjuez, según la *Primera Crónica* (sin que tengamos noticia de la fuente que utiliza), en 1917 *Minoría Obrera entra en el Ayuntamiento de Aranjuez en la persona de su líder, Emilio García Grediaga, ferroviario de profesión, de amplia cultura y con una facilidad para la oratoria deslumbrante*[18]. Del mismo modo, Lindo Martínez, en su biografía del Alcalde socialista Doroteo Alonso, entrecomilla una cita cuyo origen ignoramos, reflejando lo siguiente:

El movimiento obrero de Aranjuez participó en la Huelga General (la de agosto de 1917). Existían en la Villa varias organizaciones obreras agrupadas en el Centro Obrero de la calle Abastos. Muestra de su fuerza es la presencia en 1917 del primer concejal socialista en el Ayuntamiento de Aranjuez. Ferroviarios y jornaleros fueron a la huelga y, tras fuertes enfrentamientos con efectivos de la Guardia Civil, se desató una dura represión. Dos ferroviarios, entre ellos el concejal Emilio García Grediaga, y ocho jornaleros fueron juzgados en Consejo de Guerra, siendo condenados a penas hasta de cuatro años de cárcel.[19]

Aunque prácticamente nada sabemos de esa organización denominada Minoría Obrera, el peso del socialismo ribereño en la política local fue en aumento puesto que, tal y como recoge Lindo en su biografía, en 1920 *Aranjuez tendría el primer Alcalde socialista de su*

---

15 Taibo, 2016.

16 Díaz del Moral, 1967.

17 González Calleja, 1998; González Calleja y Del Rey Reguillo, 1995.

18 Ginés, 2007, p. 53.

19 Lindo Martínez, 2016, p. 20.

historia[20], el día 4 de agosto para más señas: Doroteo Alonso Peral, natural de Noblejas, Toledo.

Si de la huelga de albañiles de 1921, el Instituto de Reformas Sociales admite que tuvo conocimiento pero *no pudo adquirir datos suficientes para su estudio estadístico a pesar de sus continuas gestiones*[21], de los hechos ocurridos en 1922 con la huelga del ramo de la madera y el famoso *Lock-Out* empresarial de Madrid, tenemos un importante número de referencias. Del ramo en cuestión hay tanto que investigar en la historia de Aranjuez que las escasas publicaciones sobre el asunto se quedan realmente cortas. Un ejemplo es el libro del cronista oficial José Luis Lindo Martínez, *Maderadas y Gancheros*[22]. De inestimable valor para iniciarse en el estudio del tema, el libro, publicado en una cuidada edición, se dedica más al costumbrismo que a la historia sistemática, advirtiéndose en ocasiones que participa más de una panegírico del empresario Correcher que del estudio de sus obreros y, por supuesto, sin aludir en ninguna de sus páginas a esta famosa huelga. A lo más que llega es a mencionar, durante el periodo republicano, los procesos de incautación de las empresas madereras propiedad de los "Nietos de J. Correcher" a partir de 1936, sirviéndose de los recuerdos de algunos descendientes de trabajadores de la fábrica sin entrar en mucho detalle[23]. Por supuesto, los testimonios aportados en el texto por los descendientes de Correcher, en especial su biznieta Consuelo Martínez-Correcher y Gil, son sumamente valiosos para identificar la perspectiva cultural de clase desde la óptica de la oligarquía local[24].

Existe un volumen propio, editado por el Instituto de Reformas Sociales (IRS), dedicado exclusivamente a la huelga de la madera de 1922. Con el título *Lock-Out, Huelga General del Ramo de la Madera en*

20 *Ibid.*

21 *Memoria* de 1921 (publicada en 1923), p. 16.

22 Lindo Martínez, 2008.

23 *Ibid.*, pp. 219-225.

24 *Ibid.*, p.207-210.

Madrid (julio-diciembre de 1922), el informe describe con cierto detalle la evolución del conflicto, y lo que resulta de mayor interés para nuestra investigación, las alusiones a la participación ribereña en la huelga. La huelga, iniciada al parecer en los almacenes de Vicente Pérez, se inició según la versión de éste por la divergencia entre las exigencias del dueño para sustituir a un oficial maquinista por un ayudante sin contar, o al menos sin haber negociado la sustitución, con la delegación sindical obrera del almacén. El empresario, al comprobar que toda la empresa se negaba a volver al trabajo, se encomendó al auxilio de la patronal del ramo, la cual declaró el cierre o *lock-out* el día 1 de agosto. Como era de esperar, la versión que del suceso se expone en las páginas de *El Socialista*, también recogido en el informe del IRS, era diametralmente opuesta:

El origen del conflicto, según nuestros informes, es el siguiente: El Sr. Pérez, alegando la falta de trabajo, despidió a un obrero labrador de madera, pero después colocó en el puesto del despedido a un obrero no sindicado. Como con este hecho se descubrió que el despido no lo justificaba la falta de trabajo, después de varias gestiones, que fracasaron, se declaró la huelga.[25]

Sabemos que durante aquellos años y hasta la llegada de la II República, la práctica de las bolsas de trabajo de los sindicatos eran un puntal fundamental de la actividad sindicalista. De este modo, uno de los motivos por los que la CNT barcelonesa tuvo una impresionante implantación entre el proletariado de la ciudad condal fue precisamente por su capacidad para presionar a los empresarios para que se contratase a sus afiliados, procedentes de las bolsas de trabajo confederales[26]. Así, según el informe del IRS, pudo influir (en el detonante del cierre patronal) *el desagrado con que, desde meses atrás, la Sociedad patronal de carpinteros de taller veía la actuación del Sindicato obrero del ramo de la madera, que, además de exigir que sólo se admitiese trabajadores designados por la agrupación, obligaba, en los casos de falta o*

---

25 *Lock-Out*, p. 4.

26 *Vid*. Ealham, 2005.

escasez de trabajo, a efectuar los despidos por medio de sorteo, y avisando el propósito con ocho días de antelación[27]. Esta práctica, muy común como ya hemos dicho, trataba de limitar la movilidad en los puestos de trabajo a capricho del empresario, fomentando la solidaridad entre compañeros y compañeras, impidiendo la proliferación de una plantilla flotante que dejara la puerta abierta al esquirolaje y la división en el tajo. Si los empresarios argumentaban a favor del libre mercado en la contratación de fuerza de trabajo, el proletariado generalmente lo interpretaba como una libertad *sui generis* del empresario para aumentar la extracción de plusvalía y engordar la tasa de ganancias a costa de los salarios de "libre mercado".

Los almacenes Correcher en Madrid también se adhirieron al *lock-out* patronal. Ante lo cual, el IRS informaba de lo siguiente: *en vista de que, para continuar obras emprendidas por patronos adheridos al lock-out, se servían del trabajo de los talleres de localidades próximas a Madrid, y de que en la fábrica que en Aranjuez posee el Sr. Correcher se trataba de servir 2.000 cajas de envase a un industrial madrileño adherido al lock-out, recurrieron los obreros a la solidaridad de los empleados en aquella población limítrofe, interesando que no trabajasen madera que hubiera de ser remitida a la capital*[28]. Y he aquí la respuesta de los obreros de la madera de Aranjuez, que habiendo mandado una delegación sindical a Madrid para conocer la situación del conflicto, decidieron *plantear en Aranjuez la huelga de 50 obreros carpinteros y sus afines (…) avisando el Comité que los obreros no debían aceptar trabajo en aquella localidad.*[29]

En el transcurso de la huelga/*lock-out*, se suceden las declaraciones de todas las partes y comienzan las negociaciones. El Comité obrero presenta sus bases de trabajo, recogidas en el informe del IRS, pero prontamente son rechazadas por la patronal, rompiéndose las negociaciones a finales del mes de octubre. Mientras, encontramos cómo se extiende la solidaridad con los parados del conflicto, por un

---

27 *Lock-Out*, p. 4-5.

28 *Lock-Out*, p. 24.

29 *Ibid.*, p. 24 y 53.

lado, siendo auxiliados con la llegada constante de aportaciones múltiples desde diferentes puntos de la geografía peninsular, muchas de las cuales se publicaron en la prensa[30]. Por otro, la huelga comienza a hacer mella entre los huelguistas y un grupo de trabajadores emite un escrito, recogido por el IRS[31], pidiendo la vuelta al trabajo, o publicando su malestar en otro manifiesto firmado por *Un Grupo de Ebanistas*, en uno de los principales medios de difusión de la patronal, *El Eco Patronal*. El manifiesto en cuestión, ciertamente escrito en un tono un tanto desconcertante para estar publicado en un medio empresarial, afirma: *la seguridad más fuerte de la emancipación nos la dan nuestro trabajo y nuestros brazos. No la esperéis de los que toman nuestro nombre. Vayamos de cara, frente a frente a la clase patronal, la que nos necesita, la que nada sería sin nosotros, y a ella, sólo a ella, exijámosla lo que estimamos debida recompensa a nuestro trabajo, sin dar nuestra representación a ningún cabecilla que nos venda. Esta es la actitud de los que no quieren ser borregos*[32]. Como desconocemos si existe un trabajo monográfico de esta huelga que abunde en sus pormenores, no podemos saber si estas declaraciones obedecen a una facción obrera en desacuerdo con la táctica mayoritaria o sencillamente es una provocación más de la patronal para dividir al comité de huelga[33]. Sea como fuere, los descontentos se unieron en una agrupación de independientes, uno de cuyos lemas recogido en sus escritos era *separar de las luchas profesionales todo ideal político*[34].

Nuevas negociaciones se suceden y el 20 de noviembre, en multitudinaria asamblea patronal, presidida por Tomás Benet, se

---

30 *Lock-out*, p. 71.

31 *Ibid.*, p. 72.

32 *El Eco Patronal*, nº 9, 1/10/1922, p. 5.

33 En todo caso, la tesis de Francisco Sánchez Pérez, *Protesta colectiva y cambio social en los umbrales del siglo XX. Madrid 1914-1923*, es de gran valor para establecer el contexto de conflictividad de comienzos de los años 20 en Madrid, la trayectoria del ramo de la madera, pero sobretodo de la Edificación y Artes Blancas.

34 *Lock-out*, p. 83.

acuerda la apertura de los talleres. *En vista de ello, la Asamblea acordó por unanimidad abrir los talleres afectados por el lock-out el próximo miércoles, día 22, a las ocho de la mañana, y, a fin de que se advirtiera siempre por los obreros la lealtad con que los elementos patronales han obrado en este conflicto, se acordó también mantener, al abrir los talleres, las condiciones que fueron ofrecidas últimamente al Sindicato de la Madera, modificándolas ligeramente, para amoldarlas al hecho de que, en lugar de ser pactadas con el Sindicato, se habrán de estatuir como Reglamentos de trabajo en los talleres*[35]. Y aunque pudiera parecer que finalmente se llegó a un acuerdo que declinaba la balanza hacia los intereses de la patronal, el informe del IRS advierte que, si bien la mayoría de almacenes reabrió sin problemas, no así lo hicieron los talleres, recogiendo las declaraciones de los huelguistas en las que se negaba rotundamente que se hubiera pactado algún acuerdo. Así que, mientras el Sindicato hacía una llamada a la solidaridad de las federaciones del ramo y otras afines como las de edificación, los Independientes continuaron con su campaña anti-Comité y la patronal se reafirma en sus tesis sobre su victoria, *el día 12 de diciembre se reintegró al trabajo un importante número de obreros madereros, aceptando individualmente las bases de sus patronos*[36], finalizando prácticamente un conflicto que había comenzado allá por el mes de julio.

Es una verdadera lástima que una huelga de este calibre no haya sido estudiada en profundidad, pero desde la óptica de la historia local ribereña hemos de lamentar, más si cabe, el desconocer por completo los detalles de las posiciones solidarias de la clase obrera de Aranjuez en este conflicto, que probablemente serían las primeras de las que tenemos noticia pero que, sin lugar a dudas, no serían las últimas a tenor de los conflictos y movilizaciones futuras en las que el apoyo mutuo entre proletarios y proletarias tuvo un peso especifico[37].

---

35 *Ibid*., p. 90.

36 *Ibid*., p. 97.

37 Sin ir más lejos, nos remitimos a la decisión tomada en asamblea, el miércoles 18 de abril de 1934, por los obreros metalúrgicos de Aranjuez, de enviar donativos a sus compañeros de ramo de Madrid, declarados en huelga (*El Heraldo de Madrid*, 14/4/1934). Del mismo modo,

Si volvemos a las memorias del IRS, tan solo unos meses antes de instaurarse la dictadura de Miguel Primo de Rivera con el beneplácito de Alfonso XIII, en mayo de 1923, el proletariado local volvía a la carga con una nueva huelga, esta vez protagonizada enteramente por el colectivo de obreras de una fábrica de calzado y de cintas. Si bien tampoco existe una monografía que haya rescatado la documentación de archivo sobre este conflicto, el profesor Eduardo Montagut elaboró una entrada en el blog *Los ojos de Hipatia* sobre la huelga a partir de los artículos aparecidos en su momento en *El Socialista*[38]. Aunque en el artículo se cita el descarado posicionamiento del *El Heraldo Aranjuez* con la patronal, llama poderosamente la atención que uno de los motivos por los que la UGT toma la dedición de sumarse a las reivindicaciones de las obreras, *fue cuando descubrieron que también se estaban explotando a niñas de diez años*. El propio Montagut, termina su artículo lamentando no saber *cómo terminó la polémica ni la huelga de las trabajadoras del Real Sitio.*

La huelga de las cinteras tiene un significado particular en la historia de la clase trabajadora de Aranjuez. Fue declarada por mujeres, únicas trabajadoras en un ramo como el del calzado. Obligó al sindicato mayoritario ribereño, la UGT, a posicionarse ante la gravedad de las condiciones en la fábrica; pero es que además anunciaba otra característica peculiar de esta historia del conflicto de clase local, esto es, el enorme protagonismo de las proletarias ribereñas en los años sucesivos, especialmente en los años de la II República. Que la historiografía no haya mostrado interés alguno por este asunto, da buena cuenta del estado de la investigación de la historia local actualmente, dejando toda una comunidad de lucha, las obreras de Aranjuez, en la sombra.

Llegaron los años del triunfo patronal absoluto con la dictadura de Primo de Rivera. El PSOE aguantó la ofensiva integrándose en las

en el mes de mayo, *los metalúrgicos de Aranjuez proyectan hacerse cargo de los niños de los huelguistas madrileños* (*El Heraldo de Madrid*, 12/5/1934).

38 https://losojosdehipatia.com.es/cultura/historia/la-huelga-de-las-trabajadoras-del-calzado-y-cintas-en-aranjuez-en-1923/

nuevas condiciones políticas nacionales, con un Largo Caballero decidido a formar parte del Consejo de Estado de claro componente corporativista y provocando el cisma en el seno del partido. En estas condiciones, el sindicalismo socialista ribereño debió avanzar lenta, pero firmemente en su proceso de consolidación local, apareciendo ya en los años de la II República como un sindicato sólido, totalmente implantado en el tejido social ribereño y capaz de torcer el pulso a la patronal en huelgas tan significativas como la de junio de 1932, en la que el campesinado local se negó a ir a los tajos para la cosecha mientras los empresarios continuaran utilizando maquinaria. La huelga movilizó a todo el pueblo, convirtiéndose en general, con un especial protagonismo nuevamente de las mujeres. No es menester dar más detalles de este conflicto, puesto que ya publicamos en su día un trabajo que trataba de presentar su desarrollo y resultados[39] pero, por el contrario, nos da pie para introducir el núcleo central de este trabajo, es decir, la presentación de algunos aspectos esenciales de la historia de la reforma agraria republicana y del protagonismo del sindicalismo socialista en Aranjuez.

---

39 Rodríguez, 2015.

La Fresa. La UGT y el campesinado ribereño

> *¿Por qué no penetrarán las ideas grandiosas en*
> *nuestros entendimientos con la misma intensidad?*
> *Si nosotros no somos generosos ni compasivos con*
> *nuestros compañeros, que son nuestros hermanos de*
> *infortunio, ¿cómo queremos que los burgueses se*
> *compadezcan de nosotros?*
>
> *Socialismo Agrícola.*
> *Leyenda popular, segunda parte de Manolín*
> **Esteban Beltrán**

Antes de empezar este punto, una advertencia preliminar. Las notas que a continuación reproducimos, en ningún caso pretenden ser una historia completa y detallada de la UGT local en general y de *La Fresa* en particular. Debido a las características de esta investigación, pero especialmente a la falta recurrente de fuentes documentales[40], la elaboración sistemática de una historia del sindicalismo socialista ribereño es una tarea que debe posponerse *sine die*. Sirva esta introducción para futuras investigaciones al respecto.

Para dotar de contexto histórico a nuestro relato, hemos optado por plantear un desarrollo cronológico de la formación y consolidación de la organización mencionada. Sin ninguna pretensión de exhaustividad,

---

40 Nos referimos a cierre recurrente del Archivo Municipal de Aranjuez, denunciado en varias ocasiones por sindicatos como la CNT o por asociaciones culturales como La Casa Negra, que recientemente hizo público un escrito, **En un lugar de cuya historia no quiero acordarme**, en el que denunciaba este asunto:

https://asociacionlacasanegra.wordpress.com/2020/02/16/en-un-lugar-de-cuya-historia-no-quiero-acordarme/

entendemos que existen algunos hechos profundamente significativos en esta cronología que deben ser tenidos en cuenta a la hora de abordar el tema de nuestra investigación, la reforma agraria hasta 1939-40 aproximadamente.

Con fecha 1 de junio de 1936, el delegado de Trabajo provincial Félix Beltrán certificaba, con firma y sello, el alta administrativa del libro de actas de la Cooperativa de Consumidores "El Esfuerzo"[41]. En el primer acta, fechada en 22 de marzo de 1935, se recoge, por parte del presidente accidental Francisco Sánchez, *el balance de las cuentas desde el año 1926 al 34, dando un saldo y a favor de la Cooperativa de veintiocho mil setecientas treinta pesetas con trece céntimos.* Es decir, sabemos que la mencionada cooperativa llevaba funcionando desde 1926 y que atendiendo a la composición de su junta directiva, podemos certificar su vinculación con el socialismo local, nada más y nada menos que con el antiguo (y futuro) alcalde Doroteo Alonso. Este, miembro de la junta, figura en el acta referida como Rejente (sic) y Tesorero, junto al mencionado presidente accidental, Francisco Sánchez, Pedro Escribano como Secretario y los cuatro vocales siguientes: Román Pedraza, Julián Ramos, Julián García[42] y Domingo Ramos.

El 15 de junio de 1929, la Sociedad de Obreros Agricultores de Aranjuez *La Fresa,* edita su reglamento oficial de funcionamiento en la Gráfica Socialista, situada en la Calle San Bernardo, número 92, siendo convenientemente visado por el subdirector de la Dirección General de Seguridad, Manuel Álvarez Caparrós. En su artículo 1º se dice lo siguiente:

Con los obreros agricultores de Aranjuez se constituye esta Sociedad, adherida al Partido Socialista y a la Unión General de Trabajadores.[43]

---

41 El Archivo Social de Aranjuez, custodiado por la Asociación Cultural La Casa Negra, posee una copia escaneada de este libro de actas, del cual nos servimos para transcribir las citas.

42 Secretario del Sindicato de Artes Blancas de Aranjuez en noviembre de 1937. CDMH, PS_Madrid, 963/22.

La Sociedad Obrera tendrá su domicilio en la Calle del Capitán Angosto nº 42 de Aranjuez y a partir de aquí comenzaría la historia oficial del sindicato agrícola con más afiliados y afiliadas en la historia del pueblo de Aranjuez. Un punto que, posiblemente, no hubiera sido posible sin las circunstancias históricas que se desarrollaron a partir del 14 de abril 1931, día en el que se proclamó la II República.

En las elecciones municipales del 12, los partidos de izquierdas locales se llevaron 15 concejales de un total de 20, siendo elegido alcalde de nuevo Doroteo Alonso con un total de 316 votos[44] frente a los 313 de su inmediato oponente, José Tercero Toldos, y los 312 de Evaristo Bustos Bueno[45]. Si bien las muestras de entusiasmo fueron múltiples[46], no le duraría tanto la alegría al proletariado local, produciéndose al mes siguiente lo que el *Heraldo de Madrid* calificó de *crisis de trabajo*[47]. El desempleo local era abrumador y, si hacemos caso

---

43 Archivo del IRYDA (AIRYDA en adelante), Ministerio de Agricultura, caja 29/2-Madrid. Creemos oportuno mencionar que en el estudio publicado por Ricardo Robledo (1996b) sobre la documentación custodiada en el IRYDA, hay un error de identificación de este valiosísimo expediente. Según la anotación de la página 493, en la Caja 2 del IRA perteneciente a la provincia de Madrid, se encuentra la documentación de las siguientes fincas: Pavones, Los Peñascales, Dehesa de Guadarrama, Migueras y Rincón y Villamayor (sic). Un error que se subsana en la siguiente página, en el resumen del expediente, haciendo alusión explícita a la finca de Villamejor en el término de Aranjuez.

44 *Boletín Oficial Provincia Madrid*, 14/4/1931, nº 87, p. 2. En el análisis de los resultados por distritos, llama poderosamente la atención la distribución de votos de muchos de los candidatos. Realmente Doroteo Alonso solo tiene mayoría en el distrito norte-sección segunda, con 156 votos, empatado con Evaristo Bustos Bueno y José Tercero Toldos. Queda pendiente un análisis sociológico de cada distrito, la filiación de cada candidato y la relación entre ambos.

45 En Lindo Martínez (2016), viene equivocado el cómputo de votos, el cual adjudica 314 a Bustos.

46 Ángel Ortiz apunta cierta anécdota de un Santiago Rusiñol enfermo en la cama que se extrañó de tanto alborozo. Ortiz, 2004, p. 54.

47 *Heraldo de Madrid*, 4/5/1931, p.4.

a las cifras aportadas por el periódico madrileño, un millar de obreros se encontraban en paro forzoso, *a los que el ayuntamiento no puede dar ocupación por carecer de fondos*. Por este motivo, el mismo 8 de mayo, los concejales de la conjunción republicano-socialista entregaban una misiva al alcalde dirigida al presidente provisional de la República, Niceto Alcalá Zamora. Los términos de la misma, aunque no se cita la fuente, son transcritos por Ángel Ortiz, quedando clara su posición sobre la municipalización de servicios e inmuebles:

Que pase a propiedad del municipio el Teatro, Plaza de Toros, Fábricas de Luz, Casa de Vacas, las Acequias, Patrio (sic) Cuadrado (para instalar escuelas), todas las calles que rodean la población y los edificios que el ayuntamiento disfrute mediante canon. Parcelación de todos los terrenos que pertenecen al Patrimonio.[48]

Ese mismo año, el 13 de diciembre, la federación local de la UGT daría cuenta de su actividad pública en la comarca asistiendo a una asamblea general de distrito de sindicatos de la UGT en la localidad vecina de Chinchón[49]. Presidiendo, encontramos a D. Francisco Esteban, *el de Aranjuez*, a D. Luis Híñez Maza como Secretario, junto a D. Timoteo García, D. Filiberto Ontalva, D. Agustín Fernández y D. Manuel Forge como vocales. A dicha reunión acuden los representantes de las poblaciones pertenecientes al distrito sindical (como Cabeza de Partido) de Chinchón: Arganda, Morata de Tajuña, Chinchón, Colmenar de Oreja, Carabaña, Aranjuez, Estremera, Valdaracete, Valdelaguna y Villarejo de Salvanés, *habiendo otorgado representación las sociedades de Villamanrique y Fuentidueña* al Presidente de la Sociedad de Valdaracete. Un total de 4004 asociados que convenientemente se desglosa por pueblos. Para el caso de Aranjuez, el delegado local certifica la cifra redonda de 800 asociados (solo Arganda con 1154 supera esta cifra).

En el orden del día de la asamblea de Chinchón, se recoge la elección de un delegado de distrito que represente a todas las

---

48 Ortiz, 2004, p. 54-55.

49 CDMH, PS_MADRID, 1251, 48.

federaciones locales en los casos que estas crean oportuno elevar alguna propuesta, *dentro de la Ley y del ideario del Partido a las autoridades gubernativas y a la U.G. de T.* Si bien este asunto es aprobado por unanimidad, no hay tanto entendimiento a la hora de elegir dicho delegado, habiendo dos candidatos de todas las federaciones locales, los cuales deberán respetar el plazo máximo que les otorga el nombramiento, dos meses. Por un lado, se postulaba el Presidente de Aranjuez, Francisco Esteban, que obtendría seis votos; y por otro, el de Valdaracete, Agustín Fernández, que sumaba un total de 10, quedando proclamado por mayoría, *Delegado del Distrito de todas las Sociedades Obreras del Distrito de Chinchón*, el de Valdaracete.

Un último asunto es tratado en esta asamblea, podríamos decir que fundacional, del Distrito sindical de Chinchón. A propuesta del Sr. Presidente de la Sociedad Obrera de Aranjuez, *se pide solicitar nuevamente la activación de la constitución del Jurado Mixto Central que radique en Madrid y que fue expresado por dicho Presidente en la última asamblea celebrada en dicha Capital.* Un Jurado Mixto, como ya demostramos en su momento[50], que tendrá una enorme importancia en el desarrollo de huelgas como la del 32. Y, no debemos perderlo vista, una organización sindical de Distrito en el marco del Partido Judicial de Chinchón, que nos va a aportar información substancial sobre las actividades de la UGT en la comarca y llenará algunos vacíos documentales cuando la información de Aranjuez no esté disponible.

A la federación local de la UGT no solo estaba adherida la Sociedad de *La Fresa*. Cuando se procedió a la adquisición de la Casa del Pueblo en 1932, en la escrituras de compraventa figuraba Doroteo Alonso como representante[51] de las Sociedades *La Fresa*, Sindicato Azucarero y de Alcohol Industrial, Sociedad de Obreros de la Madera,

---

50 Rodríguez, 2015.

51 Al no tener la documentación del sindicato que aclare este punto, no podemos explicar si Doroteo Alonso lo hace en calidad de presidente de *La Fresa* o solo como representante. Del mismo modo, de momento desconocemos si Francisco Esteban seguía siendo el presidente de la UGT en 1932.

Sociedad de Camareros, Sociedad de Albañiles la Alcotana, Sindicato Metalúrgico y Similares, Sociedad de Oficios Varios, Sociedad de Agua, Gas y Electricidad, Sindicato Ferroviario, Sociedad del Arte Textil y Sociedad de Tramoyistas[52].

Respecto del número de afiliados y afiliadas de *La Fresa*, podemos hacer una estimación, en contexto cronológico, gracias a algunos documentos heterogéneos que hemos ido recopilando de diferentes fuentes.

De las cifras aportadas por la asamblea de distrito de Chinchón en 1931, esto es, 800 asociados/as a la federación de Aranjuez, no podemos certificar cifra exacta alguna para el sindicato agrícola *La Fresa*, pero viendo la trayectoria que recogemos a continuación, podemos suponer que entorno a una cuarta parte de esa cifra serían trabajadores y trabajadoras del campo. La lógica estadística de las cifras de ocupación por sectores productivos puede corroborar esta afirmación, siendo Aranjuez, todavía en esos años, un municipio esencialmente agrícola[53].

---

52 Lindo Martínez, 2016, p. 26. El cronista refiere encontrar esta escritura de propiedad en un misterioso Archivo de la UGT de Aranjuez, el cual hemos sido incapaces de localizar o acceder a sus fondos. En todo caso, podemos certificar este abrumador conglomerado de sindicatos de ramo en un expediente que reúne varios certificados de afiliación encontrado en el Centro Documental de la Memoria Histórica de Salamanca (CDMH, PS-MADRID, 963,22, fol. 1-13), donde se recopila el total de sindicatos pertenecientes a la UGT con fecha 6 de noviembre de 1937 junto con el número de afiliados: Sindicato agrícola "La Fresa", de Albañiles "La Cotana", ferroviario (Consejo Local), de Cine (Producción de Cine), Tramoyistas y similares, Jardineros horticultores, metalúrgicos, camareros, Artes Blancas, Sindicato Azucarero de Aranjuez, de Electricistas (Sociedad de Obreros de Electricidad, Agua y Similares), de Colas, Gelatinas y Abonos, Trabajadores del Comercio, Sindicato de Vaqueros, del Arte Textil, de Obreros de la Madera, Transporte Mecánico, Oficios Varios y Empleados Municipales.

53 Según los datos ofrecidos por Carrera Sánchez (1982), hacia 1950, fecha un tanto alejada de nuestro estudio, pero todavía significativa como muestra estadística, de 24.667 personas/población absoluta, un 37,5 % se dedica al sector primario frente a un 23,9 del secundario y un 27,7 del terciario. En 1930, el censo ribereño arroja un total de 15.245

Para 1932 las cifras de asociados, afiliados o militantes, presentan también problemas. Según *El Obrero de la Tierra*, órgano de expresión de la Federación Nacional de Trabajadores de la Tierra (FNTT), del 14 de abril, asisten al Congreso Regional de Castilla La Nueva 550 delegados en nombre de 310 secciones con 51.377 federados. Representando a la sección de Aranjuez, *La Fresa*, figuran Francisco Esteban y Agapito García en nombre de 1015 asociados. Por otro lado, en el momento de la constitución de los Jurados Mixtos de Trabajo Rural para los partidos judiciales de Colmenar, Chinchón, Getafe y Madrid, según la *Gaceta de Madrid* del 3 de mayo, la representación obrera para el jurado mixto de Aranjuez se designará por la Sociedad agrícola *La Fresa*, con 775 socios[54]. Y por último, si nos remitimos a la información aportada por la *Memoria que presenta el Comité Nacional... al examen y discusión del Congreso ordinario que ha de celebrarse en Madrid durante los días 17 y siguientes del mes de Septiembre de 1932 de la* Federación Nacional de Trabajadores de la Tierra (FNTT) de la UGT, José Tercero[55] fue el delegado que actuaba como representante de 200 agricultores de Aranjuez[56], suponemos que afiliados a la UGT.

Al no contar con los libros de actas del sindicato o toda la documentación que pudiera arrojar luz sobre este asunto, por el momento se nos escapa la realidad de la afiliación para una y otra cifra, desconociendo si se trata de alguna diferencia orgánica entre el

personas (Sanz Gimeno, 2000), pudiendo hacer un cálculo aproximativo de la ocupación en el sector primario por comparación.

54 Si comparamos con el resto de organizaciones del partido judicial de Chinchón, Aranjuez tiene el mayor número de asociados, seguida de Colmenar de Oreja con 400 y Villarejo de Salvanés con 200, lo cual puede explicar el éxito de la huelga del campo de aquel año, cuyo estudio publicamos en el segundo número de los *Cuadernos de Contrahistoria Local*.

55 José Tercero Toldos, candidato a la Alcaldía en el 31 como hemos visto y concejal electo durante el Bienio Reformista. Jornalero, natural de Corral de Almaguer, fue fusilado el 8 de octubre de 1939 a la edad de 56 años según el listado de víctimas del franquismo en Madrid.

56 *Memoria...*, p. 16.

sindicato local y la FNTT, que fueran dos organizaciones diferentes con una misma matriz, o sencillamente que hubiera diferencias tácitas de estatuto entre afiliados y asociados al sindicato, es decir, entre militantes y simpatizantes, por ejemplo (algo que, sin embargo, no se menciona en sus estatutos). A esto debemos sumarle que no podemos obviar el hecho, recogido por Sandra Souto en su tesis, que el sindicato *inflase* los datos o estuviesen *sobrestimados*[57].

Del mismo modo, hemos encontrado algunas lagunas en la *Memoria* mencionada, por ejemplo en la estadística de huelgas realizadas en la provincia de Madrid hasta septiembre de 1932. En la misma, del total de 21 municipios registrados en la lista, nada se dice de la mediática huelga de junio contra el empleo de maquinaria en Aranjuez. Según el texto de la *Memoria, los datos son los que obran en poder de la Secretaria al confeccionar esta Memoria. Son incompletos porque no nos han contestado de todas pero, sin embargo, se refleja la actuación de nuestras Secciones en los movimientos huelguísticos*[58]. Nos preguntamos los motivos por los cuales la delegación ribereña no señaló esta información a la comisión oportuna del Congreso, teniendo en cuenta que Aranjuez no era un núcleo de población marginal (ni en población, ni en afiliados).

Aunque para el Bienio Negro apenas hemos encontrado datos, sabemos que la UGT local, al igual que el resto de organizaciones izquierdistas del pueblo, no pasó por sus mejores momentos. Deteniéndonos en los sucesos de 1934, fundamentales para comenzar a dibujar el cuadro de la reforma agraria, sabemos que, hasta octubre de aquel año, en Aranjuez se sucedieron numerosos conflictos. Algunos solidarios como la huelga de metalúrgicos; de marcado carácter antifascista por las detenciones de abril, motivadas por el vuelco de la camioneta de los congresistas de Acción Popular a la llegada al pueblo[59], declarándose la huelga general en respuesta a la represión; la huelga de mayo-junio en el campo de la que hablaremos

---

57 Souto, 2000, p.92 y 94.

58 *Memoria*, p. 110, para la provincia de Madrid, pp.124 y 125.

convenientemente en breve; o la huelga general revolucionaria de octubre.

Pronto, este frenesí de actividad comenzaría a pasar factura tanto al sindicato como a su militancia. Al parecer todo su entorno estaba siendo investigado. El 16 de marzo, Fuerzas de Asalto y de la Guardia Civil procedían al registro de la Casa del Pueblo, de las oficinas de la Agrupación Juventud Socialista, de la Sociedad *La Fresa*, del casino y varias casas particulares *sin encontrar nada en particular*[60]. El 8 de mayo, terminadas las celebraciones de comienzo de mes, el juez militar que instruía los acontecimientos de abril y la posterior huelga, clausuraba y precintaba las oficinas del sindicato de la Casa del Pueblo[61]. Y aunque tan solo podemos aventurar hipótesis en este sentido al desconocer los pormenores de este asunto, parece que para algunos afiliados y cotizantes de la UGT ya era suficiente y, tal y como recoge la prensa, hacia el 11 de junio, 150 obreros de dan de baja del sindicato[62]. *La Asociación de Empleados Municipales de la localidad, afectos de la UGT, después de celebrar junta general acordaron por unanimidad separarse de dicha entidad*[63]. Al no tener el acta de dicha junta para poder transcribir los motivos de esta decisión, solo podemos ceñirnos a lo recogido por la prensa, que se expresaba en estos términos:

---

59 *A la llegada de tres camionetas que procedían de Valencia, y que ocupaban congresistas de Acción Popular, cuando los vehículos pasaban por la plaza de Rusiñol, fueron apedreados por un numeroso grupo de obreros. El conductor de uno de los coches llamado Pascual Martínez, sufrió una herida de pedrada en la cabeza. Contra los automóviles se arrojaron también botellas de líquido inflamable que cayeron fuera de los coches. En medio de una lluvia de piedras, los vehículos siguieron con toda rapidez su camino hacia Madrid.* Luz, 23/4/1934. Recordemos que en mayo del 32 ocurrió algo parecido con un intento de difundir propaganda por parte de un grupo de albiñanistas, los cuales recibieron el mismo trato y fueron detenidos por la fuerza pública.

60 *Ahora*, 17/3/1934, p. 11.

61 *La Época*, 9/5/1934, p. 2.

62 *La Libertad*, 12/6/1934, p. 7.

63 *La Época*, 13/6/1934, p. 6.

El descontento de éstos empleados se origina por la forma de proceder de los dirigentes de la Casa del Pueblo de Madrid, puesto que a juicio de aquéllos no hacen más que cotizar, y no encontrando nada práctico en sus deliberaciones.[64]

En un sindicato socialista como la UGT, que las decisiones se tomen de arriba abajo era consustancial a sus prácticas desde los orígenes. La horizontalidad y el asamblearismo en la mayoría de las ocasiones era un método denostado, propio del anarcosindicalismo y de sus concepciones sobre la acción directa y la autogestión. Aquí podemos ver un posible ejemplo de cómo las decisiones generales de la federación local eran tomadas por la Directiva y no por el conjunto de militantes. Del mismo modo, tanto la UGT como el PSOE habían moderado desde la Dictadura sus posiciones sobre la lucha de clases, y en buena medida se habían conformado con los problemas de la gestión laboral, dejando de lado los de la emancipación. En este sentido, probablemente los empleados municipales, viendo la trayectoria exaltada del sindicato en los últimos meses, habrían considerado que esta postura no era la suya y prefirieron abandonar el barco por lo que pudiera pasar. Al fin y al cabo, en un contexto de ofensiva represiva por parte del Estado y las oligarquías locales, el repliegue suele ser la norma en la práctica totalidad de los movimientos sociales izquierdistas.

No duraría mucho este déficit de afiliados. Con la victoria del Frente Popular y con los nuevos proyectos de explotaciones colectivas puestos en marcha, tanto la UGT como *La Fresa* experimentaron un aumento significativo de las afiliaciones. Según la lista de asociados recogida en el expediente de la finca de Villamejor[65], en junio de 1936 *La Fresa* contaba con 1124 afiliados[66]. Un año después, en noviembre de 1937, Ignacio Gurumeta Moreno, como Presidente de la Junta Administrativa de la Casa del Pueblo, certifica que el Sindicato

---

64 *Ibid*. También en *La Libertad* del 14 de junio, en su página 6.

65 AIRYDA, caja 29/2, folios del 269 al 273.

66 En tal abultada lista solo hemos localizado el nombre de cinco mujeres: Nieves Cano Santiago (número en el listado 228), Rosa González Alcázar (nº 390), Matilde Martínez Plaza

Agrícola *La Fresa* reúne un total de 956 afiliados[67]. Un descenso natural respecto del 36 si tenemos en cuenta que la guerra, contra los militares golpistas y el fascismo, demandaba permanentemente soldados en el frente desde julio de ese mismo año.

En este esbozo de trayectoria cronológica, existen numerosas lagunas que de momento no podemos abordar por diversos motivos. Si hemos trazado estas líneas generales del periodo, lo hemos hecho para plantear, por un lado, esos aspectos todavía por investigar y que necesitan una respuesta historiográfica, pero, fundamentalmente, para entender cómo se desarrollaron las prácticas del sindicato ribereño en el contexto de la reforma agraria republicana en el municipio de Aranjuez.

(nº 728), Dolores López Álvarez (nº 919) y Loreto Yepes (nº 1055). Dudamos de la condición de Patrocinio Navarro Martínez (nº 1069) al tratarse de nombre femenino como masculino. Del mismo modo, tan solo tenemos constancia de una militante como tesorera y secretaria accidental del sindicato de arte textil, Francisca Cuenca Escribano. Para la discusión de la presencia de la mujer en las colectividades agrarias, *vid*. prólogo de Curro Rodríguez en Gutiérrez Molina, 2020.

67 CDMH, PS-MADRID, 963/22. Firmaría el Secretario de *La Fresa*, Eusebio Verdugo.

Un largo camino que recorrer
La reforma agraria en Aranjuez

Del Patrimonio que fue de la Corona

Hacia 1845, cuando se publica su *Diccionario Geográfico-Estadístico-Histórico de España y sus Posesiones de Ultramar*, Pascual Madoz ya advertía, de una manera muy explícita, sobre algunas cuestiones fundamentales relativas a la propiedad y explotación de la tierra en Aranjuez:

(…) El Real Patrimonio sin embargo, parece que desconociendo sus intereses, o no entendiendo los empleados enviados allí cuanto deberían hacer en aquella rica comarca, se descuidan los verdaderos ingresos por rutinas antiguas y mal calculadas: el pueblo de Aranjuez por su posición debe ser esencialmente agricultor, pues ninguno en la Península cuenta con elementos más a propósito: su laboriosidad en este ramo le haría también ser un pueblo industrioso, mercantil y rico por consiguiente: mas el Patrimonio, que mantiene acotada o para pastos una gran parte de sus pingües tierras de labor, obstruye indubitablemente aquellas fuentes de riqueza, en perjuicio de la pobl. (sic) y del Estado en general: como prueba de estas pequeñas indicaciones no debemos omitir que jamás queda por arrendar ni una fan.

(fanega) de tierra de labor, aun a los precios más excesivos, pues algunas se rematan en 500 rs. (reales) anuales, y ninguna baja de 200.[68]

Si históricamente la propiedad de la tierra en Aranjuez era un asunto exclusivamente relacionado con la Corona, cuyo desarrollo dialéctico entre los diferentes grupos de su entorno intentamos describir en un trabajo anterior[69], no es menos cierto que, una vez comenzada la desvinculación e iniciado el proceso desamortizador, una parte de su identidad agraria apenas sufrió cambios. La concentración parcelaria y la gran propiedad fueron la norma, así como los arriendos a precios exorbitados sin parangón en cualquier otro territorio peninsular. Una auténtica pesadilla para el reformismo ilustrado -Jovellanos, andaría revolviéndose en su ilustre tumba- que, una y otra vez, hacía saber al monarca de turno la importancia de que la propiedad privada, absoluta y sagrada fuera accesible al común de mortales por mor de la riqueza nacional. El acceso a la tierra en propiedad era prácticamente imposible para las clases populares y el arriendo parecía obedecer a un burbuja de sobreprecios que tan solo era mantenida por el nombre del Real Sitio. Según José Almazán Duque, en su *Informe* sobre la *Enajenación del Patrimonio de Aranjuez de 1870,* las rentas resultantes del regadío ribereño son desproporcionadas, *porque alcanzan iguales cantidades que las mejores tierras de huerta de Murcia no dedicadas a agrios, cuando éstas generan tres cosechas al año y las de Aranjuez una y media o dos*[70].

A unos medios de producción manifiestamente caros y sobredimensionados, habría que sumarle un asunto de vital importancia para todo el desarrollo de la historia contemporánea ribereña en general y de la formación de la clase obrera local en particular. En el momento que Aranjuez comienza su andadura como municipio, allá por 1835/36, el recién estrenado Ayuntamiento se

---

68 Madoz, 1845, vol. II, pp. 442-443.

69 Rodríguez, 2019.

70 Utanda Moreno, 2000, p. 213. En las mismas líneas se recoge la opinión del autor del informe, calificando de estado de postración la situación del agro ribereño.

encuentra con una gravosa dificultad para financiar sus nuevas competencias. Al no tener propiedades urbanas o rústicas de las que extraer alguna renta, bienes de propios o del comunal, su único medio de financiación fue gravar las mercancías que entraban y se vendían en Aranjuez con los conocidos, y odiados, consumos, *por cuya razón* −nos recuerda Simón Viñas- *la vida en Aranjuez ha sido y es más cara proporcionalmente que en otras poblaciones de su clase*[71].

Si bien, como ya hemos dicho, uno de los principios orientadores de todo el proceso desamortizador, iniciado en 1808 y culminado con la famosa *Ley* de 18 de diciembre de 1869, fue la distribución de la propiedad (especialmente la rústica), algo que hasta el propio Almazán Duque en su *Informe* de 1870 deja claro cuando desea que los terrenos de regadío pasen a la pequeña propiedad[72], no es menos cierto que el resultado fue la consolidación de la gran propiedad con un peso considerable en el ámbito desamortizador. Respecto de los bienes rústicos de la Corona, en la *Relación de los bienes que constituyen el Patrimonio que fue de la Corona, con expresión de los arrendados y vacantes*[73], se nos informa que para abril de 1869 la práctica totalidad de las huertas habían sido arrendadas: Tejeras, Doce Calles, Cabezadas, Flamenca, Casa de Serranos, Mazarabuzaque, Cortijo, Deleite, Huerta de Secano, Acequia de Tajo, Sotogordo, Soto del Espino, Cortado de la Herradura, Molinos y Venta de Aceca, Pozos de la Nieve y Pastos Titulcia, Puente Largo, Miralrey, Regajal, Castillejo, Villamejor, Yeserías.

Estos arriendos, una vez fueron subastados para su adquisición en propiedad, recayeron obedeciendo a una singular distribución entre compradores y número de fincas adquiridas. Según la información

---

71 Citado en Merlos, 1995, p. 282. Respecto de los consumos, tenemos una investigación en marcha sobre el asunto de la que esperamos dar cuenta en el próximo número de estos *Cuadernos*.

72 Citado en Merlos, 1995, p. 290.

73 AMA (Archivo Municipal Aranjuez) caja 507/5. También citado por Merlos, 1995, p. 289.

aportada por Vicente Moreno Ballesteros en su tesis doctoral[74] sobre la desamortización de Madoz en la provincia de Madrid, en el municipio de Aranjuez once compradores (un 4% del total) se quedaron el 34% de las subastadas, suponiendo un orden de entre 10 y 55 fincas rematadas en propiedad cada uno de ellos. Por otro lado, el 66% de propiedades restantes fueron adquiridas por 186 compradores, un 96% del total. De manera similar, si atendemos a la relación entre número de compradores e importe del remate de cada finca, un 9% de los compradores son los que acaparan las grandes compras, entre las 100.000 y el millón de pesetas. Aunque los datos arrojados por la investigación de Moreno Ballesteros arrojan un nada desdeñable 47% de compradores que adquirieron bienes por cantidades menos exorbitadas -entre las 10.000 y las 100.000-, no podemos estar más de acuerdo con Magdalena Merlos cuando afirma que *la desamortización, planteada sobre los bienes correctos, no encontró los compradores adecuados. Los modestos arrendatarios y jornaleros nunca se convirtieron en propietarios, porque la tierra que trabajaban solo era accesible a elevadas fortunas*[75].

Nuevamente en Aranjuez, tanto el volumen de fincas como el valor de las mismas en subasta y remate, son de enorme consideración. De hecho son las cifras más abultadas de todo el Partido Judicial. *No es que sea la localidad que tiene mayor volumen territorial desamortizado, (…), sino que en cuanto al importe subastado y remate pagado, alcanza más del 70% de todo lo generado en este territorio*[76]. Los motivos, ya nos son conocidos: los suelos de Vega aptos para el cereal y la huerta, tanto en regadío como en secano, la cercanía a la Capital…y posiblemente un amplio margen de renombre histórico para la especulación.

Llegados a este punto, cabe hacerse una pregunta fundamental: ¿quiénes se repartieron este pastel de la propiedad rústica desamortizada? En Aranjuez, con una superficie aproximada de

---

74 Moreno Ballesteros, 2015a, p. 263.

75 Merlos, 1995, p. 291.

76 Moreno Ballesteros, 2015b, p. 9.

201,11 km^2, fue subastado un 99% del total, donde empresarios y políticos mayoritariamente fueron los grandes beneficiados. Por poner algunos ejemplos, las 3828 fanegas de El Cortijo de San Isidro fueron adjudicadas al General Prim; La Flamenca, con 2778 fanegas, fue a parar para los duques de Fernán Núñez[77]; Francisco Javier Míngez López adquiere una suerte de la Dehesa de Villamejor, unas 4159 fanegas, y Ricardo Arana se lleva la otra suerte de la misma Dehesa con 3252 fanegas, cuyo valor en subasta fue de 312.000 pesetas rematándose por 603.330. Según Vicente Moreno, *lo interesante de estos dos individuos, es que sus compras acabarán recalando en el Conde de Muguiro*[78]. Junto a este perfil de compradores, con gran potencial económico, hay un considerable número de intermediarios que compran gran número de fincas para su posterior venta, es decir, especuladores de la tierra que todavía encuentran un filón de rentas en estas prácticas. Y por último, *una gran masa que adquieren para ellos mismos pequeños terrenos por los que pagan relativamente pequeñas cantidades*[79].

Las consecuencias de estas transformaciones tuvieron diversas manifestaciones en suelo ribereño. Si atendemos al predominio de la gran propiedad, vemos cómo en muchos casos obedecía al mismo esquema del señorío en otros territorios, al menos en lo que a extracción de rentas se refiere, cambiando las prestaciones personales propias del feudalismo, por la explotación de fuerza de trabajo libre asalariada o por la fórmula del colonato -mediante arriendos,

77 Moreno Ballesteros, 2015b, p. 7.

78 Moreno Ballesteros, 2015a, p. 264.

79 Moreno Ballesteros, 2015b, p. 25. Para el listado de compradores con escritura a favor, elementos, direcciones, superficie, subasta, remate, beneficio, así como el vendedor en cada caso, el autor aporta una detallada *Ficha Global* por localidades, incluido Aranjuez (p.26). También encontramos una lista similar para el contexto comarcal en Utanda, 2000, p. 273. Para el detalle de la distribución de la propiedad, especialmente del regadío, hacia 1985 en Aranjuez, vid. Rodríguez Chumillas, Moreno Adalid, Miñambres Puig y Mata Olmo (1987).

aparcerías, o en menor medida, la enfiteusis[80]- modalidad preferente de muchos propietarios, y que tantos quebraderos de cabeza les dio, como veremos. Es decir, la principal consecuencia relativa al ser social ribereño fue la formación de un singular binomio con, por un lado, un numeroso proletariado en el campo formado por población residente en Aranjuez, proveniente de todas las comarcas aledañas u otros territorios peninsulares, no siempre con posibilidades de acceder a un puesto de trabajo y, por otro, un nada desdeñable contingente de colonos agobiados por el pago de los arriendos al rentista de turno. Si por el contrario nos fijamos en esa masa de pequeños propietarios que alcanzaron el sueño de los medios de vida propios, hemos de anotar que, a la vista de la relación aportada por Vicente Moreno, sería conveniente dilucidar quiénes fueron, cuál era su relación de vecindad con el municipio de Aranjuez, en qué condiciones y con qué objetivos procedieron a la explotación de la tierra, si utilizaron la fórmula del arriendo o el trabajo a jornal, así como la evolución de las explotaciones en un contexto mercantil, es decir, en el ámbito de la realización del capital una vez las mercancías se habían puesto en circulación para su distribución. Si bien este es un estudio que nos interpela con cierta urgencia para conocer con detalle la estructura de la propiedad agraria ribereña, podemos suponer, a modo de hipótesis provisional, que la concentración parcelaria pudo convertirse en una bestia negra para muchos de estos pequeños labradores en un contexto de obligada competencia a nivel de gastos de producción y, por lo

---

80 En este sentido, creemos que los trabajos de Rosa Congost, no solo en torno a la enfiteusis, sino también respecto de ese proceso que denomina de *propietarización*, son bastante útiles a la hora de abordar el estudio de los modelos de propiedad como una relación social, es decir, *como el conjunto de las relaciones entre los hombres que afectan a la disposición de recursos* (Congost, 2007, 2016 y 2020; también los apuntes de Robledo, 2020). Desde esta óptica, los intentos del sindicalismo ribereño por acceder a fórmulas de propiedad, individual o colectiva, corroboran las tesis de la autora respecto de la pluralidad de significados históricos que abarca el concepto de propiedad.

tanto, en los precios de venta, si intentaban orientar el producto de su trabajo al mercado agrario.

No es menos cierto, tal y como vamos a comprobar en el caso de la finca de Villamejor, que en muchos casos estas explotaciones no obedecían a criterios de estricta eficiencia económica, rozando el estado de semiabandono acercándonos a las lindes cronológicas del periodo republicano. Ahora bien, tenemos una fuente de inestimable valor para conocer con cierto detalle los entresijos de una de estas grandes propiedades. Nos referimos a toda la documentación, custodiada en el Archivo Histórico de la Nobleza, de la finca propiedad de los duques de Fernán Núñez, *La Flamenca*. Con un registro, a todas luces exhaustivo[81], de los pormenores de la administración de la finca desde el siglo XVIII hasta mediados del XX, la documentación de *La Flamenca* nos hace sospechar que tanto tesón no era gratuito y que llevar al día las cuentas era un criterio de primera magnitud para estos terratenientes. El trabajo de Ricardo Robledo, *El ojo del administrador: política económica de una aristocracia en la Segunda República*, da buena cuenta de este asunto y nos introduce de lleno en las concepciones del capitalismo agrario de extracción netamente aristocrática y su particular *microcosmos: renta capitalista de la tierra en la dehesa salmantina, **asalariado** en la vega de Aranjuez y pequeño colonato en la campiña*[82]. Aquí, en primer lugar, se afirma que las grandes propiedades de los Grandes no eran sino grandes empresas[83], por lo que sería conveniente estudiar con atención

---

81 Hasta tal punto llega esta actividad de registro por parte de los administradores, que encontramos relaciones detalladas con la fecha de nacimiento de los hijos de los empleados nacidos en la finca (FERNAN NUÑEZ, C.1649, D.41), además de documentación ordinaria como los salarios, pagos y gastos devengados, proyectos de obras para la defensa de la finca contra las crecidas del Tajo (FERNAN NUÑEZ, C.1391, D.7) o, por ejemplo, los contratos de arriendo para la explotación de la leche producida por la cabaña lanar (FERNAN NUÑEZ, C.1597, D.6).

82 Robledo, 2009, p. 192. La negrita es nuestra.

83 Robledo, 2009, p. 163.

las rentas generadas en concepto de arriendos o las tasas de plusvalía obtenidas[84]. Lejos de ser una perogrullada, estaríamos ante el *modus operandi* de una parte de la aristocracia capitalista española a partir de las desamortizaciones. Por este motivo, tiene un valor enorme la información aportada por Robledo, porque se centra en la alteración –durante el periodo republicano- *que sufrieron el mercado de la tierra y el mercado del trabajo expuestos a una regulación desconocida desde hacía tiempo*[85]. Así, el cuadro de la explotación del trabajo en un contexto de lucha de clases comienza a dibujarse con algo más de detalle.

La II República, final de trayecto.

Para abordar el sempiterno problema de la reforma agraria, de manera específica en el Aranjuez de los años 30, es preciso introducir una definición que pueda ayudar a contextualizar el proceso que venimos desarrollando:

(…) Una definición comprensiva de la reforma agraria de la Segunda República sería la del conjunto de medidas que, bien por la vía de los decretos o por la de las leyes, alteró de forma global, por primera vez desde las Cortes de Cádiz, las relaciones laborales y el mercado de arrendamientos, limitó la autonomía del propietario con la intensificación de cultivos y expropió, temporalmente o no, latifundios para el asentamiento de comunidades de campesinos, al tiempo que revisó la reforma agraria liberal en lo concerniente a la abolición de los señoríos, venta de comunales y formas de cesión como foros o rabassa[86].

Para el caso que nos ocupa, no cabe duda que 1932 fue un año decisivo. El 15 de septiembre se aprobaba la esperada Ley de Bases para la Reforma Agraria[87], y desde este momento prácticamente todas las organizaciones, sindicatos, asociaciones empresariales o agentes sin

---

84 Relación entre el valor de la plusvalía y el gasto en capital variable (salarios).

85 Robledo, 2009, p. 171.

86 *Ibid.*, p. 169.

87 Para las discusiones y trayectoria de los precedentes, *vid*. Malefakis, 1982.

filiación alguna, tomaron posiciones respecto del controvertido texto. Del mismo modo, una cascada de normas legales, órdenes, decretos y resoluciones[88] comenzaron a publicarse en la *Gaceta* para dotar de contenido a la Ley de Bases mencionada. No es en absoluto la intención de este escrito presentar, otra vez, las líneas generales de estos puntos relativos a la reforma republicana[89]. Sin embargo, conviene detenernos en aquellos aspectos que sí tuvieron una especial relevancia histórica en Aranjuez con el protagonismo indiscutible de la Sociedad de Obreros Agrícolas *La Fresa*.

En Aranjuez, al menos en la última centuria, se había convertido en predominante la utilización de fuerza de trabajo asalariada, con un importante factor de estacionalidad. Sabemos que desde finales del siglo XIX, la comarca de Las Vegas y especialmente las huertas de Aranjuez, eran un polo de atracción de mano de obra foránea gracias a la abundante oferta de trabajo. Contamos con un ejemplo en los *Apuntes* del doctor Juan Cisneros y Sevillano sobre la epidemia del cólera en Aranjuez de 1885. En los mismos, se nos informa de la presencia en toda la vega de un contingente de jornaleros murcianos que se había desplazado hasta el centro peninsular para las faenas de la temporada agrícola. Según el *Informe*, estos jornaleros huían del foco de infecciones murciano, distribuyéndose para el trabajo por las fincas de Sotogordo, Villamejor, Las Infantas, Legamarejo y la Casa de la Flamenca[90]. Y es que hasta tal punto era una práctica generalizada la migración interior cada temporada en el campo, que ya el 28 de abril

---

88 Remitimos para su consulta al *Manual de la Reforma Agraria*, realizado en la redacción de *El Consultor de los Ayuntamientos y de los Juzgados Municipales*, publicado en 1932.

89 Para una introducción al tema puede consultarse: Malefakis, 1982; Robledo, 1996a; Maurice, 1978.

90 Aunque parezca que caemos en una contradicción al afirmar que estos proletarios venían a trabajar al mismo tiempo que huían de su tierra por motivos del cólera, entendemos que ambos fenómenos son complementarios, es decir, que hubieran salido de Murcia de igual manera si el cólera no hubiera sido un factor decisivo. El propio doctor Cisneros achaca en su informe a estos migrantes la causa de la propagación de la epidemia.

de 1931 se publicaba mediante Decreto la obligatoriedad del empleo de trabajadores locales para las faenas agrícolas[91].

La situación de la clase trabajadora asalariada local nunca había gozado de una situación boyante si la comparamos con la de los colonos o los arrendatarios. Si echamos un vistazo a los libros de matrícula de la Beneficencia municipal o a de los expedientes y solicitudes para ser incluidos en el Padrón de Beneficencia, comprobamos que la mayoría provenían de una única calificación socio-laboral: *jornalero eventual que no tiene bienes*[92]. Por otro lado, también encontramos solicitudes denegadas si al solicitante, una vez avanzadas las pesquisas y resuelto el informe, se le identificaba como propietario. Es el caso de Alejandro Piqueras Cominero, natural de Aranjuez con domicilio en la calle Capitán nº 36 que, *encontrándose su esposa enferma y sin recursos*, esperaba se le concediera la beneficencia con fecha del 13 de mayo de 1896. Cuatro días después, el funcionario encargado de resolver el expediente suscribe lo siguiente: *se acordó no haber lugar a la inclusión en el Padrón de Beneficencia por no ser jornalero eventual alegando riquezas comunes*. Y aunque no es menester detenernos en un análisis de la situación de la beneficencia local, algo de lo que nos estamos encargando en otra investigación en curso, este aspecto da buena cuenta de la situación de fragilidad social de los asalariados locales durante la crisis finisecular y a lo largo de todo el periodo de la Restauración. Una crónica temporalidad, demasiada oferta de mano de obra con la consiguiente depresión de los salarios, además del continuado acceso al recurso de la beneficencia pública, incluidos los estigmas ocasionados, determinaron buena parte de las reclamaciones de la clase obrera ribereña y sus expectativas de mejora.

---

91 *Art. 1º. En todos los trabajos agrícolas, los patronos vendrán obligados a emplear preferentemente a los braceros que sean vecinos del Municipio en que aquellos hayan de realizarse.*

92 Para el año 1896, puede consultarse las solicitudes de ayuda farmacéutica o inclusión en el padrón en AMA, nº de registro 15040, sig. 72; reg. 15086, sig. 135; reg. 15039, sig. 72: o para el caso del padrón de 1895, reg. 15089, sig. 135 y 1336.

Sería lógico pensar que huir de estas estrecheces históricas y de tantas penalidades materiales era un objetivo prioritario del proletariado local. Y parece posible especular con que algunas de las acciones del sindicalismo local durante los años republicanos fueran encaminadas en esta dirección. Sin ir más lejos, con la publicación el 19 de mayo de 1931 por el Ministerio de Trabajo del *Decreto* que establecía los contratos de arrendamientos colectivos a favor de las sociedades obreras, el sindicalismo agrario ribereño comienza a tomar nota. Un año después, salía publicado en la *Gaceta* del 21 de mayo lo siguiente:

Vista la instancia y examinados los documentos remitidos por la Sociedad de Obreros Agrícolas "La Fresa", de Aranjuez (Madrid), al objeto de obtener autorización para concertar contratos de arrendamientos colectivos, y no existiendo contradicción alguna con lo legislado sobre esta materia en ninguno de los documentos presentados, este Ministerio ha acordado aprobar los Estatutos para explotación colectiva y conceder autorización a la sección filial peticionaria para concertar tales contratos con las ventajas que concede el Decreto de 19 de Mayo y Reglamento de 8 de Julio del mismo año, elevados a ley en 9 de Septiembre, debiendo ser publicado este acuerdo en la Gaceta de Madrid y trasladado al Boletín Oficial de la provincia.

Desgraciadamente, después de proceder a un intenso barrido documental por varios archivos, especialmente en el del Ministerio de Trabajo[93], no han aparecido ni los contratos suscritos ni los Estatutos mencionados. En todo caso, junto con menciones indirectas, también tenemos la documentación relativa a la explotación de Villamejor obtenida en el archivo del IRA además de los Estatutos de la Sociedad mencionada, que pueden arrojar luz sobre este particular.

Comprobamos, por tanto, que la Sociedad agrícola *La Fresa*, ya en el mes de marzo de 1932, comienza a reunir los permisos y a recopilar la documentación necesaria para darse de alta como Sociedad de arrendamientos colectivos. En un documento custodiado en el

---

93 Ninguna noticia en el Archivo General de la Administración, ni en el Archivo del Ministerio de Hacienda, ni en el de Agricultura.

Archivo de Aranjuez, la Dirección General de Seguridad solicita al Ayuntamiento entregar un pliego de condiciones a D. Agapito García Martín[94], *iniciador*, de la Sociedad de Arrendamientos Colectivos de Aranjuez, domiciliada en la calle Manuel Llano y Persi, nº 46, *exigiendo el oportuno recibo, que remitirá a este centro, a fin de unirle al expediente de su razón*[95]. Gracias a la Memoria del II Congreso de la Federación Nacional de Trabajadores de la Tierra (futura Federación Española de Trabajadores de la Tierra en 1934), sabemos que, para el 20 de mayo de 1932, con número de expediente 458, la Sociedad Filial de *La Fresa* ya figuraba como sociedad de arrendamientos colectivos de pleno derecho y desarrollando su actividad con permiso del Ministerio de Trabajo[96].

Con esta operación en marcha, todavía el sindicato tuvo que hacer frente en aquel verano del 32 a un nuevo conflicto con la patronal del campo. Según ésta, el Ministerio había autorizado el empleo de maquinaria agrícola para la cosecha, motivo por el cual se declaró la huelga general en el campo el día 14 de junio para mostrar su frontal rechazo. Sin entrar en excesivos detalles sobre los sucesos de aquel verano[97], nos asalta la duda de si en el momento de esta importante huelga, *La Fresa* que ya estaba funcionando como Sociedad de arrendamientos, tuvo que salir en la defensa de un particular. Según la información aportada en el diario *El Sol*[98], al parecer el único momento en el que se interrumpió el paro obrero fue para ayudar a un tal Enrique Jiménez a *recoger el fruto que amenaza perderse*, trabajo solidario que se hizo de manera gratuita. Este *compañero*, al que creemos localizar en el listado de afiliados de 1936 con el nombre de

---

94 Se trata del Secretario de la *La Fresa*, tal y como certifica su firma en las comunicaciones con Alcaldía.

95 AMA, registro de entrada nº 137, 28 de marzo de 1932. Carpeta "Sindicatos".

96 *Memoria*, pp. 165-167. La mención a Aranjuez en la p. 167.

97 En un trabajo previo, estudiamos los pormenores y el desarrollo de esta huelga, *vid.* Rodríguez, 2015.

98 *El Sol*, viernes 17 de junio de 1932.

Enrique Jiménez Hernández y número 576, no sabemos si es un labrador pequeño-propietario afiliado al sindicato o exista la posibilidad de que tuviera en arriendo una explotación supervisada por la Sociedad mencionada.

La huelga de junio fue un éxito, saliendo toda la organización sindical reforzada después del pulso a la patronal. Parecía claro que las nuevas relaciones de poder que se estaban fraguando en el campo ribereño estaban determinando *unas reglas de juego hasta entonces inéditas*[99]. Para demostrarlo, podemos recuperar un episodio registrado en el acta de pleno municipal del 7 de noviembre de 1932[100]. En la misma, se recogían las quejas presentadas por el Secretario de la Sociedad de Obreros Agrícolas *La Fresa*, entregadas por escrito, junto con una carta de la Sociedad del mismo ramo de Villaseca de la Sagra. Ambas sociedades formulaban sus reclamaciones por los abusos de los patronos del término municipal de Aranjuez relativos a la colocación de obreros agrícolas. El alcalde Doroteo Alonso, según se apunta en el acta, *acoge dichas excitaciones con el interés que merecen, ofreciendo estudiarlo con el debido interés y manifestando que con anterioridad se han girado visitas de inspección sobre este asunto.* Algunos ediles, como el Sr. Sixto, mostraron su sorpresa aduciendo que se había realizado una visita de inspección del Delegado de Trabajo, pidiendo que éste diera cuenta de las actuaciones. Ahora bien, el delegado sindical presente, el Sr. Tercero (José Tercero Toldos), recordaría en el pleno municipal que la inspección *ha ido dos o tres veces y ha hecho cuanto ha sido preciso*, pero que como no se sabe qué había hecho con anterioridad es evidente que *no ha habido resultados prácticos*, insinuando que el trabajo de la delegación sindical había sufrido obstáculos. Interpretado como un ataque personal al Alcalde, otro concejal, el Sr. Gurumeta (Ignacio), interviene en defensa de Doroteo Alonso —y suponemos que todo el gobierno municipal— e intentó finiquitar la discusión por entender que no es pertinente a la sesión. Como es evidente, el delegado sindical,

99 Robledo, 2009, p. 194.

100 AMA, *Actas*, 7/11/1932; acuerdo nº 9, folio 236. Sig. 1113.

José Tercero, hizo constar que *en modo alguno ha querido formular cargos y censuras ni para el Sr. Alcalde ni para nadie y termina excitando a que regulen y se haga lo preciso para cumplir lo ofrecido a los obreros, de facilitarles el trabajo que precisan.*

Como vemos, el tira y afloja entre obreros y patronos todavía mantenía la tensión en el municipio desde el verano y ambas partes no estaban por la labor de ceder posiciones. Finalmente, el pleno acordó enviar tres delegados, Tercero, Arminio y Guzmán, *para hacer cumplir lo legislado*, a las fincas donde se vienen produciendo las irregularidades. La comisión, debiendo ir convenientemente protegida por fuerzas de la Guardia Civil, solicitaba que, una vez comenzaran las inspecciones, *no se encuentre presente el Alcalde pedáneo del Barrio de Villamejor, por el ser el primero que infringe las disposiciones, por lo que consideran que no es merecedor de desempeñar el cargo.* El Sr. Arminio, aprovechando su intervención, manifestó que con la constitución de los nuevos Ayuntamientos no eran precisos los Alcaldes de Barrio, por lo que se terminó por decidir y acordar en el pleno referido suprimirlo, quedando cesante dicho cargo y procediendo a las actuaciones convenidas. Al parecer, las luchas precedentes estaban dando sus frutos, consiguiendo que la corporación municipal tomase partido en la defensa de los intereses del proletariado agrícola, además de destapar y señalar los focos de explotación en el campo y a sus culpables.

Por este motivo, se entiende que *La Fresa* quisiera terminar el año con un mitin en el Gran Teatro para difundir sus progresos en el asunto de los arrendamientos colectivos y, aprovechando el tirón de la militancia del sindicato, sumar apoyos entre el campesinado local. Fue un 20 de diciembre, y al mitin se sumó la federación local de enseñanza, siendo invitados como oradores de renombre a D. Manuel Alonso Zapata, Director del Grupo Escolar Montesinos de Madrid y directivo de la UGT, y Lucio Martínez, diputado socialista y Secretario General de la Federación Nacional de Trabajadores de la Tierra. Aquel 20 de diciembre también intervino un viejo conocido del sindicato de Aranjuez, Agapito García, Secretario de *La Fresa*. Este, fraternalmente arropado por compañeros y vecinos, quiso infundir optimismo con sus palabras: *manifestó la manera de proceder en los cultivos colectivos que pronto se llevarán a efecto en cumplimiento de la ley agraria que el Parlamento aprobó*[101].

---

101 *La Luz*, 20/12/1932. *Los oradores fueron aplaudidos por la numerosa concurrencia al acto y obsequiados con un banquete en el restaurante del Embarcadero* (actual El Rana Verde). Es la única noticia que tenemos, sobre la realidad de los arrendamientos de manera oficial, después de la información aportada por la *Memoria* de la FNTT (mayo-septiembre). Como veremos a continuación, suponemos que esta mención se refiere probablemente al proyecto de Sotomayor.

Explorando las vías legales:
El proyecto de explotación colectiva de Sotomayor

Sin embargo, solo puede exponer una obra modestísima, porque se ha visto obligada a contener su actuación dentro de los estrechos límites que marca la parte perceptiva de la ley, que constituye un verdadero dique para el amplio desarrollo de los amplios ideales expuestos en la razonada Memoria que la sirve de antecedente.

Junta Central de Colonización (1924)

Del papel a la tierra. Los inicios de la explotación colectiva de Sotomayor

Cuando nos referimos al periodo republicano como un final de trayecto no solo lo hacemos para acotar cronológicamente nuestra investigación, sino también atendiendo al desarrollo y significado histórico específico que la II República tuvo en Aranjuez y, por extensión, en el sindicalismo agrario local, al menos en lo que a la liquidación del patrimonio de la corona se refiere. Si bien las desamortizaciones ya habían hecho buena parte del trabajo en la descomposición del Patrimonio Real todavía, a comienzos de los años treinta, era necesario dar una solución al problema inaplazable de qué hacer con ese Patrimonio restante, que un día fue de la Corona y, a partir de abril de 1931, dejó de serlo para formar parte del de la República.

Con fecha de 30 de enero de 1932 y rubricado por el Ministro de Hacienda, Jaime Carner Romeu, aparecía publicado en la *Gaceta de Madrid* el Decreto que *autorizaba un proyecto de ley sobre el régimen económico y jurídico por que se han de regir los bienes del extinguido*

Patrimonio de la Corona. Los términos del proyecto, ciertamente imprecisos en algunos casos, dejan claros, en su artículo 4º, los fines para los que irían destinados los bienes del Patrimonio de la República: fines con carácter científico, artístico, sanitario, docente, social y turismo. Como no podía ser de otra manera, el Proyecto de ley en cuestión hacía mención expresa al término de Aranjuez en el artículo 9º, encargándose de mencionar tanto el Palacio Real y jardines como las fincas de Sotomayor y Legamarejo. Meses más tarde, en el número 84 de la *Gaceta* con fecha de 24 de marzo (sancionada el 22 del mismo mes), saldría publicada finalmente la Ley que regularía la administración de los bienes que formaban el patrimonio de la Corona. Los términos de la misma, calcados del Proyecto aparecido en enero, volvían a reservar en su artículo 9º la mención a los bienes situados en Aranjuez:

El Palacio de Aranjuez y los edificios situados en los jardines quedarán abiertos al turismo, pudiendo instalarse en el primero los objetos históricos o artísticos que convenga exponer en sus locales. Los predios denominados "Soto Mayor (sic) y "Legamarejo" se dedicarán a ensayos de explotación colectiva y a trabajos de investigación y experimentación agrícola y pecuaria. Los terrenos parcelados podrán seguir arrendados a los actuales colonos, sin perjuicio de lo que disponga la ley de Reforma Agraria, revisando los contratos con el fin de mejorar los cultivos y rescindir los lesivos. De acuerdo con el Ministerio respectivo, se fijarán los locales y terrenos donde deban instalarse y continuar sus trabajos las actuales Estación de Horticultura y Escuela de Jardinería.

Prácticamente para mediados de año, el proyecto de explotación colectiva en Sotomayor ya era una realidad que se desenvolvía con sus primeros pasos administrativos. Así al menos se desprende del voluminoso expediente custodiado en el Archivo General de Palacio sobre este asunto[102]. La supervisión técnica junto con la elaboración de la *Memoria* previa del proyecto fue encargada al ingeniero agrónomo

---

102 Archivo General de Palacio (AGP). Administración de Aranjuez, **caja 4411, 1**: *Proyecto de explotación de la finca Sotomayor por el ingeniero D. Ángel Arrúe Astiazarán. Memoria, planos, presupuestos, estudio económico* (1932); *Condiciones de arriendo de las fincas Sotomayor y Legamarejo* (1935); *Proyecto de explotación colectiva de Sotomayor. Arriendo por lotes. Solicitudes*; **caja 2829,2**: *Expediente Explotación colectiva de Sotomayor.*

Ángel Arrúe Astiazarán que, según su ficha de la Delegación Nacional de Servicios Documentales (DNSD)[103], figuraba en el libro de socios del Sindicato Único de Técnicos de la CNT (aunque no lo sabemos con exactitud, suponemos que desde 1936, sin conocer en absoluto sus posiciones militantes, ya fueran anarcosindicalistas o no), siendo nombrado Ingeniero jefe de 2º clase en el Consejo Agronómico. Como veremos, prácticamente la totalidad de la información de que disponemos del proyecto de explotación colectiva de Sotomayor nos llega de su puño y letra.

Emblemático entorno de la Vega del Tajo y lugar escogido por la monarquía para establecer una de sus famosas yeguadas reales, Sotomayor era una finca de singular importancia. Según las consideraciones generales recogidas por el documento inaugural del proyecto fechado en enero de 1933 -la Memoria- *la finca de "Sotomayor" y "Legamarejo"*[104] *han de dedicarse a ensayos de explotación colectiva. Dada la naturaleza de estas explotaciones y la finalidad económica y social que ha perseguirse, se ha de enfocar el problema de su explotación atendiendo a circunstancias particulares de orden agronómico, económico y social.* Todo, por tanto, dentro del marco legislativo aprobado el año anterior como hemos visto. Y así, fijada su finalidad y marco legal, el autor de la Memoria establecía un primer requisito organizativo que merece la pena apuntar:

Teniendo en cuenta el carácter de ensayo de las explotaciones, el valor extraordinario de las fincas, el considerable del capital de explotación preciso (sic) y las dificultades correspondientes a fincas de tanta extensión, el aprovechamiento debe realizarse bajo el control y dirección del Patrimonio, por lo menos durante el periodo de ensayo, con objeto de garantizar su buena marcha y asegurar la finalidad económica y social que se pretende realizar.

---

103 Centro Documental Memoria Histórica (CDMH), DNSD-SECRETARIA, FICHERO, 5, A0166522 (signatura antigua según la ficha: PS Madrid, leg. 4571, exp. 82). También está disponible la ficha de su hermano Félix, perito agrícola del Estado a la postre.

104 Poco o nada sabemos de lo ocurrido con Legamarejo aunque, tal y como iremos viendo, hay algunas menciones anunciando su disponibilidad de arriendo.

Qué duda cabe que la tutela del Patrimonio, como requisito imprescindible para la puesta en marcha de este proyecto, da buena cuenta de lo que en ese momento se entiende por "explotación colectiva" desde el Estado republicano. Además, el sistema de aprovechamiento y régimen de explotación estaría determinado por un *resultado económico favorable fina*l que buscara la estabilidad y regularidad del trabajo durante todo el año y que permitiera la obtención de jornales fijos frente a la crónica eventualidad de las faenas del campo. De este modo, el autor de la *Memoria*, recogía las aspiraciones no solo de buena parte del regeneracionismo finisecular en materia agraria, sino de la vieja tradición ilustrada protoliberal peninsular[105] sobre el acceso a la propiedad de la tierra, al anotar que esta *regularidad disminuye al mínimo los obreros eventuales y aumenta, por tanto, el número de los directamente interesados en la buena marcha de la explotación.* Todo ello, claro está, avisando de la importante inversión y aportación de capital público al proyecto en cuestión. En el horizonte de los resultados esperados, el ingeniero encargado de la redacción de la *Memoria* tenía claro que había un objetivo -*razón de trascendental importancia*- en el medio plazo que debería alcanzarse, y es *la necesidad de un estímulo capaz de hacer lograr un máximo rendimiento, y ninguno mayor que la creación de una riqueza considerable en beneficio de la colectividad y de cada uno de los que la constituyen, riqueza que puede llegar a alcanzar la posesión total o parcial de los bienes que forma la empresa en su desarrollo futuro*[106]. Es decir, la consecución de una empresa agraria viable en términos de rentabilidad económica, bajo la dirección de los obreros que se han convertido en propietarios totales o parciales de dicha empresa. Volveremos sobre este asunto en nuestras conclusiones.

El estudio que a continuación se incluye en la *Memoria*, haría las delicias, sin lugar a dudas, de un buen número de historiadores de la

---

105 Por ejemplo, véanse los argumentos a favor de la propiedad privada individual de Jovellanos en su *Informe sobre el Expediente de la Ley Agraria. Vid.* Robledo, 1993.

106 *Memoria, Consideraciones generales*, punto 8º, p. 3

economía adictos a los factores de producción, a los balances de costes e ingresos y de las estrategias de mercado según la ley universal de la oferta y la demanda[107]. El trabajo de Ángel Arrúe es exhaustivo, concienzudo, como no podía ser de otro modo en un ingeniero. Tanto es así, que apenas deja márgenes para la imaginación o la espontaneidad en la ejecución del ensayo de explotación colectiva[108]. Sus apreciaciones respecto de la propiedad de la tierra y el mapa socio-económico de Aranjuez, son muy útiles para hacernos una idea clara y fidedigna de la realidad del campo ribereño. Por un lado, la mano de obra es abundante con tradición de cultivadores sobradamente constatada, *con un cuidado y conocimientos prácticos comparables a los regadíos de las más famosas huertas de España.* Por otro, Arrúe certifica uno de los problemas crónicos en la historia ribereña relativos a la división de la propiedad:

El predominio que ha tenido el Patrimonio en esta zona ha dificultado la división de la propiedad, encontrándose actualmente fincas particulares de extensión mínima con algunas de superficie considerable. Las propiedades rústicas que constituyen el Patrimonio reflejan ese estado de división, pues posee en arrendamiento numerosas fincas pequeñas, otras de extensión importante y algunas de esta característica subdivididas a su vez en porciones mínimas.

Debido a esta particular segmentación de la propiedad rústica, el trabajo que en ellas se realiza ha estado determinado por una elevada tasa de eventualidad, en oposición a lo que sucedía en otras regiones similares como Murcia o Valencia. Esto explica, nos recuerda el ingeniero, *el que sea ésta una de las pocas zonas de regadío en las que se han presentado conflictos obreros en relación con la remuneración y distribución del trabajo.* Es decir, mano de obra abundante y mínima disposición de

---

107 Por ejemplo, Bringas Gutiérrez, 2000. Para un perspectiva en las antípodas de este modelo historiográfico conocido como teoría económica neoclásica, es de visita obligada Pujol, 2001 o Esteve Mora/ Hernando Ortego, 2007.

108 Puede comprobarse en el anexo documental (Apéndice 1), donde hemos recogido el índice de los diferentes expedientes que forman la documentación relativa a Sotomayor.

tierras que supondrían salarios más bajos, un incremento de la tasa de paro estacional, resultando, en definitiva, un aumento de la conflictividad coyuntural. Una conflictividad de la que también se hace cargo la *Memoria* partiendo de un análisis de las bases de trabajo vigentes[109]. Según las mismas, y en opinión de Arrúe, los jornales negociados son a todas luces elevados teniendo en cuenta el contexto de los precios del producto obtenido en el mercado. Habiendo constatado que esta conquista salarial se debía al marco legislativo favorable por un lado[110], y a la militancia obrera ribereña por otro, Ángel Arrúe estima que con estas condiciones, en las que las tasas de extracción de plusvalía (y por lo tanto de la ganancia) son menores para el empresariado local, *constituyen un problema para el cultivador,* que se ve obligado a diversificar cultivos y distribuir su perspectiva de beneficios a lo largo del año, no solo en la temporada alta de faenas agrícolas.

Si esta era la situación descrita en la *Memoria* relativa al capital variable -la mano de obra- las menciones respecto del capital constante no son menos importantes para nuestro estudio:

La utilización de maquinaria agrícola ha sido obstaculizada por los obreros, aumentando el costo de la producción considerablemente y agudizando el problema de la misma. La utilización de estos elementos ha de ser fundamental para el resultado económico de las explotaciones, tanto más, cuanto mayor sea la extensión de las fincas. En la finca de "Sotomayor" debe emplearse en lo posible, sobre todo en aquellas labores en que la diferencia del precio de ejecución es considerable, aunque se sacrifique en aquellas en que la diferencia del costo es pequeña y corresponde a épocas de reducido trabajo.

De nuevo la viabilidad económica sobre la mesa, una viabilidad, como analizaremos más adelante, con unos rasgos muy particulares.

Continúa el estudio-memoria del ingeniero Arrúe con la descripción general de edificaciones e infraestructuras disponibles,

---

109 En su momento, cuando intentamos localizar estas bases para nuestro estudio de la huelga de junio de 1932 (Rodríguez, 2015), no fue posible dar con ellas.

110 Sobre las nuevas relaciones laborales republicanas *vid*. Robledo, 2009.

incluida la disponibilidad de una pequeña central elevadora de aguas desde el Tajo. El estudio de los sistemas de regadío, de las necesidades de irrigación por hectárea cultivada, el estado de las acequias y represas o incluso los coeficientes de salinidad del suelo, encuentran un importante desarrollo en el mencionado estudio, siempre con el objetivo de *la más perfecta utilización del agua, el mejor cultivo y por tanto, para lograr los rendimientos máximos*[111].

Del mismo modo, con un importante grado de exhaustividad, la *Memoria* recoge, junto a los planes de explotación y rendimiento agrícola (*soluciones agronómicas*), el desarrollo pormenorizado de un plan de explotación ganadera, a juicio del ingeniero, pieza clave de todo el proyecto[112]. Del estudio, el propio autor concluye que son tres las causas que hacían imposible el éxito de la explotación: la mala distribución del trabajo, es decir, la excesiva eventualidad del jornal y la distancia a la que se encuentra la finca del centro de población ribereño, *con el encarecimiento consiguiente de la mano de obra y del rendimiento de las labores por la variación constante del personal y el transporte o recorrido que tenía que realizar por no vivir en la finca* (p. 16); las condiciones de fertilización del suelo, esencialmente por el grado de agotamiento provocado por ciertos cultivos como la remolacha o el trigo y la falta crónica de cabezas de ganado, es decir, del déficit crónico de estiércol disponible; y en tercer lugar, la salinidad creciente. Una situación de la que no sería exagerado hacer una extrapolación a un marco más general del Estado español[113]. Cualquier solución pasaría, invariablemente, por la exigencia de un *personal fijo considerable y con la menor variación en las distintas épocas*, el sostenimiento de un ganado que produzca estiércol *en cantidad* y poner en marcha un adecuado drenaje del suelo para arrastrar la salinidad acumulada.

---

111 *Memoria*, p.65.

112 De total de la *Memoria* presentada, el número de páginas dedicado a las posibilidades ganaderas es sustancialmente mayor que las dedicadas al resto de apartados.

Las necesidades de personal quedarían, según reproducimos a continuación, fijadas con el detalle que tiene por costumbre la *Memoria* de Arrúe:

El número medio de obreros necesarios para la explotación, equiparando los muchachos a aquellos, es de 54 a 68, reduciéndose los meses de enero y diciembre a 23,29 con una de las alternativas[114] y a 31,36 con la otra. Es decir, que en estos dos meses tendrían trabajo aproximadamente la mitad de los obreros que, pudiendo alternar, supone una pérdida de días para cada uno de 25 aproximadamente. Y habiéndose hecho los cálculos a base de 25 días mensuales de trabajo, o sea 300 días laborales anuales, el número real de los que a cada uno van a corresponder es de 275, pudiendo llegar a los 300 referidos realizándose en estos dos meses las obras de mejora de caminos, apertura de desagües, arreglo de acequias, etc., que necesariamente hay que efectuar para el saneamiento de la zona regada, o por lo menos de las partes más salinas, y para la conservación de los caminos y acequias.[115]

Así, desarrollada la *Memoria* hasta el punto VI[116], último antes de los anejos, quedaría por recoger en este apartado la propuesta relativa a la *Organización y Dirección de la explotación*, concretada en tres cuestiones: la fórmula económica, la distribución de los beneficios y la organización de la administración y dirección. Dos posibles soluciones plantea el ingeniero responsable respecto del primer punto.

Primera: El Patrimonio de la República cede la propiedad en arrendamiento a la colectividad y proporciona el capital de explotación a interés convenido.

Esta solución de explotación colectiva autónoma aunque fuera intervenida y dirigida por el Consejo de Administración de Patrimonio para garantizar el debido empleo del capital y la buena marcha de la explotación, ofrece para éstos riesgos que no encuentran contrapartida en

---

113 González de Molina, 2001.

114 Se refiere a los dos modelos incluidos en el proyecto de cara a una explotación adecuada. En el Apéndice documental se recoge el índice donde se refleja esta propuesta.

115 *Memoria*, p. 21.

116 *Memoria*, pp. 115-121.

posibles beneficios, riesgos que únicamente podrían tenerse en cuenta fijando renta e interés del capital elevados. No consideramos aceptable la solución ni para los obreros ni para el Patrimonio.

Segunda: Asociación del Patrimonio y los obreros para la explotación de la finca.

Este caso constituye una verdadera sociedad o aparcería, que permite una colaboración del Patrimonio y los campesinos y una actuación más directa del primero.

Para acto seguido, una vez descartada la fórmula imposible de cualquier modelo autogestionario, proponer un abanico de alternativas en lo relacionado con las aportaciones y obligaciones contractuales de cada una de las partes implicadas en la explotación de la finca. Reproducimos *in extenso*:

El Patrimonio puede ceder a la colectividad la finca mediante el abono de un canon de arrendamiento correspondiente y proporcionar el capital de explotación. El beneficio se distribuiría en este caso proporcionalmente al valor total de los jornales y al referido capital, después de deducir el interés del que representa la mano de obra, que correspondiendo a los obreros habría de ser anticipado por el Patrimonio. Este anticipo no sería preciso en cuanto la colectividad dispusiera de fondos para hacer frente a los gastos de la mano de obra.

La finca podría ser proporcionada por el Patrimonio como capital y no en arrendamiento, en cuyo caso el beneficio se distribuiría en forma análoga a la indicada, pero incluyendo el valor de la propiedad, es decir que en estas condiciones correspondería a los obreros la parte proporcional al valor de la mano de obra y al Patrimonio la parte correspondiente al capital constituido por la propiedad y el de la explotación.

Esta solución parece la más aceptable por cuanto que tanto al Patrimonio como los obreros irán afectados por los resultados de la explotación, sin que se exceptúe la propiedad cuya renta dependerá del resultado económico de la misma, repartiéndose por tanto el beneficio proporcionalmente entre los elementos de producción, trabajo, capital y tierra.

Variación a esta solución sería señalar un tope máximo a la renta para que el beneficio a partir de una cantidad determinada se repartiera entre el trabajo y el capital y aún pudiera favorecerse al primero cuando las utilidades pasaran de un tanto por ciento señalado de los capitales.

Respecto del siguiente punto, la distribución de los beneficios, las declaraciones de intenciones por parte del autor de la *Memoria* son transparentes. No podemos olvidar que, tal y como está concebido este proyecto, las relaciones de producción capitalistas quedan intactas, que no hay en absoluto intención alguna de proponer un modelo de la explotación de la tierra revolucionario en sentido alguno. Y aunque de manera recurrente la *Memoria* certifique como un factor de producción a la colectividad, debemos reconocer en este término una conceptualización *sui generis* de la cual daremos cuenta en las conclusiones finales. Los objetivos, como decimos, son claros, y no hay lugar para veleidad izquierdista por la emancipación de ningún tipo, algo que por otro lado no podía ser de otra manera al tratarse de un proyecto netamente institucional.

Para llegar a crear un estímulo suficiente que permita llevar a feliz término obra tan interesante como la explotación colectiva de la finca Sotomayor, es preciso que los cultivadores tengan un interés inmediato y éste no puede ser otro que la percepción de un beneficio al fin del ejercicio y otro más lejano originado por la formación a favor de la colectividad de un capital que suponga una parte más o menos considerable de los elementos de la finca.

La parte correspondiente a Patrimonio, interesado y principal valedor del correcto funcionamiento de la explotación como negocio viable, iría destinada a la inversión en la propia finca y dividirse en dos partes: *la primera destinada a los gastos de conservación de la Casa de la Monta en la parte que no sea de servicio, instalaciones de elevación, etc., y la segunda bien a mejoras aprovechables y remuneradoras: saneamientos, obras de instalación de elementos para el ganado, alojamientos para éste, etc. o la creación o formación de capital de explotación.* Esto supondría, aclara el ingeniero, un aumento del valor de la finca y por tanto de sus rentas en forma de capital. Y, en tanto que intereses comunes, pero al parecer divergentes, los beneficios de los obreros se adoptarían de la siguiente manera: *el 50% distribuirse al fin del ejercicio, proporcionalmente al importe de los jornales devengados por cada uno, un 25% destinarse a fines de previsión, retiros, auxilios, etc., y el 25% restante a formar un fondo que podría emplearse en la finca formando parte del capital de explotación.* En resumidas cuentas, consolidar las bases de una empresa agropecuaria bajo una fórmula cooperativa o similar.

Esto último comienza a quedar meridianamente claro en la propuesta que finiquita la *Memoria*, relativa a la Dirección y administración de la empresa. La tutela corporativa, casi paternalista, queda expresada en estos términos:

La organización de la explotación debe realizarla el Patrimonio y posteriormente dirigirla e intervenirla para asegurar un debido funcionamiento y un empleo adecuado al capital que el Patrimonio ha de proporcionar[117], al mismo tiempo de ir comprobando su desenvolvimiento en relación con los planes estudiados y aprobados por el propio Consejo.

La dirección técnica la consideramos necesaria, en atención a la diversidad de problemas que ya están planteados y que de modo continuo han de presentarse de cuya resolución acertada depende el éxito de la explotación.

Esta dirección técnica puede tener una misión asesora o de dirección (…)

Las obligaciones de este órgano directivo son casi plenipotenciarias: tipos de cultivos, número de jornales y personal fijo, ingresos, labores agrícolas, previsión de recursos, movimiento de productos, organización de servicios, estudio económico e inversiones, así como previsión y organización a futuros. Y quizás, copiando el modelo de jurado mixto, el marco de actuación conjunta con los obreros quedaría circunscrito a una comisión presidida por un Consejero o por el Director técnico o administrador, un interventor de Patrimonio y el Comité o Junta de obreros encargada de la ejecución y vigilancia de los trabajos. Del funcionamiento de dicho Comité o Junta no disponemos de información alguna, puesto que en toda la documentación consultada no hay rastro de reglamento o estructura organizativa formal que nos aporte una descripción mínima del marco participativo de los obreros y obreras. Por otro lado, de la Comisión mencionada no solo se menciona su composición orgánica, sino también un calendario de sesiones quincenales o mensuales con el correspondiente

---

117 Es decir, asegurar la inversión.

levantamiento de acta y envío a la dirección del Consejo de Administración de Patrimonio. La reunión de planificación anual *(líneas generales y las normas a seguir)* tendría lugar la tercera decena de septiembre, cuyo desarrollo quedaría encomendado a la Dirección técnica, la cual *ordenaría al comité el plan de trabajos a desarrollar,* además de la realización del inventario, en la última quincena de septiembre, de todos los elementos y bienes de la explotación.

Como es natural, y viendo la sistematicidad del trabajo del ingeniero, este no podía dejar en el aire la propuesta de elaboración de *un reglamento que especifique las atribuciones y relaciones de dependencia de los distintos elementos: cultivadores, Comité ejecutivo, dirección y administración, comisión y Consejo de Administración del Patrimonio, sus funciones respectivas, obligaciones, forma de llegar a la disolución, contribución de los distintos elementos en las ampliaciones de capital, etc. etc.* A la luz de los acontecimientos que determinaron -y a continuación expondremos- el desarrollo del proyecto de explotación en Sotomayor, el ingente trabajo burocrático propuesto por Arrúe no iba a tener vida más allá de los papeles de la *Memoria*. Que sepamos, jamás se elaboró semejante reglamento, tampoco fue necesario dada la corta vida de todo el proyecto.

Aunque no quisiéramos emplear una terminología anacrónica, no nos resistimos a reconocer en el papel de la colectividad una especie de plan de emprendimiento, culminación ideológica del pensamiento burgués y heredera de todas las tentativas reformistas liberales desde el siglo XVIII, en la que los obreros asumirían un horizonte de transformación (hay quien lo denominaría progreso) de su ser social desde la condición de asalariado a la de empresario y gestor de una empresa. Pero siempre tutelados desde arriba. Algo que, por otro lado, no supone ni un atisbo de contradicción en las políticas llevadas a cabo durante el bienio reformista, muy al contrario, constataría la más elaborada expresión del programa agrario del gobierno liberal progresista republicano. Respecto de las relaciones de producción, por tanto, las diferencias entre los modelos de colonización con fuertes rasgos de individualismo agrario y esta *colectividad* tutelada parecen desdibujarse.

Finalmente, para poner el broche a una *Memoria* elaborada con semejante exhaustividad, casi podríamos decir que con afecto profesional, Ángel Arrúe lanza su propuesta personal. Recordemos que este documento se firma en Madrid en enero de 1933. Es muy probable que este celoso ingeniero no tuviera filiación política alguna o al menos no militancia reconocida en aquella época. Aunque para 1937, su ficha de la Delegación Nacional de Servicios Documentales nos informa de su afiliación a la CNT, no parece que fuera un entusiasta de las propuestas anarcosindicalista (socialización, colectivización, autogestión, etc.), no al menos en 1933. Ahora bien, entre el programa oficial, es decir, la propuesta que debe aprobar el Consejo de Administración de Patrimonio (y que realmente espera recibir) y la perspectiva de su autor, queda un resquicio que no desperdicia y que nos parece oportuno reproducir. Una propuesta final para dar continuidad a un proyecto en el que puso, a todas luces, más que tiempo y entusiasmo como veremos.

Pero no debe reducirse el porvenir a la perfecta explotación de esta o varias fincas, sino que existe otra labor de la mayor trascendencia, la de organizar cooperativamente a los cultivadores de Aranjuez, empezando por crear una cooperativa de consumo con los obreros de la explotación que se iría ampliando en cuanto fuera posible para abarcar elementos necesarios a las explotaciones agrícolas e interesar al mayor número de cultivadores y cuando el éxito acompañara a estas instituciones de consumo, sería el momento de iniciar la magna obra de organizar la cooperativa o cooperativas de transformación, distribución y comercio de productos agrícolas, cuyas consecuencias no fáciles de calcular trasformarían seguramente la economía de los cultivadores, en el pueblo de Aranjuez y hasta de su comarca.

La explotación colectiva de Sotomayor puede ser el origen de esta transformación, hay elementos para ello y circunstancias favorables, solo falta que los interesados en ella tengan el estímulo y la constancia, voluntad y confianza mutuas para cooperar activa y lealmente en una labor tan directamente beneficiosa para ellos y para la colectividad.

Todo eran obstáculos. De la ocupación de la finca a la defunción del proyecto

Procedamos, pues, a pormenorizar los acontecimientos en el devenir de este proyecto, desde el momento en el que se presenta la *Memoria* hasta que se liquida de manera definitiva.

Estando así las cosas, no habían pasado todavía dos meses desde la firma de la *Memoria* –recordemos que con fecha de enero–, cuando en el mes de marzo de 1933 comienzan a notificarse los primeros movimientos de la incipiente explotación colectiva de Sotomayor. En misiva dirigida al Presidente del Consejo de Administración de Patrimonio, fechada el 16 del mes citado, el administrador de Patrimonio en Aranjuez Federico Casanova[118] -todavía como intermediario-, daba cuenta oficial de la petición a la Asociación General de Ganaderos, ordenada por el consejero D. Demetrio Delgado de Torres, de un total de 1000 kgs. de simiente de alfalfa (600 kgs. de Aragón y 400 kgs. procedentes de Totana), con el debido acuse de recibo de la emisión de talón y factura de los proveedores por un valor de 4000 ptas. El importe, tal y como se refleja en la nota del administrador, debería liquidarse en un plazo de quince días, solicitando fuera librada dicha cantidad cuanto antes. Unos días después, el 27 de marzo, el administrador comunicaba la llegada de dos carreteros procedentes de San Lorenzo de El Escorial (Baltasar Moreno y Juan Pedro Suárez) con tres mulas y un macho, *con sus correspondientes atalajes y tres mantas, que según había acordado el Consejo de Administración serían destinadas al proyecto de explotación colectiva de la finca de Sotomayor*[119], incluyéndose la reseña de los cuatro animales con su correspondiente nombre propio y detallada descripción física.

Pero sin lugar a dudas, el punto de inflexión en los primeros pasos de este proyecto llegaría unos días después, ya en el mes de abril,

---

118 Según el *Heraldo de Madrid* del 17 de junio de 1932, acababa de ser nombrado administrador, siendo anteriormente el cajero.

119 Ambas misivas se encuentra en AGP, Administración de Aranjuez, caja 4411, 1 (papeles varios).

cuando el Consejo de Administración de Patrimonio designaba, en sesión de 5 del mes citado, al ingeniero agrónomo Ángel Arrúe como responsable del proyecto. Al no disponer de las actas del Consejo, vamos a intentar organizar la cronología según hemos creído conveniente.

Según un certificado expedido por D. Francisco Gómez del Llano, abogado del Estado y Secretario del Consejo de Administración de Patrimonio, el 25 de marzo de 1936 se comunica que *según consta en el libro de actas de este Consejo de Administración, en la sesión celebrada el día 5 de abril de 1933, se acordó encargar al Ingeniero Agrónomo Don Ángel Arrúe la confección de un Proyecto de explotación colectiva de la finca denominada "Sotomayor", situada en Aranjuez, proyecto que presentó posteriormente*[120] (…). De este modo, sabiendo que tanto la *Memoria* como el *Estudio económico y los Presupuestos* (nombrados en el expediente como documentos 1, 4 y 3 respectivamente) fueron elaborados en enero de 1933, parece probable que fueran aprobados por el Consejo en la sesión del 5 de abril. Por otro lado, en una misiva remitida al ingeniero el 8 de abril por el Secretario del Consejo, se le notifica que *a la mayor brevedad se sirva presentar el cálculo de los primeros gastos que sean precisos, para iniciar el proyecto de explotación colectiva en la finca "Sotomayor"*[121]. Es decir, Arrúe ya tiene encomendada la organización de los mimbres del proyecto y así lo pone en conocimiento del administrador Federico Casanova que, en escrito del 13 de abril, se dirige al Presidente del Consejo para informarle que el ingeniero *le ha informado* –en escrito fechado el 9 de abril- *que le ha sido encomendada la organización de la explotación de la finca de Sotomayor*. Metido ya en faena, en la misma comunicación se informa que el ingeniero ha pedido ampliar de 10 a 12 en número de yuntas alquiladas para la labor (tomadas según orden del Sr. Delgado de Torres[122]), así como un pedido de dos vagones de patatas de simiente y la adquisición de los 1000 kgs. de alfalfa, antes

---

120 AGP, Administración de Aranjuez, caja 4411, 1 (papeles varios).

121 *Ibid.*

mencionados, a la Asociación de Ganaderos. Por último, se dan instrucciones para que el mecánico revise *el viejo tractor* y las yuntas mencionadas.

Puntualmente, el 19 de abril Ángel Arrúe comienza a elaborar los primeros informes con la explotación de Sotomayor ya en movimiento. Su escrito, *Trabajos de organización y presupuesto de los primeros gastos*, es un acercamiento inicial, ya sobre el terreno, a los principales retos del proyecto, los cuales quedan meridianamente claros en dicho informe. En primer lugar, el ingeniero hace un apremio de urgencia para que se atienda a la libranza de los gastos para aprovechar al máximo todo el año agrícola. Recordemos que estamos en el mes de abril, un mes de preparativos para la siembra de los cultivos de verano o la preparación de los primaverales como la patata, que en circunstancias normales ya debería estar sembrada en febrero (con la simiente o patata de siembra que se había pedido en marzo).

La realidad sobre el papel, claro está, es bien diferente cuando tiene que enfrentarse con la realidad social y ambiental. Una primera dificultad refiere el ingeniero: la falta de personal fijo. Hasta aquel momento, este asunto se solventaba con la mano de obra sobrante de las explotaciones de Legamarejo, que se trasladaban a Sotomayor cuando era necesario. Personal eventual no se permitía, al estar sujeto a las bases de trabajo vigentes con jornales de 9,60 ptas. y considerarse estos salarios demasiado elevados para el personal de la explotación. Por lo que el ingeniero refiere que *debiendo ser personal fijo, es preciso designarlo urgentemente*[123]. Otro tanto sucede con los elementos de trabajo, yuntas y maquinaria que, al depender su uso de fincas muy distantes (Sotomayor y Legamarejo), los costes se disparan y da por descontado que las tareas previstas para esos meses deberían ser

---

122 Según la *Gaceta de Madrid* del 31 de marzo de 1932, quedaría constituido el Consejo de Administración que *ha de asumir la dirección y explotación de los bienes* del Patrimonio de la República. Se nombra en el mismo, como consejero de la Delegación de Agricultura, a Demetrio Delgado de Torres.

123 AGP, Administración de Aranjuez, caja 2829, 2 (negociado de contabilidad y presupuestos, señalado en el expediente como documento nº 5).

aplazadas. *La explotación colectiva como tal, si ha de comenzar con su plena organización, sería conveniente demorarla hasta primeros de octubre, principio de año agrícola, optando estos meses por una explotación directa pero con el personal que ha de constituir aquella.* Tan solo recordar que todavía ni se había procedido a una selección de personal, ni tan siquiera se había aprobado oficialmente el modelo de explotación, responsabilidades y beneficios. De momento, los esfuerzos del ingeniero pasaban por poner *a contribución los máximos esfuerzos para lograr una finca ejemplar,* señalando cuál es a su juicio el vértice sobre el que debe girar todo un objetivo en absoluto difícil de conseguir: *que el personal responda y se puedan emplear los elementos mecánicos más convenientes a las distintas operaciones.* Todo pasaba por una adecuada selección de personal, ya que *es el factor fundamental para lograr el rendimiento debido y por tanto costes de producción que permitan beneficios interesantes en la explotación.* Para ello interpela con urgencia al Consejo de Administración para que tome las decisiones oportunas en este sentido, que podría, a través de la intervención del Consejero, llegar a un acuerdo con los obreros, fijar las condiciones de trabajo y su designación. El modelo de selección pasaba por unas exigencias muy concretas desde la óptica de Arrúe. El procedimiento debería ser *análogo al que emplea el Consejo del Patrimonio con el personal fijo de las demás fincas, aunque previamente se determinen las condiciones del trabajo con los obreros.* Se podría incluso pedir las preferencias de los trabajadores para formar parte de la explotación, siempre y cuando no se pusiera en duda sus condiciones o cumplimiento del trabajo. En este sentido, se daría *preferencia a aquellos obreros que se hayan hecho acreedores a ello por sus servicios al Patrimonio en trabajos agrícolas de sus fincas.* Un pragmatismo que iría dirigido a evitar excesivos imprevistos o azares varios si se seleccionara personal totalmente ajeno al trabajo en Patrimonio.

El informe apremiaba a la organización y asignación a Sotomayor del ganado de trabajo, maquinaria y herramientas, seleccionando aquellas que Patrimonio tenga en desuso. El ingeniero, sin dejar un solo detalle pendiente, hace inventario de la disponibilidad de estos recursos con un claro objetivo, la aprobación de un presupuesto inicial que consolide el proyecto e insufle realidad a todo el trabajo que lleva realizado. De las dos propuestas recogidas en la *Memoria*, una de ellas quedaba descartada y la segunda arrojaba una contabilidad presupuestaria de 297.180,66 ptas., desglosada en: obras de reparación (14.010 ptas.), material agrícola (23.700 ptas.), ganado de trabajo/vacuno-lanar (27.000 ptas.), gastos de los cultivos (195.442,24 ptas.), gastos del ganado (7.118,42 ptas.). Por lo que, según el informe del ingeniero, *la suma de todas las deducciones, más los gastos generales que no suponen desembolso, exceden a la diferencia entre la cantidad incluida en el proyecto y la presupuestada por el Consejo del Patrimonio. Quedando demostrada la suficiencia del presupuesto.*

Aporta a continuación el ingeniero la nota de gastos desglosada hasta el 31 de marzo, resultando un total de 20.054,50 ptas. De las cuales, un total de 5.746,50 ptas. ya habían sido libradas, quedando pendientes todavía un total de 16.276 ptas. Acto seguido, lanzaría el presupuesto necesario para que la explotación funcione *con normalidad una vez se haya nombrado el personal y adquiridos los elementos necesarios.* Una estimación que contempla algunas faenas con resultados, como la siembra de la patata, que supondría un total de 15 jornales por un periodo de 45 días. El resultado arrojaría, según las cuentas de Arrúe, sumando piensos, combustibles, semillas, abonos y jornales, un gasto total de 70.903 ptas. Si bien es cierto que en absoluto es nuestra intención la valoración cuantitativa de las cifras expuestas, debemos detenernos en estos detalles de contabilidad en tanto en cuanto serán, como veremos más adelante, determinantes en todo el desarrollo de este proyecto de explotación colectiva.

La pelota estaba en el tejado del Consejo de Administración, que a la vista de los informes del ingeniero Ángel Arrúe, debía tomar decisiones concretas. De este modo, en su sesión del 26 de abril acordaron que *el Ingeniero Sr. Arrúe, en unión del Comité de explotación colectiva de la finca "Sotomayor" de Aranjuez, designe los obreros y lleve a efecto su plan, aprobando los gastos que estas designaciones originen, atemperándose en cuanto a estos gastos a la consignación presupuestaria*[124].

---

124 AGP, Administración de Aranjuez, caja 2829, 2.

Trasladado al Jefe de Sección de Contabilidad y Presupuestos el 4 de mayo, y el 6 al Administrador local de Aranjuez (Federico Casanova), se daría vía libre para la selección de dicho personal, quien será el encargado de remitir la relación al Presidente del Consejo, *siguiendo las indicaciones del Ingeniero D. Ángel Arrúe*. Estos son los nombres y cargos que figuran en dicha selección:

- Encargado: Agapito García.
- Mulero: Ramón Montero.
- Obreros agrícolas: Manuel García[125], Marcelino Rodríguez[126], Julián Arauo (sic)[127], Ignacio Martín, Francisco Martín[128], Agustín Vidal, Pedro Yuste, Amalio Soriano, Benito Galiano[129], Benito Barajas[130], Pablo Vidal[131], Rafael Espada[132], Jesús Huertas, Luis Canales[133], Tomás Beas[134] y Alfonso Baquero[135].

---

125 Resulta complicado identificar a este Manuel García sin el segundo apellido al aparecer, en la lista de 1936 que estamos manejando, varios asociados que responden a este nombre. Del mismo modo, solo podemos especular en la identificación de todo el personal utilizando la lista de asociados a *La Fresa* de 1936, en AIRYDA, caja 29/2-Madrid. Si hubiera dudas serias sobre la identidad de alguno de ellos, lo dejaríamos sin nombrar.

126 En el listado de asociados de 1936 aparece un tal Marcelino Rodríguez Alto, número de socio 891.

127 Julián Arnau Martínez, número de socio 602. AIRYDA, caja 29/2-Madrid.

128 Francisco Martín Huerta, número de socio 593. AIRYDA, caja 29/2-Madrid.

129 Benito Galiano García, número de socio 399. AIRYDA, caja 29/2-Madrid.

130 Benito Barajas Aguilar, posiblemente el socio número 299 de la lista que manejamos. AIRYDA, caja 29/2-Madrid.

131 Pablo Vidal Blasco, incluido en la lista de asociados a *La Fresa* de 1936 con número de socio 173. AIRYDA, caja 29/2-Madrid.

132 Rafael Espada García, número de socio de *La Fresa* 210, según la lista de 1936. AIRYDA, caja 29/2-Madrid.

133 Luis Canales Cuesta, número de socio 448. AIRYDA, caja 29/2-Madrid.

134 Con toda seguridad se trate de Tomás Beas Calderón. Número de socio 200, también parece estar duplicado en la lista con el 415, aunque figura como Tomás Bea Calderón. Pudieran no ser el mismo. AIRYDA, caja 29/2-Madrid.

135 Alfonso Baquero Burgos, número de socio 638. AIRYDA, caja 29/2-Madrid.

- Mujeres. Cachar patatas de simiente: Juana Blanco, Petra Alonso, Sebastiana Ruiz y Valeriana Salamanca.

Nada habíamos dicho hasta ahora sobre si el sindicato protagonista de nuestro estudio, *La Fresa*, tuvo alguna implicación en este proyecto. Lo cierto es que en toda la documentación de Sotomayor que hemos consultado, no hay ni una sola mención a este sindicato (sí las hay a otros como veremos). Pero, como ya se habrá podido comprobar, en la lista de personal aportada hay viejos conocidos del sindicalismo ribereño. Recordemos a Agapito García Martín, secretario de *La Fresa*, uno de los protagonistas, y autor de buena parte de los papeleos y vericuetos burocráticos (también del mitin de diciembre de 1932) que el sindicato tuvo que resolver para la consecución de sus planes de arrendamiento colectivo. Como ya se habrá podido comprobar, el proyecto de Sotomayor no hace mención alguna ni al marco legislativo de los arriendos colectivos ni a este modelo como realidad del proyecto. Desconocemos, por tanto, las causas por las que el Sindicato no es el que suscribe y negocia con Patrimonio para ponerse al frente del proyecto, algo que legalmente era posible. Y sin embargo, comprobamos cómo algunos de sus principales militantes ya habían sido seleccionados para desempeñar puestos de relevancia en el mismo. Si bien no tenemos constancia de que el resto de la plantilla estuviera afiliada a la UGT en 1933, parece lo más probable a juzgar por el número de asociado, su posición, que muchos de ellos tienen en la lista de 1936. Lamentablemente, de las mujeres no hemos encontrado noticia alguna.

Con el verano ya en curso, Ángel Arrúe presentó puntualmente su informe y propuesta de gastos para el mes de junio[136], firmado el 22 y validado en registro con el sello oportuno el día 24. Según el escrito, los problemas eran numerosos. El retraso inicial y todos los inconvenientes derivados obligaron a una modificación del plan propuesto en abril. Debido a la urgencia de ciertas tareas, se procedió a la admisión de mucho personal temporal, elevando considerablemente

---

136 AGP, Administración de Aranjuez, caja 2829,2 (contabilidad y presupuestos).

el gasto y poniendo en entredicho *la seguridad de resultados positivos. La falta de lluvias en el mes de mayo impidió las siembras en parcelas ya preparadas, creando nuevas dificultades en este periodo crítico de trabajo.* Por lo que ante semejante situación, el ingeniero procedería a reelaborar el plan de actuaciones de manera urgente. El día 21 ya había enviado una comunicación al Secretario del Consejo especificando *el ganado necesario o útil para los servicios de la explotación colectiva de Sotomayor* (ganado de trabajo: 19 mulas, 12 mulos, 5 bueyes, 1 toro, 3 camellos, estos sin aplicación en la explotación colectiva y dos burros; ganado caballar de dehesa, aprovechamiento que no interesa para el proyecto: 14 yeguas, 12 potros, 1 mamón, 13 potras, 4 mamonas, 7 mulas de 1 y 2 años, 6 mulas de 1 a 4 años y 4 mamones, un garañón)[137]. Por otro lado, en el escrito del 22, modifica el plan de cultivos. Se planifica la correcta y eficiente utilización de materiales (semillas, combustibles, maquinaria y herramientas, propuesta de adquisición de una báscula). Se atiende a la organización del personal, solicitándose dos muleros fijos más y un cuadrero de ganado de trabajo, 4 peones y la disposición, como personal eventual, de un tractorista y su ayudante. Como siempre, el proyecto y los cálculos del ingeniero pasan por minimizar toda eventualidad y el pago de jornales, al ser excesivamente altos según las bases aprobadas en Aranjuez (15,75 ptas. para la siega de cereal). Por este motivo, si hay un asunto clave, *un problema fundamental para la marcha de la explotación*, ese es el de la contabilidad y el presupuesto. Los cálculos arrojaban un presupuesto final de 38.142 ptas., totalmente detallado y desglosado, *siendo elevado por coincidir el periodo de recolección con labores importantes de los cultivos de verano e incluirse el importe del tractor.* Los fondos aportados para la consecución de los planes de explotación ya eran un auténtico quebradero de cabeza para el ingeniero. El mismo día 30 junio, el Secretario del Consejo de Administración de Patrimonio ratificaría lo acordado en la sesión del 28, esto es, *aprobar*

137 AGP, Administración de Aranjuez, caja 4411, 1.

la propuesta presentada por el Sr. Arrúe, y gastos correspondientes al presente mes de junio de la explotación colectiva de la finca "Sotomayor"[138].

Julio sería un mes decisivo, al menos así se desprende de los informes y misivas que el encargado, Ángel Arrúe, comienza a enviar al Consejo de Administración de Patrimonio. Según parece, las cosas comienzan a torcerse. El presupuesto detallado en junio para el mes siguiente ascendía a 38.142 ptas. Pero el 12 de julio desde el departamento de contabilidad se ordena el cargo a la Sección 5ª, capítulo 5º del presupuesto de gastos un total de 27.034,50 ptas., importe de la diferencia entre la suma de 38.142 a que ascienden los gastos que aprobó el Consejo de Administración, deducidos 11.107,50 que el Comité de Gerencia autorizó al aprobar el estado de disponibilidades del mes de junio último. Diez días después, Federico Casanova solicita sea librada la cantidad de 27.034,50 ptas. (libramiento nº 226), pero añade en su solicitud que se manifieste el Consejo explicando cuáles son las partidas suprimidas respecto del presupuesto del ingeniero, recordemos de 38.142 pesetas[139].

El 25 de julio, diligentemente, Arrúe envía su informe mensual -con nota al Sr. D. Ignacio de Aldama-, del cual hacemos un breve resumen. El trigo se ha segado con normalidad, pero se está esperando a la trilladora de Legamarejo para terminar esta labor. Al parecer, y como venía siendo habitual desde la huelga de 1932, los obreros de Legamarejo eran reticentes a la utilización de maquinaria, y así lo denuncia el ingeniero: *Debiera estar el producto almacenado si esta última labor de recolección se hubiera realizado en la referida finca en condiciones normales de trabajo, es decir,* **sin las dificultades creadas por los obreros**[140]; la alfalfa está recogida y henificada; las judías sembradas, nacidas normalmente; las labores de labra de la patata no se han hecho por falta de disponibilidades, *se han desaprovechado dos riegos y la vegetación expontánea* (sic) *ha invadido la parcela*, no habiendo garantías de sacar

---

138 AGP, Administración de Aranjuez, caja 2829, 2.

139 AGP, Administración de Aranjuez, caja 2829, 2.

140 AGP, Administración de Aranjuez, caja 4411, 1. La negrita es nuestra.

adelante el cultivo; se hace la previsión de tareas para agosto, además de la propuesta de adquisición de dos colleras y cuatro aros imprescindibles para el ganado de labor; por último se estima la provisión de fondos (100 pesetas) para imprevistos y, recuerda el ingeniero, que *ha de abonarse el vino que es costumbre proporcionar a los obreros los días de trilla y cuya costumbre no consideramos útil ni conveniente desterrar.* Total presupuestado: 13.843 ptas.

Algo no debería cuadrarle al ingeniero cuando, al poco de enviar su informe y presupuesto, decide remitir una nueva misiva al Secretario del Consejo pidiendo algunas aclaraciones oportunas a la vista de los problemas urgentes con lo que tiene que enfrentarse. No hemos podido resistirnos a reproducir la misiva completa dada la importancia para el desarrollo ulterior de todo el proyecto.

Muy Sr. mío:

La consignación correspondiente al mes de julio de la finca de Sotomayor, no se ha recibido hasta la fecha en la Administración de Aranjuez. Por esta circunstancia no solo no se pudieron realizar las labores en la parcela de patata a principios (o primeros) de julio fecha oportuna, sino que tampoco han podido llevarse a cabo después del riego dado la semana pasada.

El estado actual de la parcela es lamentable por la vegetación expontánea (sic) que la invade y que amenaza con anular la cosecha.

Pongo estos hechos en su conocimiento, rogándole los haga presentes al Consejo de Administración, con la súplica de que estudie las posibilidades de resolver el problema económico de modo que sea posible una explotación regular, para que en caso de no ser factible, no se persista en llevar adelante una explotación cuyos resultados económicos y sociales no solo no pueden ser favorables sino que han de constituir una carga y motivos de desprestigio para el Consejo de Administración del Patrimonio de la República y para todos aquellos que hemos puesto nuestro interés y esfuerzos en una obra que económicamente debe ser beneficiosa y socialmente de mayor interés.[141]

No disponemos de la contestación del Consejo a las palabras de Arrúe, pero si analizamos todo lo expuesto anteriormente, no resulta difícil adivinar cómo para los administradores de Patrimonio la

---

141 AGP, Administración de Aranjuez, caja 4411, 1.

realidad del proyecto de Sotomayor tenía una importancia, cuando menos, secundaria. Podemos verlo comprobando la demora en el pago de los gastos, pero también en la parcialidad de los mismos, no haciéndose efectivo en el tiempo y las cantidades convenidas. Algo que, lejos de solucionarse, continuaría recogiéndose puntualmente en los informes mensuales de responsable agrónomo, por lo que su paciencia comenzaba a agotarse, presentándose agosto[142] con otro escrito demoledor. Así comienza:

La explotación de la finca de Sotomayor se lleva con dificultades crecientes que aseguran un resultado desfavorable y un claro fracaso, en atención a la imposibilidad de realizar los trabajos y labores necesarios.

A parte de los inconvenientes que venía señalando desde el mes de abril, en agosto ya no tiene reparo alguno en incidir en el principal problema que enfrenta la explotación colectiva, las dificultades económicas. Del primer presupuesto elaborado, con una suma total de 70.903 ptas., todavía no se había abonado ni un solo céntimo y, por lo tanto, ni se habían llevado a cabo los trabajos pendientes ni se había comprado el material presupuestado. Esperando los ingresos proporcionados por la alfalfa y los cereales sembrados, además de las patatas y las judías, se podría salvar el ejercicio, pero de momento, ante el retraso en la preparación del tranzón dedicado a la patata, se ha ocasionado la pérdida de la cosecha. *Es posible que por no realizarse estas labores se haya dejado de ingresar suma importante que hubiera alcanzado bastantes miles de pesetas.* Del mismo modo, al no haberse pagado los insumos necesarios, el abonado del resto de cultivos no se llevó a cabo.

Nos interesa especialmente la valoración que del asunto hace el ingeniero. Ángel Arrúe, con particular tono juicioso, avisaba a las claras de que, en ese momento, el proyecto era totalmente antieconómico, y los fines sociales que perseguía podían quedar en suspenso, volviendo a recordar al Consejo de Administración que si no tomaban medidas, deberían desistir en la continuación del proyecto. Y añade:

---

142 AGP, Administración de Aranjuez, caja 22829,2.

*El fracaso **sería atribuido al sistema de explotación**[143], cuando sería debido exclusivamente a causas de orden económico, fracaso que sería muy sensible, por responder al personal y prestarse la finca a hacer de ella una explotación verdaderamente ejemplar.*

Como el primero de octubre debía comenzar la explotación intereso con los mayores respetos al Consejo de Administración solucione el problema fundamental que es el económico, permitiéndome aconsejar el abandono de la explotación si económicamente no se puede garantizar su funcionamiento normal.

Las advertencias que hace mirando a las posibles consecuencias políticas del fracaso del proyecto, son del todo evidentes. La prudencia profesional, pero quizás también el celo ético de nuestro ingeniero, podrían estar en entredicho, llamando poderosamente la atención el análisis preclaro que hace respecto del futuro inmediato de la explotación y de todos sus protagonistas. Poco más podía hacer y la pelota estaba en el tejado, nuevamente, del Consejo de Administración del Patrimonio. Finalmente, 10.001,25 pesetas presupuestaría de gastos para el mes que comenzaría una semana después.

Septiembre sería un mes movido, en todos los sentidos. No debieron caer en saco roto las advertencias del responsable Arrúe. Según el informe de gastos firmado por Federico Casanova el 20 de septiembre, los de personal ascienden a una cantidad de 30.095 ptas. y de material unas 73.766,75 ptas. Los ingresos previstos por venta de trigo, cebada o pienso para el ganado (avena, paja corta, alfalfa, judías, etc.) sumarían unas 65.507,97 ptas. Finaliza el informe de Casanova con el desglose de las facturas pendientes de pago: a la Sociedad Española de Papelería (por diferentes impresos); a Vidaurreta y Cía. por un tractor y por arados; a Ajuria por diferentes piezas agrícolas. Total, 15.258, 36 ptas.

Ese mismo día, figura una nota con cargo en la partida presupuestaria de Patrimonio un crédito de 245.000 ptas. *para cuantos gastos se originen con motivo de la implantación del ensayo de explotación*

---

143 Las negritas son nuestras.

colectiva y los trabajos de investigación y experimentación agrícola y pecuaria a que se refiere el artículo 9º de la Ley de 22 de marzo de 1932, incluso 40.000 ptas. para gastos de primer establecimiento y 15.000 de probables beneficios a distribuir entre los colectivistas. Se libran 100.380,25 ptas. quedando un crédito disponible de de 144.619,75 ptas. más un reintegro de 11.835,68, sumando finalmente una cantidad de 156.455,43 ptas. de crédito disponible[144].

Tanto desembolso y facturas impagadas debieron de encender todas las alarmas al llegar a los oídos de los miembros del Consejo de Administración del Patrimonio. El mismo 27 de septiembre, reunidos en sesión el Presidente y los Vocales[145], se plantea –ya parecía inevitable- definitivamente la viabilidad de la explotación de Sotomayor. El acta comenzaba con la intervención del Presidente, Sr. Campo-Redondo, informando que los gastos de la explotación ascienden a unas 90.000 ptas. calculándose unos ingresos corrientes de 60.000. La constatación de semejante déficit, obligaba a una consulta aclaratoria con el ingeniero responsable, Ángel Arrúe, manifestando algo que ya venía anunciando desde hacía tiempo como hemos anotado anteriormente, *que la explotación necesita para su desarrollo la existencia de un capital circulante con que atender los gastos que se produzcan y que si el Consejo por su situación económica, no puede disponer de esos fondos, es preferible abandonar la explotación, porque no constituiría negocio.* Oída la opinión del experto y tomándola en consideración, el Presidente tomaba la iniciativa y aseguraba que *él procedería a cesar el ensayo de explotación colectiva, y buscar un arrendamiento, con lo cual en ese cambio de explotación no habría perjuicio en la colocación de los obreros, que aparte de su escaso número, sería necesario que continuasen en la finca.*

Viendo las respuestas de los vocales, la postura del Presidente tiene cierta lógica, al menos desde el punto de vista empresarial. Con una inversión importante (aunque la mayoría sin ser desembolsada), maquinaria comprada y adeudada, obreros a la espera de beneficios

---

144 AGP, Administración de Aranjuez, caja 22829,2.

145 AGP, Administración de Aranjuez, caja 4411, 1 (arriendos).

pero ya metidos en faena y con perspectivas de negocio, la paralización total del proyecto sería un fracaso absoluto difícil de explicar, de ahí la búsqueda de una solución de continuidad. El Sr. Valderrama, vocal del Consejo, pidió a su compañero el Sr. Delgado de Torres que, puesto que había cesado como Director General de Obras Hidráulicas y *puede ocuparse con más asiduidad de estos asuntos*, emitiera un informe técnico para su valoración. Interpelado, el Sr. Delgado dice que, en efecto, *si no hay flexibilidad de fondos se perderán las cosechas. Que además hay que tener en cuenta que ha habido gastos de instalación que recargan el presupuesto actual, pero que hay que cumplir la ley que destinó dicha finca a explotación colectiva.* A la vista de la respuesta del Presidente, pareciera que éste ya tenía una decisión tomada, así se entiende de los argumentos que expone a continuación:

El Sr. Presidente dice que la Ley se refiere a ensayos, lo que indica que es una cosa no permanente, y que si el ensayo realizado ha fracasado, la Ley no puede obligar a ensayos continuos con resultados funestos y pérdidas.

Pero todavía el Sr. Delgado de Torres tenía cierta perspectiva del asunto y no estaba por asumir las tesis cerradas del Presidente. Sus consiguientes alegatos apelaron a las propias decisiones del Consejo, afirmando que *cuando se hizo la Ley, y la mayoría de los miembros del Consejo fueron redactores de ella, se buscaba una situación de permanencia para la explotación colectiva, que sería una muestra de la organización y el ejemplo para otros organismos.* No sabemos si el consejero tendría en mente las palabras de Arrúe, avisando del desprestigio que supondría el fracaso del proyecto, pero el envite parecía ir dirigido a la línea de flotación argumentativa del Presidente, sonando algo como "este Consejo quedaría en entredicho, y usted es el que lo preside". Si era una cuestión de fondos sería conveniente, por tanto, *procurar que se encontrase dinero para poder atender a la explotación.* Claro está, como el Sr. Presidente necesitaba apoyos, procedió a someter a votación una decisión que él ya consideraba tomada. De las intervenciones particulares se desprende que la cosa parecía estar clara. La explotación no estaba funcionando y no podía permitirse un derroche de gasto semejante; que la opción del nuevo arriendo era factible como solución de continuidad (Srs. Laffón, Calandra, Sánchez Cantón y Santa

María), o que se hiciera a corto plazo mientras se encuentra una solución y se *puede estudiar la implantación de un nuevo ensayo* (Sr. Luxán); *y que si no hay dinero debería plantearse esta situación al Gobierno* (Sr. Aldama). Y entre medias tintas y echar balones fuera -parece claro que nadie quería ser responsable directo de darle la puntilla al proyecto- finalmente el Consejo acordaría que *fuera el Sr. Delgado el que estudie la situación de la explotación, y si las razones que encuentra no son lo suficientemente poderosas para continuar la explotación colectiva, en vista de la opinión del Consejo, el Sr. Presidente acuerde la suspensión de la explotación y se proceda a un nuevo arriendo.* Si, por el contrario, se estimara que era indispensable dar continuidad al proyecto, habría que convocar de nuevo al Consejo para *estudiar sus razones.*

Al poco de tener lugar esta reunión crucial para el proyecto, Ángel Arrúe seguía haciendo su trabajo. Según admite en una misiva a Ignacio Aldama[146] el día 7 de octubre, debido a la demora de las deliberaciones del Consejo y su correspondiente resolución, se había demorado en su acostumbrada puntualidad a la hora de presentar su rendición de cuentas mensual. De este modo, aunque el Consejo parecía no tener urgencia en la toma de decisiones, Arrúe envió finalmente su informe y relación presupuestaria, *considerando que cualquiera que sea la solución que se adopte, es conveniente iniciar las labores correspondientes al presente año agrícola*, recordando una vez más, que para que el proyecto se desarrollara convenientemente se debería decidir con urgencia el modelo de explotación (por arriendo o explotación colectiva), además de *aportar los medios económicos necesarios, único medio para que se obtengan los resultados debidos*[147].

Una respuesta provisional llegaría en la sesión del Consejo celebrada el día once[148]. El Presidente, no cejaría en su empeño y siguió defendiendo que con un déficit así la explotación no podía

---

146 AGP, Administración de Aranjuez, caja 2829, 2

147 AGP, Administración de Aranjuez, caja 2829, 2.

148 AGP, Administración de Aranjuez, caja 4411, 1 (arriendos).

continuar. Pero la demora en la decisión se debía a las pesquisas del consejero Delgado que, habiéndose entrevistado con el ingeniero a cargo del proyecto, certificaba que el administrador de Aranjuez *no había dado una referencia completa de los gastos e ingresos, pues había eliminado de la partida de ingresos la referente a las labores practicadas y a las máquinas adquiridas, todo lo cual eran partidas que en el inventario representaban un capital. Tampoco figuraba la existencia de semilla.* Por lo que a la vista de los informes de Arrúe y conforme su criterio, la explotación no estaría mal planteada, sino que es *causa de numerario* los defectos de la misma y que se debería tener en cuenta el poco tiempo que lleva desarrollándose la explotación, puesto que *un negocio de esta índole requiere una mayor permanencia para poder conocer plenamente su desenvolvimiento.* El consejero, en su batería de argumentaciones tampoco se olvidaba del carácter social de semejante proyecto, y que *aunque se perdieran ingresos, lo mismo que se ha hecho en otras ocasiones, como cuando la corta de rama de encinas en El Pardo*[149], *lo interesante es desarrollar esa labor social, en función de la cual tenemos obreros fijos gracias al régimen de cultivo que se sigue.* Dicho lo cual y viendo todavía el margen de maniobra presupuestaria (hasta 160.000 ptas. que se precisan), propondría al Consejo que continuara la explotación.

Acto seguido, habiendo sido tácitamente interpelado como autor de la Ley, el Sr. Bolívar admitió que, dado el poco tiempo transcurrido y que *el balance no es tan desolador como para reconocer un fracaso,* el proyecto podría continuar otro año más. A lo que el consejero Sr. Delgado respondería con otro balón de oxígeno para el proyecto, afirmando que *el personal adscrito a la explotación trabaja con entusiasmo, a pesar de que sabe que este año no habrá beneficios.* Ante lo cual, y con cierto tono beligerante, el consejero Sr. Campo-Redondo ponía sobre la mesa un pragmatismo difícilmente rebatible, al menos en los términos en los que se estaba desarrollando el debate. Según el

---

149 Nos llama poderosamente la atención el agravio comparativo que despliega el consejero, algo que si bien siempre ha sido de comentario popular general en los foros y plazas de Aranjuez, pocas veces se ha abordado con un estudio pertinente.

consejero, se habían registrado unos beneficios de 4.000 ptas. cuando anteriormente a la puesta en práctica del proyecto venían siendo de 50.000, *no existiendo paridad con las encinas de El Pardo, porque la Ley dice respecto a éste que se conservará en su actual estado.* Su alegato final interpelaba a los presentes a que se recogiera en acta su opinión, no fuera que luego estuviera sometido a acusaciones infundadas respecto de la situación de la explotación: *el Patrimonio está supeditado a un presupuesto en el que los gastos son fijos y los ingresos eventuales.* Y precisamente como este asunto no podía asegurarse, se lavaba las manos insistiendo en que *él no tiene criterio cerrado de suspender o continuar la explotación, sino lo que quiere es rodearse de todos los asesoramientos y que el Consejo decida con pleno conocimiento de causa.*

¿Alguna propuesta más? ¿Quedarían más vacilaciones aún por proponerse? Todavía el Sr. Valderrama proponía acudir al Crédito Agrícola, es decir, al endeudamiento, para resolver la cuestión del numerario, posición que debía rechazarse a juicio del consejero Sr. Vaquero. Finalmente, el Sr. Presidente proponía, en definitiva, que si se quería estudiar con mayor detenimiento todo el asunto, el informe que el Sr. Delgado había elaborado debería ser examinado por todos los consejeros y, llegado el caso, que se vuelvan a reunir para pronunciarse en un sentido u otro. Más no podía hacer viendo la poca claridad y unanimidad del Consejo.

Pasada una semana, el Consejo volvería a reunirse para valorar el informe[150] del consejero Sr. Delgado y tomar algún tipo de decisión[151]. Tal y como hemos advertido, decidir en un sentido u otro, comprometía prácticamente a todas las partes y, salvo el Presidente que desde un primer momento se pronunció a las claras, el resto de vocales del Consejo continuaban interviniendo con posiciones dubitativas y equívocas.

El consejero Sr. Valderrama comenzó la ronda de intervenciones posicionándose a favor de la continuidad pero *arbitrándose* los recursos

---

150 AGP, Administración de Aranjuez, caja 2829,2, Explotación de Sotomayor, resultado aproximado, año 1933. Rubricado en septiembre de 1933 por Demetrio D. de Torres.

151 AGP, Administración de Aranjuez, caja 4411, 1 (arriendos)

necesarios, lo que respondería el Dr. Vaquero que la *existencia de fondos depende de Valsaín y de su negocio de madera.* Acto seguido llegaba el turno del consejero Sr. Delgado que, ratificándose en sus posiciones, apelaba a la continuidad del proyecto *partiendo de la existencia de dinero.* Es decir, que todo el problema de financiación parece ser una cuestión, a ojos de Delgado, ya solucionada, *que si hay que tener en cuenta que hay gastos imprescindibles en cada mes, hay otros que admiten cierta demora y ello facilita mucho el régimen económico.* La financiación podía manejarse de muchas maneras, por lo que propuso disponer de algunas de las cantidades que por aquel entonces se empleaban en Valsaín, *reduciendo los gastos de esta explotación, para dedicarlos a los de Aranjuez.* Dicho lo cual, continuó el gruce de argumentos con Valderrama, quien al parecer no tenía muy claro lo de gestionar los fondos de Valsaín de semejante manera. Según el Sr. Valderrama esto ocasionaría graves problemas puesto que obligaría a los obreros de la madera a dejar de trabajar, además de los riesgos por falta de almacenaje de la madera, tan necesaria por otro lado y *que siempre hay que tener.* Delgado, que no parecía amilanarse ante las réplicas de Valderrama, continúa su intervención poniendo sobre la mesa del Consejo el problema añadido de los obreros ribereños que ya eran fijos, *pues el arrendamiento anterior solo tenía en estas condiciones 10 o 12*[152]. En aquel momento decidió intervenir el consejero Sr. Laffón a petición del Presidente. Aquel reconocía que, habiendo leído el informe del Sr. Delgado, no tendría inconveniente alguno en que la explotación de Sotomayor continuara.

Volvíamos a la casilla de salida sin acuerdo, por lo que el Presidente, *en vista de la disparidad de criterios,* aplazaba la decisión sobre la liquidación del ensayo de explotación y emplazaba a todo el Consejo a seguir estudiando el asunto y, *entre tanto, se libre la cantidad absolutamente indispensable para que los trabajos no se interrumpan, teniendo en cuenta que estas cantidades son siempre valorables en el caso de que se concertase un arriendo.*

---

152 Según el *Informe* del consejero Sr. Delgado, para septiembre del año 33 trabajaban 40 obreros permanentes.

Dicho y hecho. Tres días después de la reunión plenaria del Consejo, se emitía la orden[153], *entre tanto se solucione definitivamente el asunto referente a la explotación colectiva de la finca "Sotomayor"*, de librar los fondos para la continuidad del proyecto: 10.000 ptas. para gastos corrientes, 40.000 para gastos de primer establecimiento y 15.000 de probables beneficios a distribuir entre los colectivistas, con cargo al vigente presupuesto, sección 5ª, capítulo 5º, "Explotación colectiva de Sotomayor". La nota de pago sería rubricada por el Presidente un día después, el 24 de octubre de 1933.

Ninguna noticia tenemos del mes de noviembre, salvo la victoria de la CEDA de Gil Robles con 115 escaños en las elecciones y el comienzo de las negociaciones para formar gobierno. Y, para el caso que nos ocupa, hubiera terminado el año sin mayores sobresaltos si en el mes de diciembre no se hubieran registrado dos peticiones al Patrimonio solicitando el arrendamiento de Sotomayor. Una de ellas, manuscrita y sin mucho detalle, es enviada el 29 de diciembre por Andrés Días-Pinés y Menchén, vecino de Aranjuez, con domicilio en la Calle Pablo Iglesias, 8, natural de Colmenar de Oreja e hijo de Andrés Díaz-Pinés Enriquez, nacido en Manzanares. La segunda petición con fecha del 26 de diciembre, escrita a máquina y con cierta solemnidad, es remitida al Sr. Presidente del Consejo de Administración del Patrimonio de los Bienes de la República por el Presidente de la Sociedad de Oficios Varios "La Melonera" de Villaconejos (así aparece en el sello que figura junto a su firma), el Sr. Saturnino Guerrero. En los mismos términos que la anterior, se solicita el arriendo de Sotomayor, pero en esta ocasión como sociedad obrera. Recordemos que en el caso de *La Fresa* no tenemos constancia de solicitud semejante, por este motivo hemos creído conveniente reproducir el grueso de la misiva por lo substancial de su contenido y la importancia desde la perspectiva de este trabajo:

Saturnino Guerrero mayor de edad, vecino de Villaconejos con cédula personal corriente, y con la representación que ostento de Presidente de la Sociedad Obrera de Villaconejos ante V.S. acude exponiéndole:

---

153 AGP, Administración de Aranjuez, caja 2829, 2.

Que tenemos conocimiento de que en término de Aranjuez está la finca agrícola titulada "Sotomayor" que corresponde a los bienes del Patrimonio de la República sin colono que la lleve en explotación, con indudable perjuicio tanto para los ingresos del Patrimonio como para el personal obrero que deja de estar colocado en esta finca y habiendo el exponente propuesto a los socios de esta Sociedad Obrera que presido la conveniencia de solicitarla para llevarla en arriendo dicha finca, es por lo que acudo a V.S. suplicándole tenga a bien proponer a ese Consejo de Administración nuestra solicitud teniendo en cuenta de que la finca "Sotomayor" sería llevada por esta Sociedad Obrera de Villaconejos compuesta de unos 80 socios, para los cual esperamos conocer las condiciones en que nos la cederían en arriendo, precio del mismo y tiempo del contrato, no dudando de que al tratarse de una Sociedad Obrera ese Consejo de Administración ha de verlo con gran simpatía y ha de procurar poner un precio de arriendo en armonía con nuestras condiciones de trabajadores que lo que pretendemos es que no esté la tierra en el abandono en que se encuentra sin producir nada y sin beneficiar a los obreros pues podrían darse gran cantidad de jornales que hoy no produce con indudable perjuicio para los pobres obreros.

En vista de lo manifestado:

SUPLICAMOS a V.S. se digne tener esta instancia por recibida y comunicarnos las condiciones en que nos ofrecen la finca "SOTOMAYOR" para llevarla en arriendo esta Sociedad Obrera lo que suponemos han de ver con gran satisfacción ya que nos consta el mucho interés que ese Consejo tiene por los obreros y porque se practique el objeto de la Reforma Agraria en lo que se refiere a beneficiar a los pequeños agricultores como nosotros.

Favor que espera merecer de V.S. deseándole muchos años de vida para bien de la República.

Es una verdadera lástima que, de momento, no hayamos encontrado las respuestas desde el Patrimonio a ambas misivas. En todo caso, la información que aporta la enviada por La Sociedad *La Melonera* de Villaconejos puede sernos muy útil para continuar con nuestra descripción del proceso.

En primer lugar, tan solo podemos especular sobre los motivos que llevaron tanto a Díez Pinés como a los obreros de Villaconejos a tantear la posibilidad de arriendo de Sotomayor. Probablemente los rumores, comentarios, o noticias de los propios trabajadores del proyecto de colectividad, estarían circulando de boca en boca, no solo en Aranjuez, sino en toda la comarca. Noticias que parecerían ir dirigidas en una dirección probable: el ensayo de colectividad estaba herido de muerte. Así, teniendo siempre presente que la petición buscaba un objetivo claro y que tanto el tono de súplica como los términos de la misma tienen connotaciones claras para influir en una posible decisión de Patrimonio, se nos informa que la finca de Sotomayor estaría en estado de abandono. Que en el mes de diciembre no hubiera mucha faena agrícola puede ser un motivo, o que sencillamente el proyecto ya no funcionara correctamente también. No tenemos actas, informes o misivas tanto del ingeniero como del Consejo que pudieran corroborar este punto. Lo que sí está claro es que ya se estaban produciendo los primeros movimientos de fichas, una toma de posiciones que ya daba por hecho que Sotomayor iba a ser arrendada.

Pendiente nos queda saber con más detalle sobre esta Sociedad de Oficios Varios "La Melonera", una sociedad de la que no hemos localizado ninguna mención, hasta la fecha, en los papeles de las comarcales de la UGT o la CNT, ambas con sede en Chinchón. Tan solo conocemos el nombre de dos de sus militantes, Saturnino Guerrero, Presidente y Justiniano García, Secretario, que estamparon su firma en la carta reproducida anteriormente.

¿Qué estaba ocurriendo realmente con el proyecto de Sotomayor?

Sin entrar en los pormenores de un año tan convulso como 1934, hemos de suponer que el comienzo del Bienio Negro supuso el comienzo de los movimientos contrarreformistas en suelo ribereño. Y aunque probablemente Ángel Arrúe -ni nadie involucrado en el proyecto de explotación colectiva de Sotomayor- era consciente de los cambios que se avecinaban, fiel a su estilo y cumpliendo con sus obligaciones, el 30 de enero remitía su acostumbrado informe mensual y propuesta de gastos[154] al Secretario del Consejo de Administración,

---

154 AGP, Administración de Aranjuez, caja 2829, 2.

Ignacio de Aldama. Un informe en el que ya no hay medias tintas, ni circunloquios o súplicas innecesarias. Si bien el ingeniero estaba reconociendo que actualmente la finca *está mejor que lo que podía esperarse, por la forma en que el personal está respondiendo*, su escrito traspasaría las lindes de la mera llamada de atención:

*En el desarrollo de los cultivos de esta finca, se ha llegado a un **momento crítico**[155] en el año agrícola en que es necesario que el Consejo de Administración decida lo que ha de hacerse en el futuro, pues es de absoluta necesidad determinar el plan para el resto del año, con objeto de no realizar más operaciones ni gastos que los que correspondan a la extensión cuyo cultivo pueda normalmente realizarse con los recursos que para este fin se puedan disponer.*

En primer lugar, se reclamaba una visita o inspección por parte del Consejo de Administración para comprobar *in situ* el estado de la finca y sus progresos, pero especialmente lo que podría hacerse aún sin contar con los ingresos proyectados. El ingeniero se reconocía incapaz de solucionar aspectos de *ínfimo valor*, como la subida salarial de 0,25 ptas. en el jornal de diciembre y enero de un gañán, que *con el mayoral había de llevar la vigilancia de los dos grupos en que se ha dividido el ganado para su mejor utilización y mayor rendimiento*. Un subida que, habiendo sido rechazada, dejaba a la dirección del proyecto en *situación delicada*. De hecho, el propio Arrúe estaría certificando, haciendo sus pesquisas para dilucidar los motivos de este rechazo, que en realidad no se habían tenido en cuenta ninguno de los informes y propuestas de gastos que mensualmente había ido remitiendo al Consejo.

Tales son las limitaciones a las que se veía sometido el ingeniero, que llegó a reconocer que buena parte de los gastos derivados de su actividad en la dirección del proyecto, como los ocasionados por los viajes que debe realizar en tren para la supervisión de los trabajos, salieron de su bolsillo. Según Arrúe, que después de *18 meses de ocupación de la finca*, se esté llevando la explotación sin el concurso

---

155 La negrita es nuestra.

debido y le esté *ocasionando trabajo, preocupaciones y desembolsos considerables sin el beneficio correspondiente*, lleva la marca impresa del *fracaso* sin una total rectificación. Y aun así, la explotación continuaba en marcha y en condiciones de cultivo. Ahora bien, volvía a exhortar al Consejo para que tomara una decisión definitiva sobre la continuidad de la explotación, porque si hubiera una respuesta afirmativa -los medios no llueven del cielo- debería autorizarse la adquisición de los elementos necesarios (semillas y abonos para los cultivos de primavera y *mano de obra abundante para llevar las operaciones ordenadamente*). Debidamente desglosado el plan de cultivo y medios necesarios en su correspondiente nota (abonos, semillas, personal fijo y eventual, combustible), e interpelando a su adquisición con la mayor prontitud, Arrúe señalaría un total de 34.463 ptas, *sometiendo a la consideración del Consejo* la subida salarial del gañán mencionado a una suma de 15,50 pesetas de jornal para los meses indicados anteriormente.

Cerraría su informe con un contundente *non plus ultra*, suplicando que *en caso de que se considere poco probable llegar a la explotación normal de Sotomayor por razones de orden económico, traten con la mayor urgencia de sustituir en la dirección de dicha finca al ingeniero que suscribe*. Hasta aquí habíamos llegado.

Lamentablemente, lo que ocurriría hasta el mes de junio no hemos podido averiguarlo. Como recogemos en el punto siguiente, en los prolegómenos de la huelga del campo de junio, la fractura social y el clima político de crispación irían en aumento hasta el estallido del paro obrero. Lo que sí sabemos es que Ángel Arrúe continuaría como director del proyecto. Así se deduce de un informe[156], que tiene visos de ser más una despedida que otra cosa, emitido por el mismo el 27 de junio:

Me permito llamar una vez más la atención del Consejo sobre la inutilidad de los gastos y esfuerzos que se están realizando.

Si la explotación no se lleva con normalidad, y por tanto las operaciones no se ejecutan oportunamente, no puede esperarse sino un resultado

---

156 AGP, Administración de Aranjuez, caja 4411, 1 (arriendos).

lamentable. Económicamente deficitario, como ejemplo en su aspecto agrícola verdaderamente desconsolador, socialmente no se cumple la función debida, y en resumen constituirá un fracaso atribuible a la gestión del Consejo de Administración y de la Dirección de la explotación.

Como puede comprobarse el tono y los argumentos del ingeniero no habían variado ni un ápice. Continuaba lamentándose por el tiempo y las ilusiones perdidas, reconociendo nuevamente su impotencia para enderezar un proyecto casi malogrado: *en estas condiciones es inútil una Dirección técnica, cuya misión principal es hacer el plan de cultivos, señalar las operaciones y modo de realizarse, organizar los trabajos, etc., porque si esta ordenación ha de ser alterada por falta de consignaciones en los momentos precisos, su actuación es completamente ineficaz.* Es decir, atado de pies y manos por las decisiones del Consejo respecto de la dotación de recursos, sus funciones se antojaban superfluas e innecesarias. Pero, ¿y los trabajadores?, ¿alguna responsabilidad se les arrogaba en el manifiesto fiasco de la explotación colectiva? Para ese tercer factor concurrente, el factor obrero, no dudaba en recordar que era de justicia proclamar que *había respondido en esta finca admirablemente.* Nunca, en ninguno de sus informes, se había puesto pega o enmienda al trabajo de los obreros en Sotomayor. Muy al contrario, con un fuerte componente de voluntarismo, el proyecto probablemente hubiera naufragado mucho antes si no hubiera sido por su determinación y buen hacer.

Corría el mes de julio y los instrumentos del poder mediático burgués iban a comenzar una campaña de acoso y derribo contra el proyecto de explotación colectiva de Sotomayor. Qué duda cabe que la maquinaria reaccionaria de la burguesía española ya estaba en marcha y el frente agrario era uno de sus pilares fundamentales. Así, el 18 de julio, aparecía publicado *La Época*[157] un artículo cuyo titular rezaba: *Un fracaso más de la política socialista.* En dicho artículo, ciertamente

---

157 Diario monárquico uno de cuyos responsables, José Ignacio Escobar y Kirkpatrick (marqués de las Marismas) participaría en las reuniones para la edición de la revista *Fascio* en marzo de 1933. *Vid.* González Calleja, 2012.

con un claro tono demagógico y casi panfletario, se afirmaba que en el pueblo de Aranjuez *se comenta los desaciertos del señor Bujeda*(sic)[158] como director de Propiedades. Las acusaciones, claro está, no iban dirigidas a cualquier cuadro intermedio de la burocracia republicana, ni tan siquiera a los miembros del Consejo de Administración de Patrimonio como responsables directos, sino al cargo político de turno, Jerónimo Bugeda[159], Director general de Propiedades durante el primer Bienio y miembro del PSOE.

Continuaban las difamaciones de *La Época* utilizando un dato parcial de los gastos ocasionados por el experimento de explotación colectiva, afirmando que la orden del Sr. Bugeda había costado a la hacienda pública 40.000 pesetas. *Además se considera perdido el fruto este año, habiendo hecho sus nuevos propietarios un negocio ruinoso.* Como el recurso a la superficial comparación siempre ayuda en la manipulación de los datos, el panfleto incidía en que cuando *la explotaba el Patrimonio, los arrendatarios recibían una ganancia de 12.000 duros al año.* Dicho lo cual, finiquitaba la nota aludiendo a las solicitudes de los vecinos para el reparto de parcelas individuales.

No sabemos las fuentes de *La Época*, si bien menciona datos relativos a las pérdidas o al número de obreros empleados (34 según el diario), no parece que su fuente directa fuera el director de la explotación, el ingeniero Ángel Arrúe. Tampoco importaba mucho la realidad pormenorizada del proyecto, no al menos si el objetivo no era la información veraz sino la manipulación mediática y su utilidad política. Se había lanzado la acusación, la mecha se había encendido.

Aunque desconocemos que hubiera algún tipo de acuerdo o plan de colaboración, al día siguiente, los medios más conservadores no perdieron la oportunidad de atacar, utilizando la coartada de Sotomayor, las políticas del gobierno republicano-socialista. *El Siglo Futuro*[160], evitando utilizar su acostumbrado tono escatológico,

158 *La Época*, miércoles 18 de julio de 1934.

159 Para una biografía breve puede consultarse: https://fpabloiglesias.es/entrada-db/bugeda-munoz-jeronimo/

160 *El Siglo Futuro*, jueves 19 de julio de 1934.

ironizaba sobre las *ventajas de la socialización*, aludiendo a la pérdida de la cosecha de las patatas invadidas por la maleza. Sus perspicaces lectores ya estarían esperando sus alegatos finales: *¿Para cuándo son las responsabilidades? ¡Qué preguntas! Con este régimen, claro está, que para nunca. Pero con ese botón de muestra de lo que es la política socialista, y con otros muchos botones, unos descubiertos, y otros por descubrir, y todos de la misma clase, ya podemos poner una preciosa tienda de botones, que quizá algún día lleguen a ser botones de fuego.* Imaginamos que estarían de más las aclaraciones al respecto de la metáfora del fuego con la que sentencia la "información"[161].

Viendo la que se le venía encima y siendo consciente de su nula responsabilidad directa sobre el asunto Sotomayor, Jerónimo Bugeda salió al paso con una carta dirigida al Director del *ABC*[162], que también había participado de la campaña difamatoria. Los términos de su escrito incidían en dos cuestiones fundamentalmente. Que tanto él como el Consejo de Administración de Patrimonio no tuvieron responsabilidad alguna, limitándose simplemente a aplicar el marco legal vigente, artículo 9º de la ley del 22 de marzo de 1932, y que su condición de socialista no hubiera cambiado sus obligaciones respecto de la ley.

Si bien es cierto que no hay un solo documento en todo el expediente del proyecto en el que aparezca Bugeda y, por lo tanto, no puede achacársele decisión ejecutiva alguna, no lo es tanto que el Consejo de Administración de Patrimonio pudiera lavarse las manos en este asunto tal y como hemos demostrado. Pero no olvidemos que

---

161 La estrategia de la prensa carlista siempre fue inequívoca: *Poco después del triunfo del Frente Popular, la Oficina de Prensa Tradicionalista, bajo la dirección del teniente coronel Tarduchy, envió una circular donde se ordenaba a los agentes carlistas de propaganda la minuciosa recopilación de noticias sobre sucesos violentos ocurridos hasta el 16 de febrero, nombres de las víctimas de los atentados, etc., a fin de elaborar la información catastrofista, tan abundante como sistemática, que proliferó en la prensa derechista hasta el 18 de julio.* González Calleja, 2012.

162 *El Sol*, 22 de julio de 1934; *El Siglo Futuro*, 27 de julio de 1934.

las responsabilidades directas parecen importar poco. Que la ley vigente permitiera este tipo de "experimentos", no suponía motivo de peso que impidiera iniciar una campaña dirigida a minar al socialismo en particular y al movimiento obrero en general. Analizado en perspectiva, no debemos perder de vista algunos ejemplos de los enfrentamientos que en Europa se estaban sucediendo contra gobiernos de izquierdas o los partidos socialistas, protagonizados por la extrema derecha: los sucesos austriacos de febrero o, ese mismo mes, los disturbios protagonizados por Action Française en la Plaza de la Concordia en París. Por otro lado, desde la ofensiva de la FNTT con el paro de junio en el campo, parecía que ya había motivos más que suficientes para dar rienda suelta a cualquier tipo de métodos dirigidos a dañar la imagen de los socialistas en todo el Estado español. Que después de la huelga revolucionaria de octubre culminara con cierto éxito esta estrategia –no olvidemos la incorporación de tres ministros de la CEDA en el gobierno- da buena cuenta de cómo la campaña contra Jerónimo Bugeda era una arista más de un proceso, desarrollado en varios frentes, contra el movimiento obrero.

Mientras, en Aranjuez, las cosas no parecían haberse movido gran cosa. Y como ya se sabe que las cosas de Palacio van despacio, todavía en septiembre, el ingeniero seguía sin tener una respuesta clara a sus desesperadas misivas, por lo que seguía insistiendo en que se tomase una decisión urgentemente respecto del futuro de Sotomayor. Seguramente cansado de ser ignorado, y con semejante campaña mediática de desprestigio en marcha, enviaba su enésimo informe[163], mucho más breve que de costumbre:

Terminado el año agrícola llamo la atención del Consejo respecto del momento oportuno presente para decidir con carácter definitivo la organización y explotación de esta finca, o su arrendamiento, si no se prevé posibilidad de subsanar las dificultades con que actualmente se desenvuelve.

---

163 AGP, Administración de Aranjuez, caja 4411, 1 (arriendos).

Una muerte anunciada. Liquidación del proyecto y adjudicación de arriendos

Para mediados de octubre, a alguien en los despachos del Patrimonio le debió parecer insostenible el seguir aplazando una decisión sobre Sotomayor y el día 10, dirigido al Ministro de Hacienda, se envía un informe[164] firmado por el Presidente del Consejo de Administración, sobre la situación del proyecto de explotación colectiva (mencionando también la situación de Legamarejo).

En primer lugar, las cuentas. Con unos *resultados nada halagüeños*, el histórico contable de los últimos cuatro años indicaba que *la explotación colectiva de la Dehesa de Sotomayor, representó una pérdida efectiva de 65.949,66 pesetas en 1933, a lo cual hay que añadir la renta líquida de unas 50.000 pesetas que dejó de percibirse.* Para el año 1934 parece que la deriva de pérdidas llevaba el mismo camino, presumiéndose unas 25.000 pesetas como mínimo que se sumaban a las anteriores. Es decir, un monto aproximado de 100.000 pesetas que el informe recalcaba en sus primeras líneas y que, en semejantes circunstancias, la Presidencia del Consejo no podía aceptar, *ya que tal cosa podría traer como consecuencia el impedir que este Organismo pueda cumplir sus fines propios en materias artísticas, culturales y hasta de la propia conservación de los bienes sometidos a cuidado.*

No estamos en condiciones de valorar si las pérdidas a las que alude la Presidencia impedían desarrollar los cometidos del Patrimonio, pero lo que parece quedar claro, a tenor del paquete de argumentos expuestos a continuación, es que la explotación de la tierra y cualquier experimento en el marco de la reforma agraria no eran un asunto, ni mucho menos, prioritario. Para dejar claro este punto, el siguiente argumento utiliza los concienzudos informes del ingeniero Arrúe respecto del crónico déficit en las cuentas, especialmente el ya citado del mes de junio, aquel que aludía a la inutilidad de seguir

---

164 AGP, Administración de Aranjuez, caja 4411, 1 (arriendos).

manteniendo el proyecto. La valoración era, claro está, tendenciosa. Nada referirá el Presidente de todos los anteriores y puntuales informes en los que se suplicaba la máxima responsabilidad del Consejo de Administración.

Y por si ya no estuviera clara la posición del Consejo, los razonamientos continuaban deshilando un asunto, cuando menos, controvertido. Afirmaba el Presidente que *el régimen fijado en la ley de marzo de 1932, no puede tener un carácter de duración indefinida, por razón de que al disponer la misma la práctica de ensayos, nunca puede decir con ello la implantación de un definitivo régimen de explotación pues por su propia etimología y sentido gramatical "ensayo" viene a ser "prueba transitoria", y habiéndose ya practicado los ensayos prevenidos en la citada ley, procede darla a las dichas fincas un destino fijo y económicamente reproductivo*. Es decir, acudiendo a la interpretación semántica del término "ensayo", el Consejo de administración del Patrimonio ya no estaba por la labor de continuar el proyecto, lo cual dejaba en el aire un asunto importante. Hacía aproximadamente un año y medio (desde enero del 33), en la memoria presentada por Ángel Arrúe –y aprobada por el Consejo, que suponemos la había supervisado-, las proyecciones y desarrollo de la explotación colectiva tenían impreso un carácter de continuidad explícito. ¿Se trataba en origen de un proyecto pasajero o tenía, por otro lado, un carácter duradero y con vocación de permanencia? Probablemente, el Presidente habría caído en la cuenta –o alguien se lo habría explicado- de los problemas que podía ocasionar el intentar convencer a los obreros fijos de Sotomayor que su sudor, esfuerzo y sinsabores solo habían sido un ensayo. Así que en el proyecto de Orden ministerial que a continuación exponía, debía contar con este peliagudo asunto.

El proyecto en cuestión constaría de seis puntos, que resumimos a continuación:

Primero. Se autoriza al Consejo de Administración a variar el sistema de explotación, sustituyéndolo por el arrendamiento, en *parcelas, a los **individuos**[165] que estime tengan condiciones y conocimientos para ello*.

---

165 La negrita es nuestra.

Segundo. La parcelación será de un máximo de 10 ha. para el regadío y 40 para el secano.

Tercero. *Serán preferidos como arrendatarios, los agricultores de la localidad, y de entre éstos, los obreros que se encuentran trabajando en la actualidad en las referidas fincas, así como los que tengan familia numerosa.*

Cuarto. Las condiciones de arrendamiento las establecería el Consejo, debiendo procurar fueran uniformes y similares al resto de fincas de la localidad.

Quinto. Solo se refiere a la demarcación del terreno en Legamarejo para la yeguada que posee, *salvo que estimara preferible la liquidación de la misma.*

Sexto. *Las parcelas que no sean susceptibles de aprovechamiento o arriendo, conforme a las anteriores bases, se contratarán en la forma prevista en las disposiciones vigentes sobre arrendamiento de bienes de Patrimonio.*

Manuel Marraco, antiguo gobernador del Banco de España y flamante nuevo ministro de Hacienda del gobierno radical-cedista, sería quien rubricaría su conformidad el 24 de ese mismo mes de octubre, dejando de ser una propuesta a convertirse en Orden ministerial. La defunción del proyecto de explotación colectiva de Sotomayor parecía estar certificada. A los pocos días, el 8 de noviembre, el rodillo burocrático comenzaría a funcionar y el Administrador local de Aranjuez recibía la misiva oficial con el texto de la Orden desde el despacho del Secretario del Consejo de Administración. Por otro lado, el Consejo de Administración en sesión celebrada el 31 de octubre designaba a Demetrio Delgado de Torres, todavía vocal del Consejo, para que se encargara de la ejecución de la Orden ministerial *lo antes que le fuera posible.*

La urgencia y las prisas por liquidar el proyecto, probablemente motivadas por las instancias políticas de turno, iban a dejar, todo hay que decirlo, al descubierto una clara falta de habilidad o competencias sólidas para la adecuada gestión de un problema que, a todas luces, no tenía una solución sencilla y mucho menos a golpe de Orden del Ministerio. Por un lado, si bien parecía muy urgente liquidar el proyecto, no lo era tanto la nueva parcelación y el subsiguiente arrendamiento. Todavía a finales de noviembre, el Secretario del Consejo emitía una nota[166] dirigida al Jefe del Negociado de Rústica del Patrimonio notificándole que el Consejo había decidido, en sesión del 21 de dicho mes, que *las labores de la finca "Sotomayor", de Aranjuez, sigan su marcha corriente, mientras no se acuerde la parcelación, comunicándoselo así al Administrador local, para que emplee en ella todos los medios que tenga.*

Del mismo modo, disponemos de un documento[167] que pone de manifiesto lo precipitado de las medidas tomadas a partir de la presentación de la Orden ministerial. Aunque no está fechado ni contiene firma de autoría, suponemos que estaría escrito entre noviembre y diciembre de 1934, en tanto en cuanto el primer informe sobre la parcelación y arrendamiento que aparece en el expediente de Sotomayor está fechado en enero de 1935. Del autor poco podemos decir. Más allá de cualquier estéril especulación, sabemos que no fue emitido por Ángel Arrúe. El escrito en cuestión alude al mes de septiembre como fecha de publicación de la Orden ministerial, cuando sabemos que se hizo el 24 de octubre. Una imprecisión alejada del estilo meticuloso del ingeniero. Además, el autor menciona que ha consultado algunos asuntos con el Administrador de Patrimonio en Aranjuez, así como con *el que hasta ahora viene actuando como encargado de la finca*, es decir, el ingeniero Arrúe. Pero apenas contamos con más elementos que puedan arrojar luz sobre este punto. A lo más que podemos llegar, es a pensar que fuera el propio Demetrio Delgado, designado por el Consejo para gestionar la parcelación, quien estaría detrás de dicho informe.

Ahora bien, el documento en cuestión, partiendo de las nuevas premisas legales que fijaban un máximo de 10 ha. para cada parcela de regadío, planteaba un importante problema: *la dotación de agua con que cuenta la finca es insuficiente para el cultivo intensivo de las 200 ha.*

166 AGP, Administración de Aranjuez, caja 4411, 1 (arriendos).

167 AGP, Administración de Aranjuez, caja 4411, 1 (papeles varios).

Asunto en absoluto baladí si de la rentabilidad para el Patrimonio se trataba. El autor del informe, consciente de los problemas crónicos que los agricultores de la vega de Aranjuez enfrentaban respecto del uso del agua, se sentía en la obligación de avisar este asunto, puesto que *parcelada la finca, sería imposible evitar la acumulación de necesidades de riego de sus muchos colonos en determinadas épocas del año.* Por lo que, atendiendo a diversas opiniones (del Administrador de Aranjuez y del ingeniero Arrúe), el autor del escrito advierte que lo conveniente sería el *arriendo a una sola persona, sin embargo los términos de la Orden están bien claros y no permiten pensar en semejante solución*[168].

Y sin embargo, en un giro argumentativo un tanto inexplicable, puesto que no es posible arrendar a una sola persona, en lugar de proponer el arriendo para un número reducido de colonos, el autor del informe advierte que las 10 ha. fijadas por la Orden son excesivas y que con 4 o 5 hectáreas son más que suficientes para que *sirva de base a la actividad de una familia de agricultor que puede realizar por los miembros de su familia, casi todos los trabajos que requiere un cultivo esmerado de esta extensión y que pueda desde luego desenvolverse económicamente con los productos que de la misma saque.* Entonces, ¿hay agua o no hay agua para todos?, ¿es un problema si son muchos los arrendatarios o no lo es? Podríamos suponer que, ya que la parcelación era preceptiva y condición *sine qua non*, al menos las rentas obtenidas por el arriendo pudieran multiplicarse subdividiendo un porcentaje mayor de la finca. Así, en un cálculo provisional y somero, se hace una distribución aproximada de todos los tranzones entre un total de 31 colonos[169], además de una propuesta para el régimen de riegos que pasaría por reforzar el servicio de la estación elevadora, de modo que esta *funcione día y noche* cuando más se necesite, y se constituya, previa cláusula en el contrato de arrendamiento, una *Comisión o Comité*

---

168 Recordemos que en la *Orden* se habla de individuos, es decir, colonos en plural.

169 Según el informe, el tranzón nº 3 presenta problemas de parcelación porque contiene un cultivo de alfalfa y su productividad máxima o vida agrícola no sería inferior a tres años. Así, la faja situada entre las dos parcelas de alfalfa podría arrendarse a 3 colonos.

formado por dos arrendatarios, uno el de la cola y otro el de la cabeza de las *regueras que sean los que distribuyan los turnos durante las épocas de riego.* Si dichos responsables se negaran, cosa por otro lado que sería lo más corriente teniendo en cuenta que los dejaban en una situación muy conflictiva, sería el Administrador el que tomara las decisiones *pudiendo reclamar los que se consideren perjudicados por el régimen establecido por el Consejo.*

Finalmente, quedaría por fijar la renta de arriendo. El autor del informe estimaba que lo conveniente sería fijar un pago que oscilara entre las 200 y las 225 pesetas por hectárea, exceptuando los cultivos de alfalfa que deberían arrendarse por 750 pesetas anuales durante tres años.

¿A quién irían dirigidas las ofertas de arriendo? ¿Alguna mención a los obreros de la explotación colectiva? Así se despacha el asunto:

Sobre las bases anteriores, si el Consejo le parecen acertadas, puede redactarse un pliego de condiciones que se diera a conocer entre la clase labradora[170] de Aranjuez, admitiendo solicitudes sobre su base aunque dejando libertad a los proponentes para sugerir modificaciones que pudieran facilitar el arriendo. Creo conveniente hacer esta indicación, para que si hubiera alguna entidad de labradores u obreros que quisiera hacer una propuesta de arriendo colectivo[171], el Consejo pudiera apoyarles y ver si era conveniente su aceptación, siempre que no contradijera a los términos en que está redactada la Orden, ya que esto nos podría evitar todas las complicaciones a que me he referido al principio de estas líneas sobre la distribución del agua.

Nuevamente nos asaltan dudas sobre estas afirmaciones ¿Se trataba de un problema con el agua o, por el contrario, había cierto temor a las acciones de los obreros y obreras organizadas como respuesta a la liquidación? El tono de las reiteradas imprecisiones y vacilaciones en

---

170 Término impreciso donde los haya desde un punto de vista sociológico, que no distinguiría entre jornaleros, cualquier tipo de arrendatario (colono, enfiteuta, aparcero, etc.) o propietarios/empresarios agrícolas.

171 Recordemos que ya había una petición de la Sociedad *La Melonera* de Villaconejos sobre la mesa.

condicional, parecen apoyar la poca solidez de la nueva etapa que se estrenaba con la Orden Ministerial de octubre y que, en todo caso, la solución no iba a ser fácil.

Los avances, en todo caso, pareciera que iban encaminándose a la vista de los prolegómenos para organizar los nuevos arrendamientos. Disponemos de un documento[172] mecanografiado y corregido, con numerosas anotaciones manuscritas, en el que se contemplan las condiciones, determinadas por la Orden Ministerial mencionada, para el arriendo de las fincas de Sotomayor y Legamarejo. Si bien el borrador en cuestión no contiene fecha y firma alguna, más allá de una rúbrica genérica del "Secretario", en una nota[173] al Administrador local de Aranjuez se informaba que, según lo acordado en la sesión del 9 de enero, el Consejo de Administración había aprobado el Pliego para el arriendo de dichas fincas, adjuntando copia del mismo. Sería el secretario, Manuel B. Cerviá, quien sellaría con su firma el definitivo pliego de condiciones[174] que finiquitaba, de una vez por todas, el ensayo de explotación colectiva de Sotomayor. Era un 17 de enero de 1935.

Recogidas en un total de diecisiete disposiciones, las condiciones del pliego detallan sin mucha profundidad el marco normativo de los futuros arriendos públicos. En primer lugar, la extensión de las parcelaciones, variando de las 4 o 5 hectáreas en regadío hasta las 15

---

172 AGP, Administración de Aranjuez, caja 4411, 1 (arriendos).

173 AGP, Administración de Aranjuez, caja 4411, 1 (arriendos).

174 Se recogen, en dos carpetas diferentes, varias copias de estas "condiciones de arriendo". AGP, Administración de Aranjuez, caja 2829, 2; AGP, Administración de Aranjuez, caja 4411, 1 (arriendos).

175 Tantas prisas tenía Patrimonio en sacar los arriendos de Sotomayor, que la regulación de los tranzones con alfalfa se les pasó por alto en este pliego, debiendo subsanarse con una nota publicada el 13 de febrero por Manuel B. Cerviá. Solo cuatro disposiciones regulan este asunto: un precio de 700 pesetas anuales; un plazo hasta el 30 de septiembre de 1938; los gastos a cuenta del arrendatario y una vez finalizado el plazo, Patrimonio se haría cargo para incorporarlos al régimen marcado por la Orden Ministerial, es decir, el arriendo en lote. (AGP, Administración de Aranjuez, caja 2829, 2).

en el secano. Para los tranzones de alfalfa se regulará de manera diferente[175]. La segunda condición fijaba los precios del arriendo, siendo el precio mínimo de salida de 180 pesetas en regadío (200 ptas. en Legamarejo) y 75 pesetas en secano, pudiendo mejorarse en el remate. La renta debería abonarse en dos plazos, en los meses de abril y septiembre, siendo preceptivo, desde el momento de la firma hasta el final de los plazos, el abono de un depósito en la caja de la Administración de Aranjuez por valor de un semestre de arriendo. En tercer lugar, los plazos del arredramiento se fijan desde el 20 de febrero de 1935 hasta el último día del mes de septiembre de 1940. Las disposiciones cuarta, quinta, sexta y octava están relacionadas con los usos y manejos del regadío: Patrimonio pone a disposición de los arrendatarios 205 litros por segundo, *sin que pueda exigírsele más en concepto ni por causa alguna*; se dará para lo cual, acceso al malecón general quedando su conservación y mantenimiento a cargo de Patrimonio. Del resto de infraestructuras y canales de riego se encargarían los arrendatarios. La disposición quinta también añade que Patrimonio puede reservarse el corte del suministro, dos domingos al mes, para efectuar labores de limpieza y conservación de maquinaria. En sexto lugar, se fijaban los horarios del suministro, permitiendo el riego de seis de la mañana a seis de la tarde en los meses de mayo, junio, julio y agosto, dejando de siete de la mañana a siete de la tarde el resto del año[176]. La octava disposición regularía, en este sentido, la posibilidad de llegar a un acuerdo de turno de periodos de sequía o excesivo estiaje del río, siendo Patrimonio quien estipularía los términos del acuerdo. Continúa la séptima disposición aludiendo al uso de los porches para guarecer al ganado y el alquiler de las ocho

---

176 Mencionar que actualmente el régimen de riegos controlado por la Confederación Hidrográfica del Tajo fija la temporada de riego desde finales del mes de abril a finales de septiembre, de manera aproximada y dependiendo de las condiciones meteorológicas, además de una gestión externalizada en una sospechosa comunidad de regantes bajo el nombre de Real Acequia del Tajo, encargada de las peticiones informatizadas de agua según cultivo declarado.

viviendas, reservadas a los arrendatarios más alejados de Aranjuez, por un precio de 100 pesetas al año. La conservación, nuevamente, correría por cuenta de los adjudicatarios. En noveno lugar, se fija que en el último año de arriendo, *el arrendatario no podrá tener más frutos que aquellos que puedan estar completamente levantados antes del 30 de septiembre de 1940*. En décimo lugar, si llegara el caso de querer continuar con la explotación, el arrendatario estaría obligado a notificarlo con seis meses de antelación al fin del contrato. La undécima disposición de este pliego obligaba a cada arrendatario al aporte de un carro de grava por cada fanega de tierra en arriendo para la manutención y arreglo de los caminos de acceso, grava que se extraerá de la cantera que tiene Patrimonio en Sotomayor. En duodécimo lugar, se reserva a la Administración de Aranjuez el cometido de la señalización de las diferentes servidumbres de paso hasta cada uno de los lotes, *para que todos ellos tengan lugar por donde puedan entrar y salir los productos*. También, en su disposición décimotercera, la Administración de Aranjuez (o cualquiera de los funcionarios de la República) se arrogaba la potestad de poder inspeccionar el conjunto de los arrendamientos, pudiendo acceder *cuantas veces y tiempo considere necesario* a las fincas. En caso de fallecimiento del arrendatario, la décimocuarta disposición permitiría la continuidad a los hijos y herederos, con los mismos derechos y obligaciones. Además, en décimoquinto lugar, se señalaba que todo lo que no quede estipulado y recogido en el pliego de condiciones (algo muy previsible dado lo poco sustancial de su desarrollo), *se atenderán, observarán y regirán las disposiciones aplicables de los textos legales vigentes*. En penúltimo lugar, se prohíbe expresamente el subarriendo de todo o parte de las parcelas. Y por último, el Consejo decidirá cuáles de las peticiones registradas son las más convenientes, reservándose la facultad de discrecionalmente otorgar o denegar los arriendos solicitados, sin derecho a reclamación alguna por parte de los peticionarios.

Y sin mucha dilación, fue dicho y hecho. Un día después de darse carta blanca a la publicación del pliego de condiciones, el Secretario del Consejo de Administración, Manuel B. Cerviá, procedía a anunciar[177] públicamente la apertura del plazo para admitir proposiciones con vistas al arriendo de los lotes fijados, tanto en Legamarejo como en Sotomayor. En el plazo de apenas tres semanas, previo anuncio en la Casa Consistorial y la Asociación de Labradores[178], el administrador local, Federico Casanova, ya remitía al Presidente del Consejo un total de 36 solicitudes, de las cuales 32 eran para los arriendos de Legamarejo, solo 3 para Sotomayor y una petición para los frutales de Legamarejo. Evidentemente, los responsables de la operación estaban sorprendidos por el escaso interés de los solicitantes por Sotomayor. ¿Qué había ocurrido?, ¿cuáles eran los motivos por los que la opción de arriendo de Sotomayor había quedado prácticamente desierta de peticiones? Sea como fuere, el Consejo, con su acostumbrada urgencia por continuar esta nueva etapa, enviaba una nota al jefe de la sección de Negociado de Rústica, informándole de que las solicitudes de Legamarejo pasaban a manos del Sr. Delgado[179] para su examen y adjudicación, pero que en el caso de Sotomayor, no había más remedio que ampliar el plazo unos días más[180].

El expediente, claro está, contiene a continuación las actuaciones que para el Patrimonio eran prioritarias a la vista de cómo se estaba desarrollando el proceso de adjudicación, es decir, para la finca de Legamarejo. Se publicaban, con fecha de 13 de febrero, los resultados y condiciones de la parcelación ("Adjudicaciones de terreno por sorteo en Legamarejo al tipo de tasación"; "Adjudicaciones directas hechas en

---

177 AGP, Administración de Aranjuez, caja 2829, 2. Anuncio; también en AGP, Administración de Aranjuez, caja 4411, 1 (arriendos).

178 Suponemos que se trata de la Asociación de Agricultores de Aranjuez, patronal del ramo a la postre, con sede alquilada en la calle Pablo Iglesias, 35 (Archivo Municipal de Aranjuez -AMA, Asociaciones y reuniones, entrada del 9 junio de 1932).

179 Así se lo hacen saber en su correspondiente nota el 9 de febrero. AGP, Administración de Aranjuez, caja 4411, 1 (arriendos).

180 La nota lleva fecha del viernes 8 de febrero de 1935, dejando de plazo hasta el martes siguiente. AGP, Administración de Aranjuez, caja 4411, 1 (arriendos).

la finca de Legamarejo a los peticionarios de terreno en sitio determinado y a precio superior al de tasación excepto el último"), así como la lista de adjudicatarios, número de lote, de tranzón, cantidad de fanegas y localización[181] de las mismas. Para Sotomayor, el proceso continuaba sin resolverse.

Todavía el 26 de febrero, el Sr. Cerviá daba cuenta del reparto de lotes a propuesta de Demetrio Delgado en la finca de Legamarejo. En cuanto a la finca de Sotomayor:

Se aprueba el pliego propuesto por el Sr. Delgado de Torres para el alfalfar, abriendo un plazo para presentar instancias en cuanto a ellas que abarquen hasta el 10 de marzo próximo, y en cuanto a los demás tranzones, se acuerda remitir las instancias a informe del Sr. Administrador para que lo emita en cuanto a las condiciones de solvencia de los peticionarios, ratificándose en el Sr. Delgado de Torres el acuerdo del Consejo de que se redacte la Ponencia en cuanto a los mismos.[182]

El 2 de marzo se comunicaría esta decisión al Administrador de Aranjuez, y el 7 del mismo mes Federico Casanova remitía diligentemente al Presidente del Consejo las instancias y una relación de solvencia de los peticionarios[183]. Podemos resumir la lista, con un total de 15 interesados, de la siguiente manera:

- Vicente Cominero, hijo de Marcela Arias. Persona solvente.
- Marcela Arias, propietaria, arrendataria del Rebollo y persona solvente.
- Apolinar Pérez Ruano, propietario, labrador y arrendatario del Rebollo. Solvente.
- Fermín, Luís, Pedro y Ángel Pérez Sánchez, hijos del anterior. Se ignora su solvencia.
- Eduardo Martín Pérez, agricultor, persona trabajadora y solvente.
- Luis Martín Pérez, hermano del anterior, *idem*.

---

181 El despliegue de topónimos merecería un análisis propio.

182 AGP, Administración de Aranjuez, caja 4411, 1 (arriendos).

183 En la misma carpeta, AGP, Administración de Aranjuez, caja 4411, 1 (arriendos), se encuentran los escritos de los solicitantes de ambas fincas registradas desde el mes de enero.

- Manuel Martín Martín, agricultor y solvente.
- Domingo Díaz Martínez, propietario, labrador muy activo, solvente y con nueve hijos.
- José Regidor Seisdedos. No es vecino de Aranjuez y se desconoce su solvencia.
- Manuel Esteban Bustos, obrero agrícola y muy trabajador, al no tener bienes de ninguna clase se desconoce su solvencia[184].
- José Martín Verdugo, obrero agrícola y sin más bienes que su trabajo, aunque, según parece, cultiva terrenos a aparcería con otros arrendatarios.
- Dámaso Humanes Martínez, pequeño agricultor y muy activo. Posee cuatro mulas con su carro y aperos. Con tres hijos.
Y como era de esperar, a pesar de los errores y dilaciones, también se haría pública la lista de adjudicatarios de los tranzones alfalfa ya sembrada[185]:
- Eloy Mendieta Campos. Obrero agrícola, formal y trabajador. Repite en la quinta solicitud.
- Ángel Teruel Travaillot, pequeño agricultor, hoy industrial. Repite en la sexta solicitud.
- Manuel Novales. Alfarero. De gran solvencia.
- Diego García Rodero, agricultor y propietario solvente.

Detallar las listas anteriores, más allá de un ejercicio de registro estéril, tiene un valor remarcable para conocer otro aspecto más de la estructura de clase en el campo ribereño, sus propietarios más solventes y sus perspectivas de crecimiento y acumulación de capitales. En este sentido, vemos cómo muchos de los empresarios y/o propietarios locales toman posiciones en el juego de oportunidades para el crecimiento. Pero también nos aporta alguna pista de posibles militantes obreros y su condición como posibles adjudicatarios del arriendo en Sotomayor. Nos referimos a Manuel Esteban Bustos y a José Martín Verdugo. A pesar de no haber encontrado información

---

184 Lo que viene siendo un proletario del campo que solo posee su fuerza de trabajo.

185 11 de marzo de 1935, AGP, Administración de Aranjuez, caja 4411, 1 (arriendos).

sobre ambos, al menos provisionalmente, sus apellidos nos son profundamente familiares como ya hemos visto (y veremos). Pero además, su calificación por parte del Administrador de Aranjuez pudiera sugerirnos una probable relación con *La Fresa* y sus proyectos de arrendamiento colectivo en el caso de Martín Bustos: *cultiva terrenos a aparcería con otros arrendatarios*. Lamentablemente, poco más podemos especular sobre el asunto.

Finalmente, con fecha 13 de marzo se lanzaría la *Propuesta de parcelación y arrendamiento de la finca de Sotomayor*, firmada por el encargado y supervisor de todo el proceso de arrendamiento, Demetrio Delgado de Torres. El documento en sí se compone de un total de 7 folios mecanografiados con las anotaciones manuscritas de costumbre. La advertencia inicial del Sr. Delgado no tiene desperdicio:

Antes de hacer la propuesta correspondiente, me permito recordar al Consejo lo que ya hube de manifestarle con motivo de la análoga propuesta que en su día hubo de hacerse para la finca de Legamarejo. A saber, que el cumplimiento de la Orden Ministerial de septiembre p/p que da por terminada la explotación colectiva que en esta finca se estaba realizando por parte del Patrimonio de la República hubiera necesitado para favorecer a las clases agrícolas más modestas, la existencia de un crédito agrícola de amplitud y alcance del que desgraciadamente carecemos hasta el día en España. A falta de éste, los terrenos parcelados de Sotomayor, tendrán adjudicaciones en su mayor parte, lo mismo que los de Legamarejo, a personas que cuenten ya con capital de explotación suficiente para hacer frente a los gastos que ha de ocasionar el cultivo de las parcelas antes que de ella se pueda obtener producto alguno (…).[186]

Resumiendo, solo la elección de propietarios y empresarios del campo es viable y conveniente para el desarrollo de estas fincas. ¿Acaso hay una constatación más clara de la política estatal republicana durante el Bienio Negro respecto de sus posicionamientos de clase? El capital mandaba, para no variar.

Hecho, a continuación, el debido análisis de las peticiones, sus circunstancias e inconvenientes (por ejemplo el acceso al riego), se

---

186 AGP, Administración de Aranjuez, caja 4411, 1 (arriendos).

procedería a la adjudicación y reparto de los diferentes tranzones, quedando de la siguiente manera:

Tranzón nº 1:

Para Eduardo Fernández [187], 4 ha.; José Martínez, 4 ha.; Eduardo Martín, 5,5 ha.; Apolinar, Luis, Fermín y Pedro Pérez, 5,5 hectáreas a cada uno.

Tranzones 2º y 3º (sembrados de alfalfa):

En el trozo denominado "Rincón de Bartolo" del tranzón 3º se propone la adjudicación Ángel Teruel y el resto del 3º y todo el 2º para Eloy Mendieta; habiendo una parte sin alfalfa, de 5 ha., se propone a Julián Bustos Díaz como adjudicatario y otros dos trozos más sin alfalfa para Dámaso Humanes y Manuel Esteban Bustos.

Tranzón nº4:

Vicente Cominero, que pide las 12 ha. junto a Luis Martín y Manuel Martín Martín que piden 5,5 ha. respectivamente. Finalmente se proponen a estos últimos como adjudicatarios.

Tranzón 5º:

Solo Vicente Cominero hace una oferta por las 10,5 has del tranzón, 185 pesetas por ha. Pero se propone dejar desierta la adjudicación porque la Orden Ministerial es clara en el asunto de la parcelación, es decir, no es posible adjudicar una extensión como la mencionada a una sola persona[188].

Tranzón nº 6:

Del más grande de todos, con 50 ha., hay solicitudes de los Sres. Martínez Ciudad, Lloret y 6 vecinos de Altea (Alicante) que piden la totalidad del tranzón. Ninguno de los 8 son vecinos de Aranjuez, pero *vista la falta de optantes del pueblo para estas tierras y considerando que los Sres. antes citados cubren entre los 8 una superficie que excede en poco del tipo que se ha servido de base para las diferentes adjudicaciones (...) el vocal*

---

187 Al no aparecer en la lista de peticionarios, pensamos que o hay un error en la transcripción o se ha perdido una de las solicitudes.

188 En anotación manuscrita se advierte: *ojo, el Consejo considerará sin embargo si procede hacer la adjudicación al Sr. Cominero.*

que suscribe propone (…) que el tranzón 6 sea adjudicado a estos únicos solicitantes. Además piden las viviendas existentes, el arriendo de las cuadras, pajares y dependencias de las mismas, a lo que Delgado Torres no encontraría inconveniente. Los de Altea también ofertaron por una parcela de secano 75 pesetas por ha., pero prefiere no pronunciarse puesto que el secano no estaría sujeto al arriendo, salvo que el Consejo considerase conveniente marcar los terrenos para su posible parcelación. De hecho, ya que había surgido el problema, el vocal del Consejo propuso a continuación que *convendría completar estos arriendos con los terrenos de secano dedicados a pastos que tiene la parte alta de la finca de Sotomayor,* afirmando que sería también conveniente deshacerse del ganado lanar que en ese momento tiene el Patrimonio en los pastos mencionados y así proceder, sin obstáculos, a su arriendo. Según el Sr. Delgado, la mejor opción de arriendo sería el coto de caza, llamando la atención sobre la necesidad de cambiar los términos de este tipo de arriendo con los que se venía funcionando hasta ese momento[189].

Una última mención a la posibilidad de venta de las yuntas de labor en posesión del Patrimonio finiquitaría la propuesta de Demetrio Delgado, quedando a la espera de una resolución definitiva por parte del Consejo.

La primera noticia del Consejo la certificaba su Secretario en reunión del 11 de marzo[190], anunciando que el tranzón nº 6 fuera adjudicado a D. José Martínez Ciudad y D. José Lloret Muñoz, *con la condición de que se firmen ocho contratos individuales por los diversos colonos que han de ocupar la finca. Se accede al arriendo de 30 ha. en el secano, pero no las que ellos escojan, sino las que determinen de acuerdo con el Administrador de Aranjuez.* Así como conceder el arriendo de las ocho viviendas, pero no los porches, almacenes ni cuadras, *que tienen*

---

189 *Sería seguramente de mayor rendimiento arrendar la caza en condiciones análogas a como se tiene en los cuarteles de El Pardo (…) por un periodo de 4 o 6 años,* calculándose un ingreso anual de 5000 pesetas.

190 AGP, Administración de Aranjuez, caja 4411, 1 (arriendos).

que ser de común uso para todos los arrendatarios, así como eras y demás dependencias de la Casa de Labor. Dicho lo cual, ambos interesados recibirían sus correspondientes notificaciones el 21 de marzo[191]. Nada más por el momento. La adjudicación de las restantes peticiones se aplazaría hasta la próxima sesión del Consejo.

En este caso parece que el acuerdo del Consejo, posiblemente harto de este asunto y con ganas de liquidarlo, no tardó en llegar. Con fecha del 18 de marzo se notifica al Jefe del Negociado de Rústica que ese mismo día 15 el Consejo había acordado aprobar la propuesta del Sr. Delgado, así como promover la subasta de las mulas de labor de Sotomayor, Legamarejo y el Jardín del Príncipe. En el tranzón nº 5 quedaría provisionalmente desierta su adjudicación. Ahora bien, en esta resolución nos llama la atención una mención a cierta instancia formulada por *varios obreros de Aranjuez, pidiendo se modifiquen las condiciones del Concurso, entre ellas la supresión de fianza y el plazo de pago de renta.* Petición que es desestimada por considerarse *imposible modificar actualmente las bases, después de estar hechas ya las adjudicaciones de Legamarejo y algunas en Sotomayor.* ¿Se trataba de una última tentativa obrera de acceder a los arriendos en condiciones que no solo fueran favorables a la clase empresarial? No lo sabemos. En tanto en cuanto estas alegaciones no aparecen en el expediente y, de momento, no se han podido localizar, no podemos concluir nada sobre su autoría e intenciones.

Restaba un último paso en los vericuetos administrativos, que pasaba por notificar a cada interesado la necesidad de *pasar por la administración local a efectos de constitución de fianzas y formalización del oportuno contrato*[192]. Quedaba todo listo.

Unos meses después, en el mes de octubre, vía Decreto del Ministerio de Hacienda, se procedía a la publicación de un Nuevo Proyecto de Ley para regular los bienes del Patrimonio de la República por enésima vez. En el preámbulo se informaba que *los*

---

191 AGP, Administración de Aranjuez, caja 4411, 1 (arriendos).

192 AGP, Administración de Aranjuez, caja 4411, 1 (arriendos).

solares situados en Madrid, en las calles de Magallanes y Escosura, las fincas de Sotomayor y Legamarejo, de Aranjuez, y otras propiedades, pueden ser interesantes para un caudal particular, pero nada tienen que hacer en el Patrimonio de la República, cuya gestión entorpecen y en nada benefician. Ni explotadas directamente, ni arrendadas, producen ni han de producir otra cosa que pérdidas, y carecen de aquellas condiciones que caracterizan a los bienes que han de sostenerse por decoro nacional[193]. Viendo lo cual, alguien podría preguntarse si el problema de Sotomayor era haberlo destinado a un ensayo de explotación colectiva o que sencillamente una finca con varios elementos arquitectónicos históricos no era rentable en términos financieros. El Ministro de Hacienda, Joaquín Chapaprieta y Torregrosa, parecía tenerlo claro, rentabilidad frente a inversión, capital contra reformismo agrario, beneficios frente a cultura. Toda la urgencia, el abandono y desidia del Consejo, la falta de medios y los continuos vaivenes de la finca parecen, a la luz del nuevo Proyecto de Ley, cobrar sentido. Probablemente, los cauces legales que algunos militantes del sindicalismo socialista ribereño habían transitado, habían resultado ser un pozo de frustraciones y esfuerzos estériles. La próxima vez se lo pensarían dos veces.

Todavía en 1936 el proyecto de Sotomayor continuaba apareciendo entre los papeles del Consejo de Administración de Patrimonio. Prácticamente perdido, o posiblemente traspapelado en el expediente de arriendos, se encuentra un documento bajo el título *Instrucciones para el Sr. Administrador en Aranjuez para la defensa de los intereses del Patrimonio en la comisión para la aplicación del Decreto de 29 de febrero de 1936*. El Decreto[194] en cuestión vendría a revisar jurídicamente los despidos provocados por motivaciones de índole política e ideológica durante el Bienio Negro, concediendo un marco de garantías para la readmisión y restauración del *statu quo* laboral anterior al 4 de octubre de 1934. Para dilucidar y resolver los casos englobados en los

193 *Gaceta de Madrid*, nº 289, 16 de octubre de 1935, p. 364.

194 *Gaceta de Madrid*, nº 61, 1 marzo de 1936.

presupuestos del decreto y proceder si fuera necesario a la indemnización, se conformarían las Comisiones oportunas para el estudio de cada caso constituidas por *vocales de los dos sectores profesionales, con la intervención de un representante del Ministerio de Trabajo.* Las indemnizaciones nunca serían inferiores a los 39 jornales ni superiores a los 6 meses de jornales y los fallos de las comisiones serían inapelables.

Tal y como reza el título, se trataba de instrucciones dirigidas a enfrentar algunas alegaciones que se habían presentado en la Administración ribereña. El responsable local, debería tomar nota para alegar los puntos de dichas instrucciones en la Comisión convocada para dirimir estas alegaciones. Por un lado, se advertía de la imposibilidad de comparecencia por la inmediatez de la convocatoria, con medio día de plazo, y que debido al fuero legal organizativo propio de Patrimonio y su régimen de reuniones, se solicitaba *el aplazamiento para la semana siguiente, en que ya debidamente instruido, podría comparecer con perfecto conocimiento de causa y con la autoridad suficiente para representar al Patrimonio.* No nos cuesta imaginar al Administrador de Aranjuez repasando el rosario para que se tuvieran en cuenta estas alegaciones preliminares. Pero, ¿de dónde provenían las reclamaciones, quiénes sus autores? Las *Instrucciones* provisionalmente despejarían las dudas del administrador de Aranjuez:

Que sin perjuicio de lo que antecede, debe decir que las reclamaciones a que se refieren los interesados tienen su origen en la Explotación colectiva de la finca denominada Sotomayor, en Aranjuez. Que dicha Explotación se acordó cesase por Orden del Ministerio de Hacienda de fecha de 24 de octubre de 1934, en la que se convirtió el sistema de explotación colectiva por el régimen de arrendamientos individuales, que es el que actualmente existe (…).

Efectivamente, los antiguos trabajadores de la explotación colectiva estaban reclamando alguna suerte de despido improcedente conforme al decreto del 29 de febrero. De hecho, el argumentario aportado por las instrucciones es tajante en lo relativo a la norma que guiaba las actuaciones del Consejo de Administración, mencionando el oportuno articulado de la Orden ministerial para finalmente concluir lo siguiente:

Que de todo ello deduce que la cuestión excede de la competencia de la Comisión, pues no se trata de readmisión de obreros despedidos (…).

Muchas dudas nos plantea esta reclamación, al igual que las incógnitas que surgen sobre el origen y puesta en marcha de la misma por parte de los olvidados obreros de la explotación colectiva. Lo que en todo caso sí podemos afirmar es que en ningún caso consideraron resarcido su trabajo, ni compensado como estimaban a finales de 1934. Y que una vez se produjo el cambio de gobierno, supuestamente con un marco legal favorable para sus reclamaciones, intentaron liquidar su parte convenientemente. En todo caso, este vacío nos emplaza a continuar con el barrido de documentación disponible en el Archivo General de Palacio para futuras investigaciones.

Llegados a este punto, ¿cuál fue el balance de la experiencia en Sotomayor? Es evidente que su valoración histórica pasaría necesariamente por establecer diferentes niveles explicativos. Desde el punto de vista institucional, como ensayo netamente de su propiedad y administración, ya hemos comprobado cómo hasta el propio Consejo de Administración de Patrimonio, terminó por considerar el proyecto como una rémora condenada al fracaso. En el marco de una crítica de los dogmatismos nacidos de la mitomanía republicana y sus interpretaciones estatistas, no está de más recordar las palabras de Carlos Barciela sobre el entusiasmo legislador:

Considerar la actividad legislativa, en sí misma, como muestra de actividad o de sensibilidad es un grave error. Y ello no solo porque se confunden proyectos con realidades, sino, también, porque la profusión de normas, planes, proyectos, estudios…que, después, no son llevados a la práctica puede resultar perjudicial.[195]

Lo cual nos lleva al enfocar el asunto desde el siguiente nivel. No sabemos si el abandono y liquidación del proyecto de Sotomayor supuso muchos o pocos perjuicios para sus trabajadores. Lo que sí podemos afirmar es que, probablemente, desde la óptica de la clase trabajadora del campo ribereña, la República y sus instituciones no

---

195 Barciela, 2016, p. 1044.

habían estado a la altura. Sin margen para las decisiones o un mínimo de autoorganización, sin ninguna potestad ejecutiva sobre la continuidad del proyecto y, todo hay que decirlo, sin un resultado económico boyante, no parece que la experiencia fuera excesivamente satisfactoria. De hecho, todo hay que decirlo, uno de los grandes damnificados por el desenlace del proyecto fue el propio ingeniero Ángel Arrúe. El 25 de marzo de 1936, el abogado del Estado y Secretario del Consejo de Administración, D. Francisco Gómez Llano, emitía un documento[196] certificando que nuestro ingeniero fue el autor del proyecto aprobado por el Consejo en su sesión del 26 de abril de 1933. Después de lo cual, todavía el 28 de marzo de 1936, el mencionado Secretario se dirigía al interesado[197] para que presentara una minuta de los gastos que, en su día, le ocasionaron sus trabajos en la explotación colectiva estudiada. No sabemos si finalmente cobró o fue una carga más que añadir a su amarga experiencia en Aranjuez, pero parece entenderse mejor por qué ya en 1936-37 Ángel Arrúe podría haberse afiliado a la CNT.

Entre ambos niveles o perspectivas, la del Estado republicano y el proletariado ribereño, habría un complejo entramado de intereses de toda clase (y de clase). Y quizás, en el contexto de esta dialéctica poliédrica, entre junio y octubre de 1934 el conflicto de clases y la guerra social en Aranjuez alcanzaron su punto de ebullición como veremos a continuación. Con todo, la última noticia sobre los arrendamientos de Sotomayor nos llega a través de un artículo, aparecido en el periódico comunista *La Voz del Campo*[198], en que M. Espronceda[199] se quejaba amargamente de la situación de estos pequeños arrendatarios respecto de sus contratos con Patrimonio. Las

---

196 AGP, Administración de Aranjuez, caja 2829, 2.

197 Aunque parece estar fuera de contexto, la nota mencionada se encuentra en AGP, Administración de Aranjuez, caja 4411, 1 (arriendos).

198 Archivo Histórico del PCE (AHPCE), *La Voz del Campo*, nº 2, 22/6/1936, p. 2.

199 Secretario general del radio comunista de Aranjuez, situado en la calle Abastos nº 26, hacia abril 1937. *Combate*, nº 21, 25/4/1937.

rentas por los arriendos no solo no habían disminuido sino que parecían haber aumentado y el Gobierno del Frente Popular, directo responsable de las actividades de Patrimonio, parecía no estar a la altura de sus propias políticas sociales. De hecho, el autor reclamaba que el Gobierno debía *dejar de ser un patrón que tiene propiedades arrendadas en condiciones que arrastran a la miseria a centenares de pequeños arrendatarios*. Además, se señalaba un culpable, del que se exigía su inmediata destitución, el Administrador de Patrimonio de Aranjuez, *viejo monárquico y enemigo encarnizado de los arrendatarios*[200].

No quisiéramos terminar este punto sin llamar la atención sobre un aspecto que determina profundamente toda esta descripción y que no podemos perder de vista. Recuérdese que las fuentes que venimos utilizando para el caso del proyecto de Sotomayor son, exclusivamente, producidas desde unas instancias muy concretas. Por un lado, los escritos, memorias e informes de Ángel Arrúe, ingeniero y responsable técnico del proyecto. Por otro, las actas, misivas y comunicaciones que se emiten desde el Consejo de Administración de Patrimonio. Pero, muy a nuestro pesar, no disponemos de un solo documento que recoja la visión, las perspectivas, discusiones internas y, por qué no, las tensiones y frustraciones propias de los principales protagonistas de esta historia, de los obreros y obreras de Aranjuez, que vieron cómo la burocracia y los vericuetos de las decisiones políticas se llevaba por delante innumerables ilusiones y esfuerzos puestos en la explotación de Sotomayor. En sentido estricto, hemos reconstruido esta particular historia con toda la información proporcionada desde arriba, de manera casi unidireccional y, por lo tanto, sesgada e incompleta. ¿Dónde se sitúan las decisiones de los obreros y obreras en tan estrecho marco institucional? ¿Existió algún tipo de margen para la iniciativa en primera persona de las organizaciones obreras ribereñas? Ojalá en futuras pesquisas aparezca nueva documentación que arroje luz sobre este asunto.

---

200 Recordemos, Federico Casanova.

Aspiraciones que funden a negro
La huelga del campo de junio de 1934

No tendríamos una descripción completa de la situación ribereña si no nos detuviéramos en los sucesos más destacados de, posiblemente, uno de los años más conflictivos de todo el periodo republicano antes del Golpe de Estado: 1934[201]. Con el nuevo gobierno radical-cedista entrando como elefante en cacharrería a la hora de desbaratar todas las medidas reformistas del gobierno anterior, la política local ribereña iba a sufrir cambios importantes. Por este motivo podría resultar dificultoso, y posiblemente arbitrario, el sustraernos de los sucesos más importantes de este año para solo centrarnos en el tema que nos ocupa, la reforma agraria y el sindicato *La Fresa*.

El clima de tensión social en Aranjuez iba en aumento, cada día que pasaba, desde el mes de noviembre del año anterior[202]. De hecho, la prensa reaccionaria como *El Siglo Futuro* tachaba de indisciplina social el torrente de acciones izquierdistas que sumían al país en una especie de caos primordial. Para Aranjuez, el folleto en cuestión también regalaba su ronda de improperios al recoger las arengas de los dirigentes socialistas locales a los reclutas el día de su incorporación a

---

201 Uno de los mejores trabajos, a día de hoy, que trata la conflictividad en el Madrid de este periodo es la tesis de Souto Kustrín, 2003, incluidas las menciones al contexto histórico de Aranjuez y su comarca. Para una introducción a las movilizaciones en el campo en este año, consultar el apéndice documental que recoge Maurice, 1975, desde la p. 141.

202 Se pueden consultar algunas referencias respecto de las políticas represivas locales en el periodo en Ortiz, 2004, p. 56-57.

filas: *poneos siempre del lado del pueblo*[203]. Hubo de todo: peleas callejeras entre partidarios de la CEDA y militantes socialistas[204], huelgas de peluqueros[205], mítines multitudinarios antifascistas[206] y motines del pan pidiendo precios más bajos, resultando varias tahonas asaltadas, además de las recurrentes manifestaciones callejeras de mujeres con la Guardia Civil protegiendo los negocios de la burguesía local. Y aunque por el momento desconocemos los motivos "oficiales" de semejantes pesquisas, suponemos que motivadas por los efectos del motín y la posible implicación del sindicato de Artes Blancas de la UGT, el 16 de marzo Fuerzas de Asalto y de la Guardia Civil *efectuaron registros en la Casa del Pueblo y en los locales de la Agrupación y Juventud Socialista, Sociedad de La Fresa, en los casinos y en varias casas particulares*[207]. Seguramente siguiendo instrucciones del por aquel entonces Ministro de Gobernación, Manuel Salazar Alonso, del Partido Radical, dirigidas a recabar información de los futuros movimientos de la izquierda, estos registros y cacheos también tuvieron lugar en plena calle mientras la fuerza pública patrullaba por el pueblo. En todo caso, poco debieron encontrar para que *El Siglo Futuro*, acostumbrado a la exageración y la hipérbole, concluyera que *los registros parece que no han dado resultado*[208].

Para el mes de abril, la situación no parecía calmarse y la prensa recoge la noticia de la destitución del Teniente de Alcalde del Ayuntamiento, José Tercero Toldos, por parte del gobernador debido a *los insultos al alcalde y amenazas a un sereno*[209]. Los insultos iban dirigidos, claro está, a Doroteo Alonso -compañero de sindicato y posiblemente de partido-, del que tenemos bastante claro que sus

---

203 *El Siglo Futuro*, 3/2/1934. Noticia ampliada en *La Época* del 2/2/1934.

204 *El Siglo Futuro*, 23/11/1933.

205 *El Heraldo de Madrid*, 23/2/1934.

206 *El Heraldo de Madrid*, 17/4/1934.

207 *La Libertad*, 17/3/1934.

208 *El Siglo Futuro*, 17/3/1934.

209 *La Época*, 9/4/1934.

posiciones, excesivamente reformistas, le llevaron a enemistarse -y probablemente romper- con buena parte del socialismo militante de Aranjuez.

No está de más recordar que el nuevo gobierno radical-cedista ya tenía en mente la supresión de la Ley de Términos Municipales[210] que, aunque había suscitado un importante rechazo de la patronal debido a que dejaba en manos de las organizaciones obreras la elaboración de listas de parados e impedía de facto el contrato de jornaleros foráneos, se había convertido en un instrumento muy poderoso de presión sindical en cada municipio, también en Aranjuez. A finales de abril de 1934 prácticamente era ya un hecho su supresión tramitada en las cortes, *de esta forma, a través de la misma mezcla de motivos defensivos y agresivos que caracterizaba al conjunto del movimiento socialista, la FNTT decidió lanzar a la lucha, por primera vez, sus cientos de miles de seguidores*[211].

Todo en un mes de abril turbulento y primaveral con sustanciales crecidas del río Tajo, pero también de la temperatura de la guerra social local que llegaron a la febrícula el día 21 de ese mismo mes, cuando unas furgonetas de Acción Popular que provenían de Murcia fueron apedreadas mientras intentaban difundir propaganda por el pueblo. Tanto se calentó la cosa, que los Civiles tuvieron que intervenir abriendo fuego, resultando heridos Indalecio Martínez, de veinte años; Guillermo Pérez de treinta; José Madrid de veinticinco y Antonio Muñoz de veintidós. Las camionetas terminaron volcadas e incendiadas, y en un periodo muy breve de tiempo -dos días después- ya se había convocado una huelga general en Aranjuez para mostrar el rechazo a la represión de la Benemérita[212]. Una muestra más de la movilización antifascista ribereña, que no actuaba con medias tintas,

---

210 Malefakis, 1982, p. 378.

211 Malefakis, 1982, p. 287. Conociendo la aversión del autor por los movimientos revolucionarios, siempre es conveniente relativizar sus afirmaciones hiperbólicas (*vid.* Robledo, 2020).

212 *Luz*, 23/4/1934.

pero de la que, sin embargo, tampoco saldría indemne. Pasadas las celebraciones del Primero de Mayo, el diario *La Época* del 9 de mayo, informaba que *las oficinas de la Casa del Pueblo son clausuradas por el juez militar que instruye el sumario de los recientes sucesos*. Los disparos de la Guardia Civil debieron conmocionar a buena parte de la militancia obrera local y, en cierto modo, resultaría ser un buen indicador de la tensión del contexto de conflictividad social y política que se estaba desarrollando en Aranjuez. No olvidemos que tradicionalmente el mes de mayo era el tiempo de preparar la temporada más importante en la vida de la clase trabajadora local, la temporada agrícola. Por este motivo, *La Fresa* comenzó a tomar posiciones. Reunidos en Junta General extraordinaria, la Sociedad de Obreros Agrícolas *La Fresa* fijó sus reivindicaciones laborales para aquel verano de 1934: cumplimiento de las Bases de Trabajo[213], la legislación social, el salario mínimo agrícola, la obligatoriedad del servicio de colocación, la reglamentación de las máquinas agrícolas, que se efectúen antes de otoño todos los asentamientos que se acordaron y el rescate de los bienes comunales[214].

Dos incógnitas en especial se desprenden de este decálogo para la temporada agrícola. ¿A qué asentamientos acordados se refiere?, ¿qué bienes comunales? Aunque parece claro que las exigencias sindicales de la federación local no son más que una consigna copiada de la resolución tomada por la Federación Nacional de Trabajadores de la Tierra (FNTT), conviene hacer algunas anotaciones al respecto. De los asentamientos, tan solo podemos especular que estarían insertos en el marco legislativo de la Ley de Bases del 32, certificando que *La Fresa* posiblemente ya había puesto en marcha su solicitud, no solo de arrendamientos colectivos, sino de obtención de tierras por la vía legal según el texto del 15 de septiembre en su base segunda[215]. Nada más

---

213 *Boletín Oficial de la Provincia de Madrid*, viernes 4 de junio de 1934, nº 131.

214 No tenemos el acta con esta resolución pero viene recogidas en *La Libertad* del 26 de mayo de 1934.

215 *No define esta Ley lo que ha de entenderse por asentamientos de campesinos, pero el significado de esta frase es la concesión o señalamiento de terrenos a labradores, braceros o propietarios de otras tierras para que las labren y exploten por su cuenta.*

sabemos sin las actas oportunas pero, tal y como hemos apuntado anteriormente, el momento crítico por el que pasaba el proyecto de la finca de Sotomayor todavía estaría rondando la mente de buena parte de los trabajadores del campo y de los militantes de *La Fresa*. De los segundos, simplemente no es posible que hagan referencia al caso de Aranjuez en sentido estricto, en tanto en cuanto los bienes comunales como tales eran un tipo de propiedad desconocida en suelo ribereño, siempre sujeto a la legislación patrimonial de la corona. Podría incluirse este punto en la resolución para que quedaran recogidas las reivindicaciones sobre los comunales de poblaciones limítrofes de Las Vegas, la Mesa de Ocaña o La Sagra[216]. O, por el contrario, cabría la posibilidad que los comunales referidos fueran entendidos como aquellos administrados por Patrimonio, al menos así se desprende de un escrito entregado el 1º de mayo de 1936 por los trabajadores al ayuntamiento, en cuyo segundo punto se reclamaba *el rescate inmediato de todos los bienes comunales (tierras, inmuebles, acequias que pertenecen al Patrimonio)*[217].

De la Junta General todavía conocemos una última resolución: de no concederse íntegras estas peticiones, declararían la huelga general el 5 de junio todos los obreros del campo pertenecientes a la UGT. Este órdago en toda regla a la patronal y a los propietarios, todo sea dicho, ya no estaba enmarcado en un desarrollo exclusivamente local de la conflictividad sindical. Junto con ese mensaje contundente que parecía dejar claras las posiciones del sindicato agrícola, también era firme su adhesión a las directrices dadas por la FNTT, un "vamos a por todas" que el propio Malefakis sitúa en la Federación de Toledo *-por aquel entonces posiblemente la Federación más amplia y más belicosa de la FNTT-* el epicentro de la decisión[218].

---

216 En *El Obrero de la Tierra* es muy corriente encontrar esta reivindicación histórica, léase el número 77 del 1 de julio de 1933, o el número 81 del 29 del mismo mes, por ejemplo. Por último, la propia Ley de Bases de 1932, en su base quinta y vigésimo primera señala las cuestiones relativas al aprovechamiento de los comunales.

217 Escrito reproducido parcialmente por Ortiz, 2004, p. 58.

218 Malefakis, 1982, p. 387.

Según el historiador franquista Joaquín Arrarás, *se daba la circunstancia de hallarse en granazón la mejor cosecha cerealista conocida en el siglo*[219]. Gabriel Jackson, que recoge la misma idea, plantea la realidad de la negociación respecto de las bases de trabajo que regularan aquella temporada. Según este autor, hacia el 2 de junio, la FNTT ya había obtenido las concesiones que se estaban exigiendo al gobierno, fundamentalmente los salarios de 12-13 pesetas que se pagaban durante el periodo de Azaña y la colocación efectiva de los jornaleros en cada municipio[220]. Sin embargo, las organizaciones obreras que estaban negociando subieron la apuesta y demandaron, junto a las condiciones anteriores, que los salarios fijados lo fueran para todo el año. Quizás dos años antes, el contexto político y la fuerza de la UGT hubieran hecho mella en la negociación, pero con un importante descenso en la afiliación, además de la ofensiva desde el gobierno y la patronal del campo[221], la negociación comenzaba a sufrir rotos y descosidos importantes.

No hubo acuerdo y la convocatoria se mantuvo para el día 5 de junio. La mayoría de autores están de acuerdo en afirmar que el seguimiento y desarrollo de la huelga fue desigual y que las expectativas de la FNTT no se vieron cumplidas. De los 1.563 municipios donde se había declarado la huelga, solo fue secundada en 435, sin que en ninguno de ellos *fuera seguido por más del 20 por ciento de los obreros agrícolas locales*[222]. ¿Qué ocurrió en Aranjuez? No es difícil suponer cómo estaban las cosas después de las fiestas patronales de San Fernando, a comienzos del mes de junio y, si bien es cierto que la huelga que comenzó el día 5 todavía no ha sido estudiada en detalle, no podemos dejar de comentar algunas líneas generales de su

---

219 Citado por Maurice, 1975, p. 141.

220 Jackson, 1986, p. 133.

221 *Los efectos del descenso de los salarios agrícolas ante la introducción de maquinaria por parte de los propietarios en el cultivo del cereal, combinados con la amenaza de anulación de la Ley de Términos Municipales...* (Tébar Hurtado, 2006, p. 152).

222 *Ibid*., p.154.

desarrollo, puesto que entendemos que tuvo un carácter determinante a partir de aquel momento, tanto en la vida del proletariado local, como de la propia organización obrera.

Según el diario *ABC*, probablemente preparando la campaña de ataques contra la convocatoria de huelga, una comisión de trabajadores, afiliados a la UGT de las secciones del Jardín de la Isla y del Príncipe, es decir, de Patrimonio de la República, se presentó ante la directiva de *La Fresa* amenazando darse de baja si se proseguía con la convocatoria, además de formar un sindicato autónomo. Suponemos que semejante fractura en la unidad del sindicato, era la carroña perfecta que el diario monárquico gustaba de saborear[223]. En los mismos términos, el monográfico de media portada sobre la huelga de *El Siglo Futuro*, parecía ya vaticinar el resultado de la huelga con una de esas profecías autocumplidas que tanto se estilaban entre sus páginas[224]. Por supuesto, la noticia de la acogida de los hijos e hijas de los huelguistas metalúrgicos madrileños por parte de la UGT local y sus salidas a los jardines no parece que tuviera cabida dentro del código deontológico del periodismo reaccionario[225]. De manera un tanto más prudente, las primeras noticias aportadas por otros diarios hablan de un seguimiento parcial, dando cuenta, en la provincia de Madrid, de los pueblos en los que se estaba siguiendo el paro. Aranjuez y Ciempozuelos parecían el epicentro de la huelga en el sur, sumándose al total de diez municipios[226] que la estaban secundando de los 195 de la provincia. El diario *Luz*[227], expresaba la posibilidad de

---

223 *ABC*, domingo 3 de junio de 1934.

224 "La huelga socialista del campo es hoy un fracaso en todas partes". *El Siglo Futuro*, 5 junio de 1934.

225 *Heraldo de Madrid*, Lunes 4 de junio de 1934.

226 Según el *Heraldo de Madrid* del 6 de junio, conforme a la información aportada por el delegado de Trabajo, Marco Elorriaga, los pueblos de mayor incidencia, además de Aranjuez, serían: Arganda, Alcalá de Henares, Mejorada del Campo, Carabanchel Bajo, Vicálvaro, Leganés, Ciempozuelos, Villaverde, Algete, Móstoles (*y algunos más*). El diario *El Sol* del 6 de junio, subiría la cifra a 19 poblaciones, incluyendo Paracuellos y Torrelaguna.

227 *Luz*, 6 de junio de 1934.

un mayor seguimiento en Aranjuez por ser la temporada alta de recogida de la fresa, llevada a cabo mayoritariamente por mujeres. Y aunque no lo dice explícitamente la noticia, parece que estaba reconociendo un asunto de dominio público, esto es, las posiciones combativas de las proletarias ribereñas.

Disponemos de algunas noticias que pueden arrojar ciertos detalles del desarrollo de la huelga campesina en Aranjuez. El día 8, según parece, la huelga en Aranjuez ya se había extendido a la mayoría de sectores, incluido el comercio. Como señalaría un sector de la prensa, el daño al turismo era ya una realidad y la fresa seguía sin recogerse. Lo corriente en estos casos -una constante en los métodos mediáticos de la prensa española- era utilizar cierto tono catastrofista respecto de cualquier huelga proletaria, siempre con el objetivo de hacerle el debido juego de lealtades a la patronal. No hay ni un solo titular, entre la prensa generalista -y burguesa- que incida en las reivindicaciones de los sindicatos o sobre los abusos de los empresarios. De hecho, cualquier resquicio para fomentar una corriente de opinión negativa sobre los mismos era utilizado sin miramientos. A esto debemos sumarle la ofensiva de la patronal del campo para salvaguardar sus intereses. Puesto que no parecía que la fresa fuera a recogerse sola, los empresarios comenzaron una campaña de esquirolaje para intentar romper las bases de la huelga. Escoltados por la Guardia Civil, desde los pueblos cercanos comenzaron a llegar contingentes de trabajadoras contratadas para la recogida del fruto rojo[228]. Una acción que no quedó impune. Los obreros y obreras organizadas contestaron a semejante provocación con el sabotaje de uno de los campos de fresón, cerrando las compuertas de un caz e inundando 5 hectáreas del preciado fruto. Las pérdidas según la noticia fueron de unas 10.000 pesetas, que hubieran sido mayores si uno de los esquiroles, Antonio Navarro, no se hubiera arrojado al agua para arreglar la compuerta[229]. Aun así, el día 9 varios destacamentos de obreros de fuera del pueblo

---

228 *Última Hora* del 8 de junio de 1934.

229 *La Libertad* del 8 de junio de 1934.

continuaban trabajando, según el *ABC*[230], *con buenos jornales*. Toda la propaganda contra la huelga era bienvenida.

Poco a poco, la mayoría de los comités de huelga iban cayendo y abandonando el paro. Incluso Aranjuez donde, a pesar de las circunstancias y el pulso de los sindicatos, la unidad de los huelguistas comenzó a sufrir severas fracturas. Para el 12, algunos medios ya anunciaban la vuelta a los trabajos de siega de la cebada, además de la salida de ciento cincuenta obreros del sindicato dándose de baja. Estos trabajadores, como ya mencionamos en su momento, pertenecían a la sección sindical de empleados municipales. *La Época*[231] expresaba de esta manera lo sucedido:

La Asociación de Empleados Municipales de la localidad, afectos a la UGT, después de celebrar una junta general acordaron por unanimidad separarse de dicha entidad. El descontento de estos empleados se origina por la forma de proceder de los dirigentes de la Casa del Pueblo de Madrid, puesto que a juicio de aquellos no hacen más que cotizar y no encontrando nada práctico en sus deliberaciones.

Qué duda cabe que estos empleados o bien no sabían cómo funcionaba la UGT -sindicato poco proclive a la horizontalidad asamblearia- antes de afiliarse, o si lo sabían hacían de tripas corazón por los posibles beneficios que pudiera reportarles su afiliación. Esa alusión a no encontrar *nada práctico*, con toda seguridad pudiera referirse a que no obtenían beneficios inmediatos pagando la cuota del carnet. Que durante una huelga tan importante para el sindicato, una parte de sus afiliados se reuniera en junta general y decidiera abandonarlo (sin conocer los pormenores de este abandono masivo con el acta en la mano) parece tener especial relevancia, al igual que preguntarse si las afiliaciones de cierto perfil de trabajadores no estarían determinadas por un claro oportunismo en los años de la bonanza, para renegar después en los momentos de crisis. A la vista de

---

230 *ABC*, domingo 10 de junio de 1934.

231 *La Época* del 13 de junio de 1934. *La Libertad* del 14 de junio se hace eco de la noticia en los mismos términos.

este complejo momento histórico, todo parece apuntar en esta dirección, primando las posiciones individualistas sobre las colectivas y contra las de clase. Según parece, algunos volverían al sindicato a tenor de lo expresado el 6 de noviembre de 1937 por Antonio Díaz Heredero, secretario del Sindicato de empleados municipales, certificando con su firma que había un total de 89 afiliados, *que se puede comprobar*, según afirmaba, *en la lista jurada que consta en el libro de esta junta administrativa* (la de la Casa del Pueblo)[232].

De obligada mención es la versión que el diario reaccionario *El Siglo Futuro* recoge a partir de un mitin de la CNT en Aranjuez el 9 de julio, una vez terminada la huelga. No nos referimos precisamente a una versión diferente de los motivos de los empleados municipales para su cese en la actividad del sindicato, sino de concepciones antagónicas en las posiciones del sindicalismo ribereño. Transcribimos la noticia entera por la utilidad que pudiera tener, no solo para el caso de la UGT, sino para tomarle la temperatura histórica al sindicalismo local en general:

En Aranjuez, ante una gran masa de obreros, se ha celebrado un mitin organizado por la CNT contra la UGT. Lo que en tal mitin se ha dicho ha envuelto al Gobierno Azaña, a los socialistas y al inefable diputado comunista, señor Bolívar. La CNT no perdona a la UGT el encono con que los socialistas persiguieron desde el Poder a sus afiliados. ¿Azaña estadista?, dijo uno de los oradores. Azaña no fue más que el verdugo de Casas Viejas. ¿Proletarios Largo Caballero, Prieto y Bolívar? No, son traidores, con los cuales los obreros libres no irán jamás. La política de la Casa del Pueblo es una política de engaño, y las cuotas que los obreros pagan para subsidios de huelga se distraen para gastos electorales de los dirigentes y para comprar armas para que las disparen los incautos. ¡Obreros! Separaos de los que os explotan, fue el grito final del mitin de Aranjuez. Ya pueden aconsejar el frente único los dirigentes socialistas, creyendo que las masas no advierten su conducta. El obrero en España va abriendo los ojos de tal manera, que va a ser difícil engañarle. Ya discurre por su cuenta, y reflexiona que la

---

232 CDMH, PS_Madrid 963/22, folio 13.

revolución cabe hacerla para sí, pero no para que otros se aprovechen del sacrificio de los que dan la cara en la calle. Y es que la lección recibida por los obreros españoles, en el campo y en la ciudad, durante el bienio de mando socialista, ha sido de lo más sano que se pudo imaginar. Un solo automóvil con galones, de los mil que han transportado dirigentes socialistas por todas las carreteras de España con escolta de policía, ha causado más bien al espíritu del obrerismo español que todas las campañas contra el socialismo y su «ideario». Cada dirigente socialista de frac y en automóvil ha valido por cien mítines. ¡También fue providencial el Gobierno del bienio! Para los efectos en el porvenir, esos dos años de socialistas magnates no tienen precio. Los dos años... y lo que cuelga de los dos años.[233]

No pareciéndole suficiente al diario en cuestión la reproducción de una parte del mitin de la confederación anarcosindical, en una columna aledaña, como si de otra noticia se tratase, vuelven a dar más información, muy valiosa por otro lado, del mitin en cuestión:

En el salón Ideal lleno de obreros, se celebró un mitin, organizado por la CNT, bajo la presidencia de Francisco Villarejo. Hablaron Ángel Rodríguez, Pedro Salomir y Avelino González. Los oradores dijeron que durante el célebre bienio los azañistas y socialistas fueron más caciques que los de la Monarquía, poniendo en vigor la ley de Defensa de la República. (...) Pidieron a los de la UGT que formen el Sindicato único apolítico y se separen de los que les explotan. En el acto no se registraron incidentes.[234]

Aunque volveremos sobre este y otros sucesos críticos con la UGT, además de las diferencias entre ambas centrales sindicales, el fondo de la cuestión, según los términos del anarcosindicalismo local, parecía residir en la absoluta separación y desconexión de los cuadros dirigentes respecto de la militancia de base, además de los privilegios atesorados en nombre del proletariado. No podemos descartar, por tanto, que la crítica antiestatista de la CNT, que según los términos del mitin bien podría valer para Aranjuez, Alcoy o El Romeral, estarían refiriendo cierto malestar entre el proletariado militante ribereño respecto de las carreras políticas de sus dirigentes más visibles.

---

233 *El Siglo Futuro*, 10 de julio de 1934.

234 *Ibid*.

Si bien, como hemos reconocido anteriormente, esta huelga, como tantas otras en la historia de Aranjuez[235], no ha sido estudiada como se merece, quizás los acontecimientos mencionados puedan ayudar para hacernos una idea de la situación de repliegue y retirada de la UGT en aquel duro año de 1934 y que se prolongaría, a la espera de una recomposición de sus estrategias y la revitalización de la fuerza de sus militantes, hasta febrero de 1936.

---

235 Al quedar fuera de los márgenes de este trabajo, la huelga revolucionaria de octubre no se desarrolla.

Si no era legal, había que hacerlo
Ocupación y legalización de Villamejor

> *Te han cogido intentando okupar, el castigo*
> *no se hará esperar, que sea legal o ilegal a ti te*
> *da igual.*
>
> **Sindios**

Echando la vista atrás, las esperanzas puestas en la República pareciera que iban disipándose golpe tras golpe. Ensayos de explotación colectiva abortados, huelgas revolucionarias fracasadas y duramente reprimidas, leyes contrarreformistas que hacían retroceder las escasas conquistas desde 1931, etc., etc. Hasta la victoria electoral del Frente Popular.

La primera vez que tuvimos noticia de la ocupación de la finca de Villamejor fue de un modo indirecto, casi por casualidad. En una vieja edición de Campo Abierto de 1977, *Colectividades libertarias en Castilla*[236] del historiador José Luis Gutiérrez Molina, se nos informaba que en Aranjuez un grupo de obreros, rompiendo las vallas, habían ocupado la finca de "Villamejor", propiedad del conde de Muguiro. La fuente de la que se servía el autor era el número del 22 de junio de 1936 del órgano de expresión del PCE dirigido al

---

236 Reeditado en mayo de 2020 por la delegación ribereña de la Fundación Anselmo Lorenzo, Calúmnia Edicions y Cuadernos de Contrahistoria, junto con otro trabajo del mismo autor sobre el fenómeno de las colectividades libertarias, *Llevaban un Mundo Nuevo en sus corazones*.

campesinado, *La Voz del Campo*[237]. Cuál sería nuestra sorpresa al tener las primeras noticias de un intento de colectivización agraria en Aranjuez, que comenzamos una concienzuda búsqueda de más información sobre el asunto, un intenso barrido de archivos y fuentes diversas que, por momentos, parecía no dar resultado alguno.

Y sin embargo, gracias al trabajo sistemático de catalogación del equipo de José Luis Martín y del estudio introductorio de Ricardo Robledo de los fondos del IRYDA[238], pudimos localizar el expediente[239] de ocupación y posterior legalización de la finca de Villamejor en aquellos fondos. La documentación contenida en todo el expediente no es tan voluminosa como la detallada para el caso de Sotomayor, pero da buena cuenta de lo que fue aquel proyecto, al menos hasta julio/agosto de 1936. Reconociendo que, en las pesquisas para rescatar el mayor número de documentación posible para nuestro estudio, los vacíos y obstáculos han sido numerosos, vamos a intentar describir con el mayor detalle posible, dentro de ciertas limitaciones que iremos exponiendo, el caso de la ocupación de Villamejor y su puesta en explotación colectiva, esta vez sí, por la Sociedad de Obreros Agrícolas *La Fresa*.

Como ya mencionamos al comienzo de este trabajo, durante la última de las grandes desamortizaciones de bienes en Aranjuez, la finca de Villamejor fue rematada en beneficio de dos propietarios. Por un lado, el conocido como Segundo Quinto de Villamejor, finca de 1.321 hectáreas, secano de segunda dedicada al cereal y adjudicada a D. Ricardo Arana desde agosto de 1871 y que sería trasmitida por compraventa a D. Eduardo Corredor Varela[240]. Por otro lado, la denominada Colonia de la Dehesa de Villamejor fue adquirida el 9 de abril de 1872 por el miembro del Partido Conservador y futuro

---

237 Gutiérrez Molina, 2020, p. 158. Utilizamos las referencias de la reedición, en el original de 1977 está en la página 14 con una pequeña errata en el nombre del propietario, nombrado como conde de Mugino.

238 Robledo, 1996b.

239 AIRYDA, Ministerio de Agricultura, caja 29/2-Madrid.

senador por Navarra y Toledo, D. Fermín de Muguiro y Azcárate (1831-1892), con un total de 1.952 hectáreas de aprovechamiento de pastos[241]. Finca esta última que, según el *Catálogo de colonias agrícolas*, procedía en parte de la Corona y en la que se instala un apeadero de ferrocarril en la casa principal de la finca[242]. Después de hacerse cargo de la finca su hijo, Juan Bautista de Muguiro y Beruete, con la distinción de Conde desde 1878, llegaría a manos de Fermín de Muguiro y Beruete, hermano del anterior y dueño de la finca en los años que ocupan nuestro estudio.

Según el *Boletín Oficial de la provincia de Madrid*[243], en el mes de enero de 1934, D. Fermín Muguiro Beruete figuraba como

240 Paniagua Mazorra, 2005, p. 58. En este *Catálogo de colonias agrícolas* también puede encontrarse una descripción de la dinámica demográfica y de su estado actual (2005), además de planos y fotografías de la misma. También, en Paniagua (1989) se atiende, con fuentes diversas y de inestimable valor, la realidad de las colinas agrícolas en el término de Aranjuez. Contiene algunos errores denominando a Fermín de Muguiro como Magurio o Mugueiro (p. 281/283).

241 Existe una biografía mínima alojada aquí: https://dbe.rah.es/biografias/84888/fermin-muguiro-azcarate. También, en la web del Senado, puede encontrarse su expediente personal, además de la declaración de rentas con los registros de la propiedad, en notarías de Madrid y Chinchón, de la finca de Villamejor entre otras. En la declaración que certifica el registrador Fernando Rodríguez Pridall en agosto de 1879, puede comprobarse el conjunto de lindes, demarcaciones limítrofes y aprovechamientos de la finca en aquella fecha. https://www.senado.es/web/conocersenado/senadohistoria/senado18341923/senadores/fichasenador/index.html?id1=3240

242 *El propietario sostiene un recurso de caducidad de la exención tributaria, al considerar que debería tener mayor duración. Ibid., p. 80. Vid.* Paniagua Mazorra, 1989, p. 283 *(Relación de beneficios por la legislación de colonias agrícolas de 3 de junio de 1868. Diferencias en el líquido imponible al principio y al final del periodo de exención. Provincia de Madrid).*

243 *BOPM*, suplemento al nº 22, del 25 de enero de 1934. Se incluyen los vedados del El Montecillo (viuda de Núñez de Haro), Primer Quinto de Valdecasas, Puente Largo y Soto de Las Cuevas (Carlos Besga), La Flamenca, Las Infantas e Isla de Requena (Duquesa de Fernán Núñez), El Regajal (herederos de Joaquín López Puigcerver), Casa de Serranos (Julia Cadenas y Garrido).

peticionario de un vedado de caza para su finca de Villamejor. Después de los incidentes en el pleno del Ayuntamiento de Aranjuez sobre la falta de inspecciones de los delegados de Trabajo y la destitución del Alcalde de Barrio de Villamejor ya comentados, esta es la única noticia de la que disponemos sobre las actividades agropecuarias o cinegéticas (o su ausencia) que se estaban desarrollando en la histórica colonia.

Por otro lado, después de la huelga de junio de 1934 y la liquidación del proyecto de Sotomayor, las actividades del sindicalismo agrario socialista se sumen en la oscuridad documental. Tan solo contamos con una enigmática -casi fantasmal- mención en la *Primera Crónica del Movimiento obrero en Aranjuez*, en la cual se nos informa de lo siguiente:

A finales de 1935, La Fresa logró la adjudicación por parte del Ministerio de Agricultura de una explotación de 12.000 fanegas[244] en la vega del Tajo. En sus tierras crecieron cientos de miles de kilogramos de patatas, coliflores, repollos y coles de Bruselas, que vía Chinchón-Alcalá de Henares-Torrejón de Ardoz-Barajas, llegaban al cercado (sic) Madrid del no pasarán para alimentar las bocas hambrientas del último bastión de resistencia al fascismo en la guerra civil y símbolo emblemático de lo que pudo ser y no fue a lo largo de casi 40 años de represión y sinrazón institucionalizadas[245].

Según la cifra aportada por el autor, el total de hectáreas ascendería a 7.751,52, casi siete veces el total de la finca de Villamejor. Al no conocer la fuente que utiliza el autor, ni la ubicación de dicha finca (tampoco hemos sido capaces de localizar expediente alguno en el archivo del Ministerio), poco más podemos decir salvo que nos parece una cifra un tanto inverosímil, además de tener la impresión de que se utiliza el dato para contribuir, no tanto a un conocimiento serio y contrastado sobre el asunto, sino a consolidar un discurso mitómano e

---

244 En Castilla la fanega equivaldría a 55,5 litros de capacidad y a 6459.6 metros cuadrados de superficie.

245 Ginés, 2007, p. 68.

ideológico (además de las imprecisiones históricas que contiene) respecto de la II República.

Prácticamente nada sabemos del periodo entre la victoria del Frente Popular, también en Aranjuez, y el golpe de Estado de los militares sublevados. Después de los comicios del 16 de febrero y con los resultados claramente inclinados a favor de la coalición izquierdista, el presidente del gobierno Manuel Portela presentaba su dimisión sin esperar a una segunda vuelta. Desde ese mismo instante, las organizaciones obreras que fueron en bloque a las elecciones comenzaron a exigir el cumplimiento de su programa, especialmente respecto de todo lo relacionado con la catástrofe de octubre de 1934: amnistía de los y las presas, apertura de locales y centros obreros, readmisión de los represaliados y, muy especialmente, la restauración de las corporaciones municipales que los gobernadores civiles durante los años 1934 y 1935 habían destituido[246]. El mismo día 19 de febrero, el ayuntamiento de Vallecas resolvía la toma de posesión de los antiguos concejales, viéndose obligado el presidente de la gestora a notificar el asunto al gobierno civil. De la consulta oficial resultó que los cargos fueron restaurados, en tanto en cuanto, y tal como recoge Sandra Souto, *el pueblo, en la votación celebrada el domingo, había hecho patente su deseo de que volvieran a sus puestos*[247]. A partir de aquí, siguiendo la estela de la corporación vallecana, varios municipios madrileños hicieron lo propio al día siguiente, entre los cuales figuraban los de Carabanchel Alto, San Lorenzo del Escorial, Alcalá de Henares, Vicálvaro y Aranjuez.

Según *El Socialista, a las diez y media de la mañana el delegado señor Domenge Campos*[248] *hizo entrega de la alcaldía al alcalde de elección*

---

246 Quirosa-Cheyrouze, 2004, p. 117; Souto, 2003, p. 585; *El Socialista*, 21/2/36.

247 Souto, 2003, p. 591.

248 El 20 de agosto de 1936 sería encontrado el cadáver de Miguel Domenge Campos en la Cuesta de la Reina. Según afirma el cronista oficial José Luis Lindo, utilizando la información del ayuntamiento que figura en el libro de registro, hoja 152 del 17 de julio de 1939, los autores pertenecían a la checa de Aranjuez, lo que es lo mismo que dar carácter de veracidad sin contrastar al relato del ayuntamiento franquista (Lindo, 2016, p. 29). Lo que sí sabemos, por ejemplo, de la familia Domenge es que la hija del alcalde saliente, Elena

popular que fue destituido en octubre de 1934, Doroteo Alonso. Junto a Domenge, según la información aportada por José Luis Lindo[249], en el traspaso de poderes y entrega de fondos municipales, aparecen como cargos salientes el Síndico José Manzanares y el Depositario Alfonso García, siendo relevado por el mencionado Doroteo Alonso en calidad de Alcalde y por Ignacio Gurumeta[250] como Síndico municipal. Acto seguido se procedió al correspondiente izado de pendones, se improvisó una manifestación en la plaza de la Libertad, dominada por las banderas rojas y tricolor y la banda de música, disuelta por el anterior alcalde[251], volvería a animar las calles del pueblo con sus tonadillas populares, muy especialmente *La Internacional*[252]. Poco más podemos decir de este momento crucial. Si bien hay algunas menciones al funcionamiento de la corporación municipal durante este periodo[253], poco o nada sabemos de la constitución del posterior Consejo Municipal[254], de sus directrices y actuaciones políticas. Parecería que el golpe de Estado y la guerra hubieran borrado cualquier rastro de actividad municipal, pasando a

---

Domenge Pastor, habiendo sido detenido el jefe de Falange local, Francisco Serrano, el día 12 de agosto, también fue arrestada junto a Miguel Lucio Sierra y Jesús Serrano Roldán el 6 de septiembre en la calle Serrano de Madrid. La susodicha, reconocería en su declaración *pertenecer a Acción Nacional y Falange Española, y añadió que en la selecciones del 33 había hecho propaganda en tal sentido en Aranjuez, donde su padre actuaba como alcalde* (*La Libertad*, 6/9/1936).

249 Lindo, 2016, p. 27.

250 Ignacio Gurumeta Moreno sería fusilado en Aranjuez el 18 de agosto de 1939.

251 Ortiz, 2004, p. 57. Respecto de la banda de música, en el siguiente enlace puede verse una fotografía que deja a las claras sus filiaciones políticas:

https://asociacionlacasanegra.wordpress.com/2018/11/22/ii-republica-dia-de-confraternizacion-organizaciones-antifascistas-aranjuez/

252 *El Socialista*, 21/2/1936; también en *La Libertad*, 21/2/1936. Recogido en Lindo, 2016, p. 27 y Ortiz, 2004, p. 57.

253 Pascual, 2007.

254 Respecto de los consejos municipales, *vid*. Quirosa-Cheyrouze, 2004.

un segundo plano en los intereses de la escasa historiografía que trata estos años. De lo que sí tenemos noticias es de la reactivación del sindicalismo socialista en Aranjuez. Es probable que el entusiasmo producido por los resultados de las elecciones de febrero del 36, no estuvieran al mismo nivel que el que provocó el plebiscito que desencadenó la proclamación de la II República aquel 14 de abril de 1931. Sin embargo, sus expectativas, después de un periodo de repliegue militante y de profundas decepciones, no parece que se hubieran enfriado en lo que a las luchas por la tierra se refiere.

Con fecha de 20 de abril de 1936, Inocencio Martín[255], Jacinto E. Peña[256] y José Jiménez[257] notifican, en nombre de un grupo de obreros agrícolas de Aranjuez, al Instituto de Reforma Agraria la ocupación de la finca de Villamejor, propiedad de D. Fermín Muguiro[258]. El escrito en cuestión[259] es a todas luces parte de una estrategia ya conocida. De hecho, los términos en los que se redacta, dan buena cuenta de todo el programa estratégico del sindicalismo agrario socialista prácticamente desde sus inicios[260]. Formalmente, comienza con una solicitud ajustada a la legalidad vigente, el Decreto del Ministerio de Agricultura del 20 de marzo de ese mismo año. El texto legal en cuestión, firmado por el entonces ministro Mariano Ruiz Funes, intentaba poner al día algunas actuaciones de la reforma agraria que habían quedado en suspenso o

---

255 El dos de mayo de 1937 firma como Presidente de *La Fresa* un artículo, del que hablamos más adelante, en el semanario del PCE local, *Combate*.

256 Como anotaremos más adelante, Jacinto E. Peña es uno de los principales militantes del PCE de Aranjuez. Así lo atestigua su protagonismo en el órgano de expresión semanal, *Combate*.

257 Aunque resulta complicado descifrar el apellido, suponemos que se trata de José Jiménez Sánchez, con el número 445 en la lista de afiliados a *La Fresa* de 1936, alojada en el expediente de Villamejor.

258 AIRYDA, Ministerio de Agricultura, caja 29/2-Madrid, folio 243.

259 Parece oportuno indicar que se trata de un documento mecanografiado en tinta roja.

260 Desarrollamos este asunto en el punto *Apuntes provisionales sobre la historia del sindicalismo ribereño*.

mal desarrolladas, centradas fundamentalmente en *resolver el problema de una mejor distribución de la tierra*[261]. El Decreto partía, como hemos dicho, de una actualización legal de los términos fijados por la Ley del 9 de noviembre de 1935[262], relativa a la nueva redacción a la de Bases del 15 de septiembre de 1932. En dicha exposición, argumentando que se cumplían las condiciones recogidas en el artículo primero[263] del citado Decreto respecto de la finca, se solicitaba al IRA, *disponga la ocupación temporal de dicha finca, en tanto se incoa el expediente de expropiación de la misma, previa declaración de utilidad pública*[264].

Ahora bien, junto al argumentario y la petición formal de legalizar la expropiación, los representantes de los obreros dejaban meridianamente claro que sus posiciones no eran exclusivamente las que permiten la legislación vigente:

Anticipándonos a la orden de ocupación que esperamos sea dictada por ese Instituto lo más brevemente posible, y con el fin de atender a los cuidados que requieren los distintos frutos en sazón que actualmente tiene la finca, y que se encuentran en el mayor abandono; así como para el cuidado de la gran cantidad de ganado también poco atendido y apoyada la razón de nuestra resolución en el gran paro existente en este término municipal, hemos ordenado la ocupación de dicha finca por los obreros agrícolas en paro forzoso debidamente dirigidos y responsabilizados, en tanto ese Instituto legaliza esta toma de posesión que esperamos, o como decimos antes y

---

261 *Gaceta de Madrid*, nº 88, 28/3/1936, p. 2470.

262 *Gaceta de Madrid*, nº 323, 19/11/1935, p. 1379.

263 *El Instituto de Reforma Agraria, a propuesta de su Director y de acuerdo con lo que dispone el artículo 14 de la Ley de 9 de Noviembre de 1935, podrá declarar de utilidad social aquellas fincas que radiquen en un término municipal o se extiendan a los de varios Municipios en los que se den las siguientes características; gran concentración de la propiedad; censo campesino elevado en relación con el número de habitantes; reducida extensión del término en comparación con el censo campesino; predominio de cultivos extensivos.* **Tales fincas serán expropiadas**. *Las características referidas podrán concurrir aislada o simultáneamente y se acreditarán mediante el oportuno informe técnico.*

264 AIRYDA, Ministerio de Agricultura, caja 29/2-Madrid, folio 243.

teniendo en cuenta las razones expuestas después, sea llevado a efecto lo más rápidamente posible.[265]

Qué duda cabe que lo que este grupo de obreros dirigidos y responsabilizaos están llevando a cabo es una ocupación ilegal en toda regla, jugando al mismo tiempo la baza de una futura regulación previa negociación con el IRA. Si bien la ocupación se estaba intentando encuadrar en los márgenes debidamente motivados de la legislación vigente, lo cierto es que la acción llevada a cabo en Villamejor está totalmente fuera de la legalidad. Conscientes de este punto, continuarían el escrito argumentando en favor de sus irregulares medidas poniendo todo el peso sobre la situación calamitosa de la finca y la emergencia social provocada por el paro forzoso[266]. Y a pesar de estar reconociendo que sus métodos no estarían justificados por las leyes republicanas, su intención es negociar con el IRA exclusivamente, rechazando la intervención de cualquier otra autoridad (en clara alusión a la Guardia Civil), *pues nosotros no estamos dispuestos a abandonar la finca, en tanto no se haga el oportuno reconocimiento y se incoe el expediente de expropiación.* Además, por si no hubiera quedado lo suficientemente claro el envite de los obreros, todavía exigían, creyéndola necesario y justo, la ayuda económica *por parte de los Poderes Públicos, por lo menos mientras la finca empiece a producir, por lo cual solicitamos a ese Instituto, un anticipo o préstamo para atender a los gastos que de momento han de originarse*[267].

---

265 *Ibid.*

266 Según Ángel Ortiz, en la primera sesión del pleno municipal con el recién restaurado gobierno *se denunció el elevado coste del pan, precisamente cuando se ha dado una buena cosecha de cereales (...) Afirman que algunos almacenistas están usando el trigo para pienso de ganados, cuando hay tantos seres humanos que no lo pueden comer por su precio* (Ortiz, 2004, p. 58). Lamentablemente, nos ha sido imposible consultar las actas de este pleno al encontrarse cerrado y sin servicio el Archivo municipal de Aranjuez, esperando su apertura *sine die.*

267 AIRYDA, Ministerio de Agricultura, caja 29/2-Madrid, folio 243.

Los pormenores de lo que acontecería a continuación los conocemos gracias al informe[268], con fecha del 28 de abril, que el perito agrícola del Estado, Guillermo Miralles Mas[269], redacta para el IRA, dando fe de las declaraciones de los *intrusos* con los que se entrevista el día 26 de abril en compañía del Alcalde, Doroteo Alonso. Según los obreros, el 3 de abril habrían remitido un escrito en nombre de *La Fresa*, Sociedad de campesinos a la que pertenecen, a la Dirección del IRA por el que *se solicitaba del Instituto el apoyo necesario para que se concediese dicha finca, en completo estado de abandono, para su explotación en colectividad.* Así que, y a pesar de los requerimientos y las llamadas a la prudencia del Alcalde, *un grupo de ochenta y tantos campesinos de la mencionada Sociedad no tuvieron paciencia para esperar resolución de la Superioridad y se decidieron el día 20 a marchar sobre la finca posesionándose de ella.* Como era de esperar, el administrador de la finca, alarmado por lo que consideraba un *atropello consumado*, abandonó la finca para dar cuenta al propietario y a las autoridades. En el momento en el que se emitía el informe pericial, el administrador todavía no había regresado o dado señales de vida.

Según el perito:

Incautados los obreros de tierras, ganados, aperos y almacenes y unido a ellos el personal fijo de la finca, guardas, gañanes, pastores, etc., se han dedicado a la limpieza de acequias de riego, continuación de la roturación que el propietario tenía iniciadas en una parte de la finca, saca de estiércoles

---

268 *Ibid.*, folio 244.

269 En una superficial pesquisa, el perito en cuestión figura como ayudante trasladado de la Junta de Acción Social Agraria a la Sección Central de Colonización en Marruecos (*El Progreso Agrícola y Pecuario*, 15/2/1927, nº 1474). En 1930, afecto en ese momento a la Sección Agronómica de Guadalajara es trasladado al Servicio Central de Parcelación y Colonización (*Agricultura, Revista agropecuaria*, enero 1930, *suplemento* al nº 13). Jubilándose finalmente como perito agrícola del Estado en el año 1956 (*Agricultura, Revista agropecuaria*, febrero 1956, nº 286). Figura como declarante en la Causa General para la víctima José Luis Miralles Sastre, probablemente uno de sus dos hijos, legajo 1503, exp. 1, folio 309.

de cuadras y corrales y pastoreo del ganado. Pudiendo considerarse como abusivos (aparte, naturalmente, del daño de la invasión por sí y ante sí) los siguientes hechos: muerte y aprovechamiento de una res de lanar que, según manifiestan dijeron los pastores estaba lesionada de gravedad; ordeño de las vacas, consumiendo la leche y enviando a vender a Aranjuez la restante; consumo de los huevos obtenidos en el gallinero; y consumo de un saco de patatas sacadas del almacén. Con cuyos productos y suscripción abierta en varias sociedades obreras de Aranjuez se han sostenido estos días los ochenta y tantos obreros en "Villamejor", haciendo un gasto al cantinero establecido en la finca de unas 100 pesetas diarias de las que se adeudan buena parte.

Es decir, puestos en faena para sacar adelante una finca abandonada, pero con la infraestructura adecuada y con muchas posibilidades, las primeras necesidades de los obreros pasaban por la subsistencia más básica, comer y beber. Por otro lado, resulta interesante constatar, gracias a la información del perito, cómo las sociedades obreras ribereñas ya tenían funcionando una caja de resistencia para apoyar la ocupación de la finca[270].

Además, el perito del IRA parece dar cobertura a parte de los argumentos de los ocupantes, al hacer constar que los obreros, una vez ocupada la finca, habían evitado la tala indiscriminada del bosque de ribera por parte del vecindario de los pueblos limítrofes. El propio perito pudo certificar la corta de al menos 150 árboles, una práctica, por otro lado, muy común desde tiempos inmemoriales, llevada a cabo no solo por las gentes necesitadas de fuentes de energía de pueblos

---

270 Sería de un valor incalculable disponer de las actas o los documentos que pudieran hacer referencia a este asunto. Podríamos comprobar desde cuándo se venía organizando la ocupación, quiénes estaban implicados, de qué manera se habían coordinado o cualesquiera de los aspectos propios de una acción de este tipo. En todo caso, según el artículo 12º del Reglamento de la Sociedad de Obreros Agricultores de Aranjuez *La Fresa: por la índole especial de las faenas agrícolas, esta sociedad no incluye socorro de huelga; pero no obstante, cuando se precise auxiliar a los asociados se podrá disponer de los fondos que haya en caja, previo acuerdo siempre de la junta general* (AIRYDA, Ministerio de Agricultura, caja 29/2-Madrid).

como Añover, Borox o Villasequilla, sino también por los guardas y funcionarios, supuestamente encargados de su protección, como un pingüe negocio[271].

El día 26 de abril el perito visita la finca en compañía de Doroteo Alonso. El alcalde, probablemente bastante inquieto por haberse llevado una acción con la que no comulgaba desde el sindicato, de regreso a Aranjuez rápidamente comunicó la situación a la Superioridad, es decir, al gobernador civil. Ese mismo día, Guillermo Miralles recibe confirmación por parte del alcalde de que *por orden de dicha Autoridad se enviarían fuerzas con el fin de desalojar de la finca a los intrusos.* Sin conocer los términos de la conversación entre el alcalde y el gobernador, lo que sí parece claro es que Doroteo no puso mucho de su parte para evitar la intervención, o lo que viene a ser lo mismo, solidarizarse con sus compañeros del sindicato. Radicalmente diferente de lo expresado por el perito del IRA, que hizo todo lo posible para evitar un desalojo que podría *ser violento y acarrear consecuencias desagradables.* Una situación que, en cierto modo, también nos informa del estado de ánimo de los obreros implicados y su determinación de resistir en la finca. Por lo que ante semejante situación, Miralles se ofrece de mediador hasta que *el Instituto tome resolución sobre el asunto.*

El 27 regresaba a la finca, pero al parecer ya era demasiado tarde puesto que allí ya se había desplazado un contingente de fuerzas de asalto y guardia civil al mando de un teniente coronel, *ante cuya presencia y a requerimiento de este, los obreros, sin oposición alguna, se dispusieron a abandonar la finca, quedando en mi compañía, con permiso del jefe de las fuerzas, 2 o 3 obreros para auxiliarme en la labor informativa que había de efectuar. Labor que pernoctando en la finca para dar a aquella la máxima rapidez, someto a la consideración de V.I.*

Realmente, pareciera que los objetivos iniciales según la estrategia de *La Fresa* se estaban cumpliendo: de una ocupación ilegal destinada a llamar la atención del IRA, a comenzar el proceso de legalización previo informe técnico[272] de un responsable del Instituto. Porque esto

---

271 Exponemos un caso en el siglo XVIII en Rodríguez, 2019.

272 AIRYDA, Ministerio de Agricultura, caja 29/2-Madrid, folios 246-249.

es precisamente lo que sucedió a continuación. Miralles se dispuso a redactar su informe de campo, al menos con el mínimo de detalle exigido para los fines propuestos:

La finca "Villamejor", propiedad del ex-Conde de Muguiro, dista unos 20 km. de Aranjuez. Está atravesada por la línea férrea de Aranjuez a Toledo, entre cuyas estaciones de Castillejo y Algodor tiene un apeadero junto a la casa de la finca. No tiene carretera sino solamente camino de difícil tránsito en las temporadas lluviosas.

Con una superficie (según el catastro municipal) de 2.164 ha. las tierras que de regadío que componen la finca (324 ha.) *son de inmejorable calidad*, además de reunir unas buenas condiciones con abundancia de pastos en soto llano, limpio de matorral fácilmente arable y de puesta en regadío, al mismo tiempo que buena cantidad de árboles de ribera. Las cabezas de ganado son numerosas, fundamentalmente de lanar (2325 cabezas), y los almacenes parecen estar bien provistos de patatas (30.000 kilos) y trigo (1.300 fanegas). Del mismo modo, en el momento de la inspección del perito hay una serie de cultivos sembrados tanto en regadío (trigo y cebada, habas y alfalfa) como en secano (trigo y cebada, centeno y almortas). Según parece, después de unas catastróficas riadas, una parte del regadío había quedado arrasada, fundamentalmente toda la remolacha azucarera, totalmente podrida según el informe. Los motivos de la pérdida de la remolacha, en palabras del perito, divergían según quien lo explicara. El aparcero que tenía cedido el regadío achacaba el desastre a la falta de tiempo para sacar la planta pero, sin embargo, los obreros culpaban a la resistencia, tanto del dueño como del aparcero, a pagar los jornales para llevar a cabo la operación. Barbechos no había preparados.

Por otro lado, repartidos en lugares estratégicos de la finca junto al río, existen cuatro grupos moto-bombas para elevar el agua destinada al riego, dos con motor eléctrico y los otros con locomóvil a vapor. Sin embargo, el perito refiere a continuación que no ha podido comprobar el estado de los mismos por encontrarse cerradas las casetas que los cobijan. En todo caso, parece que el año anterior seguían en funcionamiento.

En las proximidades de la casa había unas matas de olivo que en su día habían sido parte de una plantación de 24 ha. sembrada en 1930 y en ese momento totalmente perdida. A estas pérdidas se sumarían montones de estiércol esparcidos por los alrededores de la casa, sin sacar de las cuadras. Suciedad y mal estado de los malecones y acequias, escaso y deplorable estado de los pocos árboles frutales existentes, tierras magníficas de regadío que llevan varios años sin labrar e incluso, en algún trozo, existían montones de estiércol desde hacía dos años sin esparcir. Una situación que llevaría al perito del IRA a certificar que la finca *se halla en deplorable estado de abandono en cuanto a los actuales cultivos se refieren siendo además susceptible de mejora no solo en lo relativo a la superficie actualmente en labor y a los cultivos existentes sino también porque tanto en el soto, llano, limpio y dentro de la zona regable, como en el terreno de secano dedicado a pastos, puede ampliarse dicha superficie considerablemente.*

El veredicto técnico parecía implacable. ¿Y el dueño? ¿Tenía algo que decir sobre el asunto? Según parece, a Fermín Muguiro no le debería haber hecho mucha gracia la ocupación y la posibilidad de que un sindicato se hiciera con las riendas de la explotación. Por este motivo, informaba al perito de su postura: *si bien no está dispuesto a ceder la finca a entidad o colectividad irresponsable, no pondrá gran inconveniente en cederla al Instituto.* Respecto del aparcero de la finca, un tal Bautista Ortega, vecino de Añover, con 95 ha. de regadío y contrato de cinco años hasta 1938, no tendría inconveniente en rescindir el contrato sin ulterior reclamación *siempre que el dueño de su conformidad.*

Así, una vez hecho este somero informe de la situación de la finca, el perito lanzaría su propuesta motivada por las conclusiones provisionales que hubo deducido de su peritaje:

Por todo lo expuesto, dados los deseos de los campesinos de Aranjuez y el estado social de aquel vecindario, y teniendo en cuenta que la finca reúne las mejores condiciones para una explotación colectiva, a juicio del que suscribe sería procedente:

1º.- Hacer la gestión necesaria cerca del propietario a fin de conseguir de este el ofrecimiento voluntario de la finca, en cuyo caso sería aplicable el apartado 1º del art. 10 de la ley[273].

2º.- Caso de no dar resultado la expresada gestión, pudieran ser de aplicación, bien el apartado 6º de dicho art. 10²⁷⁴ (deficiente cultivo) o el Decreto de 20 de marzo²⁷⁵ (utilidad social).

3º.- Ocupación temporal por el Instituto y cesión inmediata a la Sociedad de Campesinos "LA FRESA", que cuenta con 1.300 afiliados, con el fin de que cuanto antes procedan a preparar barbecho y arreglo de acequias y malecones y poder efectuar inmediatamente la siembra de patata y a su debido tiempo las siembras de otoño.

4º.- Formación del inventario valorado de cuantos ganados, enseres, etc. existen en la finca y fijación del canon de renta a satisfacer al propietario teniendo en cuenta el estado de la ganadería, edificios, aperos de labranza, etc.

5º.- Estudio del plan cultural y ganadero a seguir por la colectividad y régimen económico financiero.

---

273 Se refiere al texto legal vigente sobre la reforma agraria en ese momento, esto es, el texto refundido de la Ley de Reforma Agraria del 9 de noviembre de 1935 (*Gaceta de Madrid*, nº 323, 19/11/1935). El artículo en cuestión dice: *Serán susceptibles de aplicación a la Reforma Agraria las tierras incluidas en los siguientes apartados: 1.º Las ofrecidas voluntariamente por sus dueños, siempre que su adquisición se considere de interés por el Instituto de Reforma Agraria.*

274 *Las incultas o manifiestamente mal cultivadas en toda aquella porción que, por su fertilidad y favorable situación, permitan un cultivo permanente con rendimiento económico superior al actual, cuando se acrediten tales circunstancias, por dictamen técnico reglamentario, previo informe de las Asociaciones agrícolas y de los Ayuntamientos del término donde radiquen las fincas.*

275 *Gaceta de Madrid*, nº 88, 28/3/1936. *El Instituto de Reforma Agraria, a propuesta de su Director y de acuerdo con lo que dispone el artículo 14 de la Ley de 9 de Noviembre de 1935, podrá declarar de utilidad social aquellas fincas que radiquen en un término municipal o se extiendan a los de varios Municipios en los que se den las siguientes características; gran concentración de la propiedad; censo campesino elevado en relación con el número de habitantes; reducida extensión del término en comparación con el censo campesino; predominio de cultivos extensivos. Tales fincas serán expropiadas.*

Todavía el perito Miralles debería hacer una ampliación a su informe del 28 de abril. Unos días después, el 4 de mayo, imaginamos que ya mejor informado de la situación global del término de Aranjuez, certificaba con su rúbrica pericial una información muy útil para entender los modos de explotación y tenencia de la tierra en suelo ribereño. De los informes locales recabados, constataba que existía en Aranjuez una gran concentración de la propiedad, propiedades de gran extensión que, sin embargo, no había podido identificar con un registro adecuado. Sumado a esta realidad, *existe también un elevado censo de campesinos*, poniendo como ejemplo el elevado número de afiliados a *La Fresa*, unos 1300 dice, situación idónea para que la medida legal que mejor encajaba para dar una solución al problema ribereño fuera el Decreto de 20 de marzo, relativo a la declaración de utilidad social para este tipo de casos.

Viendo que los informes de Miralles eran bastante completos, no solo a nivel descriptivo, sino que también parecían evitar a sus jefes el engorro de discutir la propuesta al proponer una solución más o menos bien argumentada. Los jefes de sección y servicio del IRA correspondientes aceptarían dicha propuesta para elevarla al Consejo ejecutivo del Instituto y, llegado el caso, se procediera a la preceptiva declaración de utilidad social de la finca de Villamejor. De manera correspondiente, el pleno de Consejo, el día 5 de mayo, estamparía su resolución con el sello "cúmplase" en el expediente. Así, la legalización de la ocupación se ponía en marcha en prácticamente dos semanas.

La pelota estaba en el tejado del propietario, Fermín Muguiro, que no se lo debió de pensar demasiado, puesto que dos días después, el día 7, emitía una declaración sellada y certificada por el IRA sobre su postura en el asunto. A la misma se sumaría Bautista Ortega Sánchez, vecino de Añover y aparcero del regadío mencionado a la postre. Llama poderosamente la atención el giro argumental y en la exposición de los hechos que plantea el propietario. Veamos:

Que teniendo noticia por habérselo solicitado directamente el Alcalde y Presidente de la Sociedad Obrera de Aranjuez y por haber sido recientemente visitada la finca por un técnico del Instituto de su digna dirección de los deseos del pueblo de que dicha propiedad sea ocupada temporalmente a fin de facilitar los asentamientos de campesinos que podrían solucionar el paro existente en el pueblo donde radica y en su ánimo de dar toda clase de facilidades para que lleve a cabo lo anteriormente dicho, ofrece en ocupación temporal dicha finca al Instituto de Reforma Agraria el propietario (...).[276]

Como vemos, la invasión del 20 de abril había desaparecido, quedando todo el asunto en la declaración de Muguiro como una cesión/ocupación temporal al IRA. De hecho, en ningún documento del expediente, a partir de este preciso momento, no habrá ni una sola mención a esos primeros pasos fuera de la ley que permitieron la declaración posterior de utilidad social y la consiguiente cesión temporal. En todo caso, el propietario sí parecía tener algunas reservas, que hizo constar, sobre el objeto de la cesión. Su ofrecimiento se refería a todo el secano explotado directamente y al regadío en aparcería, pero negaba la cesión de *la casa habitación, capilla, jardín, cuadras y parte de corral que en la actualidad ocupa el propietario para su vivienda y desahogo de la misma ni tampoco la casa de administración ni cantina.* Además, de manera explícita recalcaría que en el ofrecimiento se rechazaba la posibilidad de que pudieran surgir *reclamaciones de ninguna clase del personal actualmente ocupado en la finca si el Instituto de Reforma Agraria al darle la aplicación que estime pertinente prescindiese del mismo.*

Los movimientos burocráticos debieron ser frenéticos en todo el mes de mayo, especialmente para el perito agrícola Miralles. Evidentemente, si el IRA iba a ser el encargado de gestionar esta cesión temporal, debía hacerse cargo, en primer lugar del inventario de enseres, animales y materiales que la finca atesoraba. Para el 15 de mayo, Miralles ya tenía un documento provisional con el total de ganado caballar, mular, vacuno y lanar que Villamejor reunía en sus lindes. Un trabajo exhaustivo que incluía el número de cabezas, la edad de los ejemplares y el nombre de pila de cada uno de ellos, sumado al

---

276 AIRYDA, Ministerio de Agricultura, caja 29/2-Madrid, folios 253-254.

valor aproximado en pesetas de cada cabeza de ganado[277]. Unas pesquisas que servirían, junto a toda una serie de cálculos de gasto reunidos en su correspondiente informe técnico, para lanzar una *Plan provisional de explotación de la finca*[278]. Un plan en el que dejaba claro que con unos plazos tan ajustados debido a la urgencia de entregar las tierras a los obreros, la preparación de la temporada agrícola (siembra de patata, semillero y siembra de coles y judías) ya iba retrasada, y todavía la ocupación no se había legalizado. Por otro lado, puesto que ni se había hecho el inventario definitivo del valor del ganado y maquinaria que debía pasar al poder del Instituto, ni señalada la renta que éste debía satisfacer al propietario, *mal puede fijarse el régimen económico-financiero que debe regir para los nuevos ocupantes de la finca.* Por todo ello, Miralles aseguraba que una finca de estas dimensiones y posibilidades requeriría un estudio detallado imposible de llevar a cabo en los plazos que se iban liquidando desde los primeros días de mayo. Por lo que hechas las oportunas advertencias, procedía a plasmar su pliego de propuestas:

1º.- Que inmediatamente se den las órdenes oportunas para que, por el funcionario que se designe, en unión del propietario o representante legal de este, se proceda al levantamiento del acta de incautación, a la que se unirá el inventario valorado de cuantos ganados, plantas, semillas, maquinaria, etc. existen en la finca y deba adquirir el Instituto.

2º.- Que inmediatamente también, se proceda al levantamiento del acta de entrega de la finca y del citado inventario una vez aprobado por la Superioridad a la citada Sociedad de Campesinos de Aranjuez, a fin de que dado lo apremiante del tiempo, sin pérdida de momento se dé comienzo a las tareas de preparación y siembra de patatas.

---

277 Con fecha del 13 de junio, en una carpeta propia, el veterinario Teófilo de la Ossa, emite un informe con todo detalle sobre la valoración final de todo el ganado, completando el iniciado por el perito del IRA. AIRYDA, Ministerio de Agricultura, caja 29/2-Madrid, folios 247-280. Informe grapado que parece contener un error en la numeración de los folios pues pasa del folio 248 al 279. Suponemos que hubo una confusión entre los número manuscritos 4 y 7.

278 AIRYDA, Ministerio de Agricultura, caja 29/2-Madrid, folios 324-332.

3º.- Que se consignen en presupuesto las 137.900 ptas. para labores con el fin de poder de estas conforme estén estas ejecutadas.

4º.- Que por el personal técnico que la Superioridad designe se proceda a la formulación del plan cultural a seguir en la finca durante los años que haya de durar su ocupación.[279]

Dos días después, el Director del IRA, Adolfo Vázquez Husmasqué daba su visto bueno a la propuesta del perito, notificando que la declaración de utilidad social de Villamejor se había producido desde el 5 mayo y ordenaba *con toda urgencia la ocupación temporal de las tierras*[280]. Por lo que hecha la debida notificación oficial al perito, la Dirección del IRA emitía el 25 de mayo un informe con sus conclusiones a la vista del *Plan provisional* de Miralles. En resumidas cuentas, el Director del IRA ordenaba la concesión de Villamejor a *La Fresa*. Que en concepto de indemnización *por las labores realizadas y cosechas pendientes se conceda provisionalmente un crédito de 70.000 ptas. hasta que se haga la medición de las parcelas.* A este monto habría que sumarlo la concesión de sendos créditos para la implantación del asentamiento (16.000 ptas. para el sostenimiento del ganado de labor; 22.300 ptas. para el sostenimiento del personal fijo; 3.750 para el arreglo de acequias y malecones; para el pago de labores a realizar, 95.877 ptas; sumando un total de 137.927 pesetas). Unos anticipos que convenientemente serían reintegrados según las normas que aprobara el Instituto, al igual que la renta a satisfacer a favor del propietario. Y por último, que *pase el expediente a la Sección de Contabilidad y Administración para su remisión a la Intervención General de la Administración del Estado*[281]. Así, enviada copia al Ministerio de Agricultura y a Contabilidad, el día 1 de junio se aprobaba -previa autorización de la Intervención General el 29 de mayo[282]- un crédito

---

279 Con fecha del 16 de mayo de 1936. AIRYDA, Ministerio de Agricultura, caja 29/2-Madrid, folio 332.

280 AIRYDA, Ministerio de Agricultura, caja 29/2-Madrid, folio 333.

281 AIRYDA, Ministerio de Agricultura, caja 29/2-Madrid, folio 335.

282 AIRYDA, Ministerio de Agricultura, caja 29/2-Madrid, folio 318.

de 207.927 pesetas por parte del jefe del servicio, Fernando García Sánchez-Lucas, sin especificar el modo de reintegro salvo lo ya expresado por el Informe del Director del IRA.

Acto seguido, todavía quedaba por formalizar la entrega de la finca y legalización de la misma. Tal y como preceptuaba el perito Guillermo Miralles, el IRA debería nombrar un funcionario que organizara la transacción, tarea que sería encomendada a Felicísimo de Castro y Santos[283]. Éste, sin mucho tiempo que perder, convocaría a las partes implicadas para levantar el acta de entrega de Villamejor a *La Fresa*, compareciendo por un lado el representante del IRA mencionado y por otro los delegados sindicales de *La Fresa*. El acta, levantada a 8 de junio de 1936, es absolutamente crucial por la información que aporta respecto del sindicato protagonista de este estudio. En primer lugar, se nos informa de quienes forman la junta directiva de *La Fresa* en ese momento:
- Inocencio Martín, Presidente.
- Miguel García, Vicepresidente.
- Julio Díaz, Secretario.
- Antonio Martín López, Vicesecretario.
- Doroteo Alonso, Contador.
- Antonio Villalobos, Tesorero.
- Pablo Vidal, Vocal.
- Esteban García, Vocal.
- Ignacio Torres, Vocal.

Todos según resulta del acta de veintinueve de enero de mil novecientos treinta y seis de la Junta General celebrada por dicha Sociedad como aparece al folio catorce del libro de actas llevado por la misma y conforme al artículo 15 de los estatutos de mencionada Sociedad, que llevan fecha de trece de junio de mil novecientos veintinueve[284]. Por lo que según esta

---

283 Su expediente de incorporación al Ilustre Colegio de Abogados de Madrid el 21 de mayo de 1934, puede consultarse aquí:

https://patrimoniodocumental.icam.es/es/consulta/indice_campo.do?campo=idtitulo&posicion=881&letra=C

284 AIRYDA, Ministerio de Agricultura, caja 29/2-Madrid, folios 263 y 264.

información, ahora ya estaríamos en condiciones de poder afirmar que *La Fresa* tenía disponible su correspondiente libro de actas, un verdadero tesoro documental que hasta la fecha de publicación de este trabajo no ha aparecido. Y que además sus estatutos fueron aprobados un 13 de junio del año 1929[285], fecha que podemos fijar como el comienzo de establecimiento legal de la Sociedad de Obreros Agricultores.

Esta plana mayor del Sindicato procedería a exponer las circunstancias por las que iban a acceder a la cesión de Villamejor, finca propiedad de Fermín Muguiro y Beruete que había sido ocupada por el IRA (no invadida por sus militantes el 20 de abril) el 21 de mayo. Y que debido a su situación se procedía a la incautación reflejada en el acta en curso. Del mismo modo, se recogían las conclusiones que hemos citado expedidas por la Dirección del Instituto junto con el total de créditos aprobados, no quedando más asuntos que reflejar salvo proceder a la entrega *de la referida finca a la Sociedad de Obreros Agricultores "LA FRESA" domiciliada en la calle Abastos nº 42 de Aranjuez cuya sociedad representada por la Junta Directiva (…) recibe y acepta dicha entrega con sujeción al acuerdo de la Dirección antes descrito y a las disposiciones de Reforma Agraria aplicables.* Todo los demás enseres y aperos que se entreguen, continúa el acta, a *La Fresa* deberán ser inventariados y debidamente valorados previa autorización del IRA.

Los concurrentes, que de momento no habían presentado objeción alguna y mostrado su conformidad con lo levantado en el acta, parece que tenían ciertas inquietudes respecto de algunas edificaciones que no aparecían entregadas por el IRA: *Un caserón de 115x84 metros con casa palacio, capilla, graneros, pajares, almacenes, cuadras, boyerizas, vaquería, quesería, herrería, corrales, transformador de corriente y casas para dependencia; un jardín frente a la casa principal de 78 m. de fachada y 84 de fondo, cuya fachada y 25 m. de cada lateral tiene verja de hierro; un corral de 65x51m. con cuadras, pajar y casas para dependencia; una cuadra*

---

285 Como anotábamos al comienzo, los estatutos fueron editados en imprenta un 15 de junio.

de potros de 15x8m.; un aprisco de 41x18m.; una cocina de pastores de 10x9m.; una cuadra de 5x4,5m; una casa-cantina de 25x14 con tienda de comestibles, etc. horno y cuadra; una caseta en la era de 12x6m.; una casa-vivienda para dependencia de 12x8m.; un palomar de 25x25m.; una casa para guarda, en "El Valle" de 22x16m. con corral para ganado; una casa para guarda en "Las Velas" de 15x10m.; una casa, llamada "De Cabello", en la raya de "Valdepastores" de 16,5x4m.; cuatro casetas para albergar los cuatros grupos moto-bombas; una caseta-teléfono portátil en el apeadero del ferrocarril.

El acta quedaba prácticamente lista, estando conforme los presentes que sería el IRA el encargado de imponer las condiciones de ocupación, la duración e la misma, la renta a satisfacer por *La Fresa* y cualquier otro asunto. Llegaba el turno de las firmas por triplicado, los representantes de *La Fresa* expresaban un último punto antes de proceder. Viendo que el dueño había impuesto algunas limitaciones a la cesión, *La Fresa* estaría de acuerdo en aceptar *la reserva requerida por el propietario de la casa-palacio y corral de la misma con la cuadra pequeña que tiene contigua al corral y a la casa*. Pero, sin embargo, no aceptan que se excluya de la entrega *la casa llamada administración que actualmente habita el encargado, ni las habitaciones ocupadas por un criado de la casa y que tiene entrada por el corral de referencia, o sea frente a las cuadras antes citadas y que únicamente aceptan respecto a estas habitaciones que quede incomunicada la entrada a las mismas por el corral reservado al dueño abriendo a la entrada por el corral*. Con todo, todavía los representantes de *La Fresa* querían reflejar en el acta sus conformidades:

Igualmente aceptan la reserva a favor del dueño del jardín[286] cerrado frente a la casa. Igualmente acepta la Sociedad reservar a favor del arrendatario Tomás Cabello una parcela de tierra, la que lleva en arrendamiento, cuyos límites se fijarán en documento complementario a esta nota. Hace constar la Sociedad en cuanto a la capilla enclavada dentro de patio de graneros que no obstante su mala situación para el

---

286 En Paniagua Mazorra, 2005, existen planos y fotografías tomadas por el autor de algunas de estas emblemáticas construcciones (Casa principal, capilla y jardín).

*desenvolvimiento de la Sociedad y aplicación de los edificios que se le
entregan, no tiene inconveniente (la) expresada Sociedad en que se
permítala entrada del dueño y familiares y criados para las necesidades del
culto, sin perjuicio que el Instituto de Reforma Agraria acuerde lo que crea
conveniente.*

Punto y final y consiguiente reguero de firmas por triplicado para
cada una de las partes. Estaba hecho. *La Fresa* se había apuntado un
tanto realmente significativo, tanto para su consideración como
sindicato agrario, como para los intereses de una buena parte del
campesinado jornalero local. Y sin apenas demoras, al día siguiente ya
estaba convocada una Junta General Extraordinaria en la sede de *La
Fresa* para, entre otros asuntos, validar el acuerdo con el IRA. Del
acta[287] correspondiente ha llegado hasta nosotros una copia incluida
en el expediente que venimos describiendo, documento que,
nuevamente, da buena cuenta de una serie de cuestiones de enorme
importancia.

En primer lugar, se lee y aprueba el acta de la sesión anterior. A
continuación de hace la lectura de las Bases de Trabajo para la siega de
cereales y del azadón, dando un plazo de tres días a la patronal para
firmar el pacto colectivo para las primeras y emplazando a los
empresarios para la discusión de las segundas. Punto que se acuerda.
Deliberadamente dejamos sin comentar una parte de este punto de la
junta, asunto sobre el que volveremos en el último punto de este
trabajo. En tercer lugar, habiendo sido invitado a la asamblea por parte
del Sindicato, Felicísimo de Castro, notario del Instituto de Reforma
Agraria, hacía *saber el acuerdo de dicho Instituto que es, hacer entrega de la
finca de Villamejor a la Sociedad denominada "La Fresa" y hace saber a la
asamblea que el Instituto nos prestará su apoyo en trabajos técnicos,
organización, contabilidad y Administración.* Se procedió a la lectura del
acta levantada el día anterior, aprobando *la asamblea lo hecho por la
Junta Directiva y da un voto de confianza a la Junta Directiva para que
en nombre de la Sociedad resuelvan los problemas que se planteen en dicha*

---

287 AIRYDA, Ministerio de Agricultura, caja 29/2-Madrid, folios 258-259.

finca. Debiendo llamar nuestra atención el procedimiento llamado asambleario del sindicato, refrendando *a posteriori* una decisión ya tomada y llevada a cabo por la Junta Directiva y no al contrario, como sería preceptivo en una toma de decisiones horizontal y asamblearia.

El universo burocrático continuaba operando en las diversas instancias del IRA y los inventarios de material y ganado comenzaban a engordar el expediente de ocupación de Villamejor. Teófilo de la Ossa[288], terminada su valoración del ganado, reflejaba en su informe definitivo una cifra total de 242.974 pesetas. Del mismo modo, a los funcionarios del IRA, ya metidos en faena, les surgiría un problema que en ninguno de los documentos precedentes (acta de incautación por el IRA, acta de cesión por parte del propietario y acta de cesión a *La Fresa*) encontraron solución. Se trataba de la existencia en Villamejor de un apeadero y una vía apartadero establecidos por acuerdo del antiguo propietario y la compañía de ferrocarriles MZA. Al parecer, tal y como informa el Jefe de Servicio en un escrito fechado en el mes de junio (sin día), el acuerdo entre ambas partes reportaba *incalculables beneficios* al propietario a cambio de cumplir una serie de obligaciones mínimas:

- Pago anual por adelantado de 755 ptas. (188 ptas. por trimestre aproximadamente).

- Depósito de garantía de un mínimum de transporte de mercancías.

- Comprar al comienzo del año una cantidad mínima de billetes que elija cuyo valor sea por lo menos de 1.500 ptas., además de adquirir los que excedan de este monto y necesiten por cantidades no inferiores a 125 ptas.

- Verificar el pedido de vagones para transporte con una anticipación de 48 horas.

¿En qué situación quedaba este contrato una vez se había producido el traspaso y cese de explotación por parte de Muguiro?

---

288 Teófilo de la Ossa y Alcaraz, veterinario subinspector de segunda desde el 5 de septiembre de 1938 según el Diario Oficial del Ministerio del Ejército, n° 4, 8/1/1944. Suponemos que en el momento del golpe se sumaría a las fuerzas sublevadas contra el gobierno republicano.

Puesto que el contrato era a todas luces ventajoso a favor de la finca (especialmente desde el punto de vista del transporte de viajeros y mercancías), la cuestión estribaba en si el contrato lo asumiría el IRA o *La Fresa*, es decir, *si el traspaso debe hacerse a favor de la Sociedad "La Fresa" directamente o sería procedente que el Instituto fuera el concesionario de los derechos y obligaciones derivado del contrato aludido*. La propuesta que lanzaría en su informe el técnico del IRA contenía cuatro puntos al respecto. El primero refiere que se acepte el traspaso del contrato y que se haga directamente a favor del Instituto. El siguiente punto propone que *los pagos que haga el Instituto derivados de dicho contrato se carguen a La Compañía de modo análogo a las rentas que hayan de pagarse al propietario*. Del mismo modo, y en tercer lugar, que para formalizar el traspaso con el documento correspondiente, *se nombre un Delegado que en representación Ilmo. Sr. Director realice las gestiones necesarias*. Y por último, *que se reserven al propietario los derechos derivados de la cláusula adicional de 1.910 ptas. en cuanto a materiales de los discos y transmisiones y teléfono para el día de terminación o rescisión del contrato*.

Al cabo de unos días, todavía en el mes de junio, suponemos con toda la documentación encima de su escritorio, el ingeniero del IRA encargado de la valoración y estudio de toda la operación, emitiría su propuesta[289] definitiva. En cierto modo, dicho informe suponía el pistoletazo de salida de todo el proyecto que el IRA y *La Fresa* tenían entre manos. Como era evidente, lo primero era dar el visto bueno al ofrecimiento del dueño, Fermín Muguiro, al IRA para la ocupación de Villamejor, y a su vez, que se adjudicara *para su explotación colectiva a la Sociedad de obreros campesinos "La Fresa" de Aranjuez*. La tercera propuesta del ingeniero pasaba, una vez hechos los correspondientes cálculos[290], por establecer la indemnización por valor de 20.549,59 ptas. debida al dueño en concepto de cosechas pendientes, además de otras 242.974 ptas. del importe fijado por el valor de todo el ganado

---

289 Con fecha 22 de junio de 1936. AIRYDA, Ministerio de Agricultura, caja 29/2-Madrid, folios 323-324.

290 AIRYDA, Ministerio de Agricultura, caja 29/2-Madrid, folio 303.

inventariado por el veterinario. A estas dos indemnizaciones habría que sumarle, según el punto quinto de la propuesta, un crédito de 85.927,13 ptas. para pagar al dueño la venta de mobiliario mecánico, también inventariado y valorado. Por lo que estaríamos hablando de créditos por un valor total de 349.450,72 pesetas para indemnizar a Fermín Muguiro. En sexto lugar, el ingeniero también consigna las necesidades del asentamiento colectivo estableciendo un crédito de 8.433 ptas. Y por último, se debería designar un perito agrícola del Estado de la plantilla del IRA para que *con residencia fija en la finca Villamejor sea el encargado de dirigir y ordenar la explotación agrícola, hacerse cargo de la contabilidad y Caja y hacer el estudio técnico y económico necesario a las fincas de una racional explotación agropecuaria de la finca.*

A final de junio, el 29 para ser más exactos, todavía el Jefe de la Sección Agrícola del IRA, anotaría una ampliación de las cantidades provisionales anteriores. 6.000 pesetas más, reintegrables por *La Fresa*, para los gastos de traspaso del contrato de apeadero y apartadero y los gastos fijados derivados del mismo. Y que se concediera un crédito de 14.137,50 ptas. para los gastos que origine el suministro de energía eléctrica para los motores y alumbrado de la finca. Finalmente, primero el Interventor el 9 de julio[291] y, después, el 14 de julio, tanto el Director como la sección de contabilidad[292], autorizaban el crédito de 378.001,22 ptas. para la explotación de la finca. El 18 de julio, el expediente era enviado a la Asesoría del Ministerio de Agricultura[293], para finalmente en el mes de agosto el Jefe de la Sección notificase que el Ministro había aprobado el crédito consignado en los informes previos[294]. Todo quedaba arreglado con una sorprendente diligencia, especialmente si lo comparamos con las dinámicas eternas y frustrantes de Patrimonio en el caso de Sotomayor[295]. La ocupación de Villamejor había sido legalizada, la guerra había comenzado.

291 AIRYDA, Ministerio de Agricultura, caja 29/2-Madrid, folio 319.

292 AIRYDA, Ministerio de Agricultura, caja 29/2-Madrid, folio 324.

293 AIRYDA, Ministerio de Agricultura, caja 29/2-Madrid, folio 238.

294 AIRYDA, Ministerio de Agricultura, caja 29/2-Madrid, folio 237.

Prácticamente no tenemos noticias de lo que ocurriría en la finca de Villamejor los primeros meses de la guerra. Desde finales de 1936, tenemos algunas noticias de los trabajos de fortificación y defensa de este sector en la ribera del Tajo para frenar a las tropas sublevadas. Según la información alojada en el Archivo Militar de Ávila[296], para mediados de 1937 ya existía una línea de trincheras consolidadas desde la confluencia del Tajuña y el Jarama en Titulcia (Bayona) hasta las inmediaciones del Algodor, afluente del Tajo y próximo a la localidad de Villasequilla. La proximidad de un Toledo ya ocupado desde septiembre de 1936, convertía la colectividad de Villamejor en punto estratégico para la defensa del sector de Aranjuez, siempre amenazado por las tropas franquistas. Una situación que nos recuerda el caso, muy similar, de las colectividades anarquistas de Morata de Tajuña, especialmente desde febrero de 1937. Según se recoge en *Colectivismo en la provincia de Madrid*[297], la colectividad de Morata, al no poder acceder a una viña por la cercanía del frente, había llegado a un acuerdo con la guarnición militar: *que ellos traigan la uva de la finca y la Colectividad les proporcionará vino de lo que el fruto produzca*. Y aunque no tenemos noticia alguna sobre algo similar en Villamejor, el contexto parece tener claras analogías.

Determinados, por tanto, por el contexto bélico y al calor de los debates suscitados en el órgano de expresión del PCE local, *Combate*[298], en nombre de los obreros de Villamejor, Demetrio Rico dedicaba dos columnas a dar su opinión sobre diversos asuntos. *Nosotros seremos los primeros en dar ejemplo*, sentenciaba en sus primeras

---

295 Es evidente que la comparación de ambos entramados burocráticos requeriría de un estudio anejo ampliado, por lo que de momento tan solo nos interesaba hacer notar las diferencias en la ejecución y las perspectivas de ambos organismos del Estado republicano.

296 Archivo General Militar de Ávila (AGMAV), M. 1594,24. La localización de esta información ha sido gracias a la inestimable ayuda de José Antonio Martín (Pepe). También hay diversas menciones al sector de Aranjuez en Ruiz Alonso (2019) desde la página 381.

297 CDMH Biblioteca, sig. F-00230.

298 *Combate*, nº 7, 17/1/1937.

líneas. Ejemplo para los que se estaban olvidando que había una guerra en curso, camaradas que no estaban haciendo los debidos sacrificios. *¿A qué aguardan esos camaradas? ¿A qué esperan? Seguramente creerán que el triunfo se conseguirá por sí solo, pero no es así.* Para recordar, a continuación, las palabras de otro articulista del semanario animando al campesinado a producir más y mejor, *si para ello hay que desafiar la metralla fascista, hay que hacerlo sin temor a nada ni a nadie*[299]. El Partido Comunista mismo estaba hablando por boca de este autor, apelando al trabajo duro en la retaguardia del agro para conquistar la victoria. Nada de darse paseos y andar sumergidos en discusiones bizantinas. Producir, producir y producir era la única consigna válida en semejantes circunstancias. *Nosotros los campesinos de Villamejor decimos: Sin miedo a la aviación y a la metralla fascista trabajamos sin descanso, sin exigir jornada de trabajo, para que la cosecha que se ha de producir este año sea aumentada con relación a las anteriores, en que la cosecha iba a parar a manos del capitalismo.*

El mensaje no podía ser más claro. Desde la colectividad de campesinos el mensaje contra la tibieza y la dejadez era demoledor. *Aprendan de nosotros los pusilánimes*, sentenciaba Demetrio Rico. Porque tarde o temprano, cuando finalizara la guerra, habrán de rendir cuentas de sus acciones, *¿qué hicisteis vosotros en beneficio de la guerra? Seguramente no tendrán palabras con qué responder, y si responden solamente podrán decir que no hicieron nada por miedo. Entonces les contestaremos nosotros: no sois dignos de estar a nuestro lado, aquí solamente queremos hombres que hayan producido para ella sin temor a nada ni a nadie.* Transparente. O con nosotros según nuestras normas, o contra nosotros pagándolo muy caro.

---

299 En negrita en el original.

Villamejor. De utilidad social a ejemplo de la contrarreforma franquista

> *No se puede aparecer de morro ante los fenómenos del tiempo sin sufrir menoscabo.*
> **El Hombre Sin Atributos.** Robert Musil

> *Los sueños no son sueños, son largas metas sin final, una carrera que a muerte tiene un precio que pagar.*
> **El Corazón del Sapo**

Después del golpe de Estado, la mayoría de las instituciones y programas de gobierno republicanos quedaron en un *impasse*. Contener el pronunciamiento en el plano militar ya era una realidad apremiante y, gracias a la movilización popular y de una parte de las fuerzas armadas republicanas que pararon en las calles y cuarteles a los militares sublevados, lo que en un principio debía ser una operación corta y contundente se convirtió en una guerra de frentes clásica. En Aranjuez no triunfó la militarada y las formas de gobierno municipal tuvieron que rehacerse para afrontar la nueva situación[300]. También, el Estado republicano tuvo que lanzarse a rehacer la estructura del Gobierno y tomar medidas de urgencia para contener la ofensiva de las fuerzas reaccionarias.

El 7 de octubre de 1936, el presidente Manuel Azaña firmaba un decreto redactado por el ministro Vicente Uribe, en el que el Estado republicano era tajante a la hora de entender la situación en la que quedaban los sublevados después de su manifiesta ilegalidad y muy especialmente la de sus propiedades agrarias. Era *indispensable para*

---

300 Un trabajo que, sin embargo, está por hacerse.

asegurar la existencia de España como país libre e independiente, privarles de una fuerza que en sus manos tiene tan censurable empleo. Un texto que, en resumidas cuentas, decretaba lo siguiente:

Se acuerda la expropiación sin indemnización y a favor del Estado de las fincas rústicas, cualesquiera que sea su extensión y aprovechamiento, pertenecientes en 18 de Julio de 1936 a las personas naturales o sus cónyuges y a las jurídicas que hayan intervenido de manera directa o indirecta en el movimiento insurreccional contra la república.[301]

Para llevar a cabo tal cometido, se procedía a la formación en cada localidad de Juntas Calificadoras compuestas por *el Ayuntamiento, el Comité del Frente Popular y una representación de cada una de las organizaciones sindicales de obreros del campo y agrupaciones de pequeños cultivadores y colonos, legalmente constituidos.* Su cometido consistía en recabar información relativa a los propietarios que habían colaborado o lo estaban haciendo con los sublevados, con el fin elaborar un listado de nombres que sería enviado a una Junta provincial, encargada de dar cuenta al Ministerio para que procediera a publicar dicha lista en la *Gaceta de Madrid.* Además, los artículos del decreto fijaban, por un lado, el objeto de expropiación, es decir, el tipo de fincas rústicas sujetas a una posible incautación, y por otro, los beneficiarios en el reparto de dichas fincas: braceros y campesinos del término municipal, pequeños cultivadores, todo combatiente encuadrado en las milicias populares o unidades de voluntarios del ejército que esté clasificado en el Ayuntamiento de su vecindad como bracero del campo o pequeño arrendatario o propietario y, según advierte el decreto, *cuando los beneficiados por esta disposición pertenezcan a una organización sindical de carácter agrario, o deseen constituirla, podrán reunir sus lotes para formar una explotación colectiva.* Del mismo modo, se señala que el capital fijo de cada finca incautada no podría desvincularse de la misma dejando, por otro lado, al IRA la función de enlace y tutela para sacar adelante las concesiones dictaminadas.

Por lo visto, el nombre de Fermín Muguiro Beruete, propietario de la finca de Villamejor, empezó a circular por los papeles de la Junta

---

301 Artículo 1º. *Gaceta de Madrid,* nº 282, 8 de octubre de 1936.

Municipal Calificadora de Aranjuez. Aunque localizar el expediente de la Junta en el archivo que por naturaleza debiera custodiarlo, es decir, el Archivo Municipal de Aranjuez, ha sido imposible, se ha conservado una copia del expediente[302] de expropiación en el CDMH de Salamanca. Dicho documento, que consta de un total de 5 folios, comienza con una portada encabeza con el rótulo del productor: *Ministerio de Agricultura. Secretaría. Servicio de expropiación de fincas rústicas sin indemnización.* Para, a continuación, indicar los datos del sujeto sometido al expediente: *apellidos, nombre, pueblo, provincia, recurso en alzada, resolución del recurso y fecha*, estos tres últimos apartados en blanco.

A continuación, el expediente incluye el dictamen de la Junta Municipal Calificadora de Aranjuez. El documento, elaborado con un formato de imprenta, válido para cualquier Junta Municipal, contiene los datos del propietario y el término municipal al que pertenece su finca. Además, se establecen un total de cinco cuestiones que, como veremos, se resuelven sin muchos rodeos. Al apartado, *Exprésese si el sistema de explotación seguido en las fincas durante los últimos años era el racional*, la respuesta de la Junta es *NO*. Al siguiente punto, *Indíquese si cumplía las bases de trabajo legisladas para la Agricultura y, en caso contrario, concrétese algunos datos*, la respuesta es *NUNCA*. Cuando pregunta, *Dígase si la cultiva directamente o en arrendamiento*, la respuesta es *Con trabajadores exclavizados* (sic). En el siguiente apartado, *Exprésese cuáles fueron sus primeras actividades en los primeros días del movimiento insurreccional contra la República*, se señala *Hacer armas contra la misma*. Y por último, a la pregunta *Descríbase su actitud con respecto al movimiento insurreccional contra la República hasta la fecha*, figura un *MUERTO*[303].

---

302 CDMH PS_MAD 1031/65

303 Sabemos que este punto no es cierto. Fermín Muguiro, como veremos a continuación, todavía tenía intereses muy vivos en Villamejor en 1940. De hecho, hemos localizado su esquela funeraria anunciando su muerte el 17 de noviembre de 1945, publicada en el diario *ABC* del 18/11/1945, p. 48.

Unas pesquisas que llevaron a la Junta de Aranjuez[304] a llegar a un acuerdo por unanimidad, puesto que no aparece en una hoja aneja ningún voto particular para no incluir en el listado de la Junta Provincial a Fermín Muguiro Beruete. Junto al informe, emitido un 15 de marzo de 1938, figuran las firmas manuscritas de los miembros de la Junta, de las que hemos identificado las de Francisco Esteban (fusilado en Aranjuez el 26/10/1939), Juan Ruiz, Nemesio Casado (fusilado en Aranjuez el 16/11/1939), Eugenio Arminio (fusilado en Aranjuez el 3/7/1941), Mercenario Bernardino (fusilado en Alcalá de Henares el 13/11/1939), R. Iglesias, Galindo, y creemos que la última firma pertenece a Montoliú. Nombres de destacados militantes del movimiento obrero ribereño.

Finalmente, el expediente de expropiación incluye la propuesta de la Junta Provincial Calificadora de Madrid, fechada un 26 de marzo de 1938, resolviendo que se acuerda *aprobar la declaración de faccioso hecha al propietario Fermín Muguiro Beruete de Aranjuez, por la Junta Local Calificadora de dicha localidad por no cumplir las Bases de Trabajo y hacer armas contra la República*. De manera definitiva, el 14 de abril el Jefe de Servicio, estampando sello desde Barcelona, daba su conformidad. A partir de este momento, no sabemos en qué situación administrativa concreta quedó la finca de Villamejor, aunque sospechamos que varios de los miembros de la Junta Local eran trabajadores o compañeros militantes de los mismos de la citada finca. Sí tenemos noticia de quienes fueron las personas que después figurarían como responsables de la explotación. Como veremos a continuación, en el momento de la incautación de cuentas bancarias, pertenecientes a las sociedades obreras y organizaciones izquierdistas, por parte del Estado franquista, quienes figuran como titulares de la cuenta correspondiente a la colectividad de Villamejor son Eusebio Verdugo y Antonio Arquero, responsables mancomunados de la Colectividad[305].

---

304 Desconocemos los procedimientos y mecanismos de formación de esta Junta o los intereses de sus miembros.

305 Archivo del Ministerio de Trabajo y Economía Social (AMTyES), Archivo central, sig. 199.872.

Evidentemente, en ninguno de los papeles de la Junta Calificadora se hacía referencia al contrato de cesión al IRA de la finca de Villamejor por parte de Muguiro, ni de que ya fuera una explotación colectiva en manos de *La Fresa*. Algo que, por otro lado, no debe sorprender si, en algún momento, Fermín Muguiro comenzó a ser sospechoso de apoyar a los sublevados. Una noticia así rápidamente llegaría a todos los rincones de Aranjuez y a la mayor brevedad se hubieran tomado las medidas oportunas. Así parece que debió suceder. En 1938, con la situación tan delicada en el frente (Barcelona y Almería, por ejemplo, estaban siendo bombardeadas duramente), que se hubiera tergiversado o mentido en un acta de incautación, probablemente para la mayoría de vecinos y vecinas de Aranjuez sería el menor de sus problemas.

Todo terminó a finales de marzo de 1939. Aranjuez sufría la ocupación de las tropas golpistas, poniendo fin a todo el marco institucional republicano y, por supuesto, a todos y cada uno de los proyectos insertos en el seno del reformismo agrario y sindical. Como ya defendimos en otro trabajo, el franquismo se empleó a fondo en Aranjuez, desde la óptica de la represión desatada[306] y el elevado número de fusilados[307] (vecinos y vecinas de Aranjuez) y por la puesta en práctica de una serie de políticas destinadas a barrer del mapa, y de la historia, cualquier rastro asociado a los años republicanos. Era de esperar, teniendo en cuenta que Aranjuez era un auténtico epicentro, no solo de la retaguardia, sino también de la militancia obrera como venimos describiendo.

Uno de los principales instrumentos del embrionario Estado franquista, ya desde los primero meses del golpe, para la ofensiva contrarrevolucionaria en el campo (en las provincias de Toledo y

---

306 Rodríguez, 2016. Además, Aranjuez después de la guerra se había convertido en la sede de la Auditoría de Guerra de la región, centralizando buena parte de las labores de la quita columna y del Servicio de Inteligencia y Policía Militar (SIMP). *Vid.* Gómez Bravo, 2017.

307 Una lista provisional puede consultarse aquí:

https://15mpedia.org/wiki/Aranjuez#Personas

Madrid) fue la creación, mediante Orden ministerial[308], de la Junta Provincial Administradora de Bienes Ausentes. El organismo, muy centrado en los territorios ocupados de la provincia de Toledo, estaba presidido por el gobernador civil, que junto con un tesorero, generalmente notario o magistrado de la Audiencia provincial, y un secretario (abogado del Estado franquista), organizaban la incautación y puesta en explotación de aquellas fincas que habían sido abandonadas en el trascurso de los combates, o consecuencia directa de la represión, especialmente por organizaciones obreras o individuos de la izquierda.

Pero sin duda, uno de los textos legales que hicieron de eje vertebrador de la política agraria franquista, verdadero instrumento de la ofensiva material contrarrevolucionaria, fue la Ley, del 3 de mayo de 1938, para la creación del Servicio de Recuperación Agrícola, Económica y Social de la Tierra[309]. La propia ley menciona, como antecedente y ejemplo de recuperación de la ruina en que la zona roja había dejado a la agricultura (usos retóricos típicos), a la Junta Provincial Administradora, pero no siendo suficiente a la luz de la *gran extensión de recientes conquistas*, el objeto de dicho texto legal era *poner en cultivo, con la mayor rapidez posible las zonas liberadas, recoger todos los productos agrícolas, cosechas pendientes y elementos de producción que se encuentren abandonados en dichas zonas al ser conquistadas por nuestras tropas, así como los que se hallaren en graneros o depósitos colectivizados y administrar las fincas e industrias agrícolas anejas de dichos territorios cuyos propietarios hubiesen desparecido.*

El Servicio de Recuperación Agrícola obedecía a una jerarquía administrativa que dependía del Ministerio de Agricultura, además se integraba dentro de una Sección Central, con sus correspondientes Jefaturas Provinciales, y en el nivel inferior, que hacía funcionar todo el entramado burocrático, se encontraban las denominadas Comisiones

---

308 *BOE*, nº 201, 9 de mayo de 1937.

309 Publicada en el *Boletín Oficial de la Provincia de Madrid*, nº196, el 6 de mayo de 1939.

Depositarias municipales. Según la *Memoria*[310] publicada una vez el Servicio se había extinguido por ley en diciembre de 1940, se habían constituido 2.548 Comisiones Depositarias (151 en la Provincia de Madrid) dentro de un total de 23 Jefaturas Provinciales. Éstas debían rendir cuentas la Sección Central del Servicio, que junto con el Instituto Nacional de Colonización y la Liquidación del Servicio de Reforma Agraria, constituían la Dirección General de Colonización dependiente del Ministerio. ¿Quiénes formaban las mencionadas Comisiones? Según la ley de su constitución, deberían estar integradas por el Alcalde como Presidente, un secretario que podría ser el del Ayuntamiento, y los vocales, un representante del Partido FET de las JONS (sumando dos falangistas, puesto que el Alcalde generalmente tenía que ser afiliado), un agricultor (suponemos que propietario) y un práctico del campo, ambos nombrados por el Ayuntamiento[311].

Al haber sido imposible localizar la documentación de la Comisión en los fondos del Archivo Municipal de Aranjuez[312], la información disponible es, tristemente, insuficiente si queremos conocer el funcionamiento de este Servicio. Según la *Memoria*[313], el 28 de marzo de 1939 figura como la fecha de creación de la Jefatura de Madrid, con un total de 151 términos municipales, Aranjuez entre ellos. Por lo que al menos podemos certificar la existencia de este organismo operando

---

310 *Memoria sobre la gestión realizada por este servicio desde su creación en mayo de 1938 hasta su extinción en diciembre de 1940*, publicada por la Dirección General de Colonización del Ministerio de Agricultura. La *Memoria* desarrolla toda la actividad del Servicio en un total de ocho capítulos con los antecedentes, la legislación, principales actuaciones, la organización del servicio, un balance de liquidación, resumen de la gestión administrativa, los daños originados durante la guerra y un capítulo voluminoso de 16 anejos.

https://www.mapa.gob.es/ministerio/pags/biblioteca/fondo/31532.htm

311 En la *Memoria*, p. 57.

312 Otro de los grandes agujeros documentales de este Archivo. Un ejemplo para conocer la constitución municipal de estas Comisiones Depositarias lo tenemos en el Archivo Histórico de Arganda del Rey, acta del pleno del 13 de abril de 1939.

313 *Memoria*, anexo 2, p. 146.

en suelo ribereño[314]. Además, dentro de las competencias de las Comisiones, entre las que se encontraban la incautación de maquinaria, aperos, ganado y fincas, la *Memoria* informa de algunas de estas actividades en Aranjuez. Se trata de la información recogida en el Anejo nº 10, *Auxilio a Zonas Devastadas*, en la que se incluye a Aranjuez[315] en la lista de municipios en los que se ha incautado *Ganado de trabajo adquirido por el Servicio con cargo a "Propiedad Desconocida" y entregado gratuitamente a los agricultores damnificados".* Según la tabla sin desglosar, hubo un total de 261 beneficiarios en toda la provincia de Madrid y 343 caballerías entregadas, sumando un importe total de las adquisiciones por valor de 942.200,00 pesetas. Ninguna otra noticia sobre Aranjuez se nos ofrece en la *Memoria*.

Sin embargo, como comentábamos anteriormente, Fermín Muguiro no estaba muerto, ni mucho menos. Al calor de las medidas de incautación decretadas por el Estado salido del Golpe, muchos propietarios se habían beneficiado de las mismas. El antaño dueño de Villamejor también hizo lo propio. De sus movimientos para recuperar la finca, tenemos una mención en el *Boletín Oficial de la Provincia de Madrid*[316], una nota publicada por D. Lino-Vicente de Torres y Ayala, abogado, Notario del Ilustre Colegio de Madrid, con residencia en Aranjuez, distrito de Chinchón, en la que daba fe de lo siguiente:

Que bajo el número ciento cincuenta y ocho de orden del protocolo general de los instrumentos autorizados en esta Notaría durante el presente año, y fecha seis de septiembre actual, se encuentra un acta levantada a requerimiento de don Fermín Muguiro Berruete (sic), Conde de Muguiro,

---

314 También figuran casi todos los municipios de la comarca de Las Vegas: Belmonte de Tajo, Brea de Tajo, Colmenar de Oreja, Chinchón, Estremera, Fuentidueña, Morata de Tajuña, Perales de Tajuña, Tielmes, Valdelaguna, Valdilecha, Villaconejos, Villarejo de Salvanés.

315 En la lista se incluyen: Alcorcón, Aravaca, Arganda, Boadilla del Monte, Brunete, Ciempozuelos, Fuenlabrada, Getafe, Majadahonda, Navalagamella, Pozuelo de Alarcón, Quijorna, Las Rozas, Vaciamadrid, San Martín de la Vega, Titulcia, Valdemorillo, Villanueva de la Cañada, Villanueva del Pardillo, Villaverde.

316 *BOPM*, nº 215, del 7 de septiembre de 1940.

como dueño de la finca denominada Villamejor, sita en este término municipal, cuya finca fue incautada por el Instituto de Reforma Agraria, el cual se la entregó para su explotación a la Sociedad de Agricultores "La Fresa" de esta localidad, haciéndose cargo posteriormente de dicha finca don Eusebio Verdugo y don Antonio Arquero, mancomunadamente, como representantes de la Colectividad explotada, cuyo despojo e incautación asciende a cuatrocientas mil pesetas aproximadamente, según manifiesta el requiriente, y que, por tanto, estima el señor Conde de Muguiro que las cantidades que figuran en la cuenta "Don Eusebio Verdugo y don Antonio Arquero", como representantes de la Colectividad de la finca Villamejor, corresponden íntegramente al señor requiriente, en compensación del despojo.

Al tratarse de un protocolo notarial que, por su fecha de creación (inferior a los cien años), quedaba fuera del Archivo histórico y, por lo tanto, no era accesible su consulta, gracias a la inestimable ayuda de la Asociación Cultural La Casa Negra se hizo una solicitud por escrito, como parte interesada en el mencionado protocolo, a la Unión local de la UGT de Aranjuez para que colaborara en el rescate de esta documentación tan valiosa. Lamentablemente, el mencionado sindicato local no ha contestado a la petición de ayuda, ni siquiera para notificar su desconocimiento, falta de voluntad o cualesquiera impedimentos pudieran tener para no colaborar en una investigación sobre la historia de su sindicato. Aun así, parte de la información referida ante notario, especialmente sobre la titularidad de la cuenta de Villamejor y las cantidades consignadas, la hemos podido confirmar con los informes enviados desde el Juzgado Delegado de Incautaciones de Madrid a la Jefatura Superior Administrativa de Responsabilidades Políticas.

En primer lugar, en las pesquisas practicadas por el Juzgado se certifica que la Junta administrativa de la Casa del Pueblo de Aranjuez (60,08 ptas.), los Sindicatos de Artes Blancas (857,88 ptas.), el Sindicato de Industria Hotelera, Cafetera y Anexos (11,64 ptas.) y la Sociedad de Agricultores "La Fresa" (7.088,76 ptas.) tienen sendas cuentas alojadas en el Banco de Vizcaya, además del informe de saldo correspondiente que hemos anotado en una *Relación de los saldos ingresados en la cuenta especial de responsabilidades políticas, procedentes de sindicatos del llamado Frente Popular y cuyo ingresos corresponde a la carta de pago nº 132*[317]. El propio Banco, el 21 de agosto de 1938, por requerimiento judicial, comenzaba a enviar los correspondientes informes y extractos de los *bienes existentes en este Banco y sus Agencias y Sucursales de Zona, a nombre de entidades marxistas*. De resultas, la sucursal de Aranjuez informaba de todas las cuentas que cumplían con el requerimiento, consignando que la Sociedad de Agricultores "La Fresa" disponía de un saldo libre de 7.461,85 ptas. y de uno bloqueado con 13.166,84 ptas. Del mismo modo, Eusebio Verdugo y Antonio Arquero, de la Colectividad de Villamejor, disponían de un saldo bloqueado de 100.012,69 ptas.

¿Por qué Fermín Muguiro declaró que la cuenta de los responsables de Villamejor disponía de aproximadamente cuatrocientas mil pesetas?, ¿de qué cuenta hablaba? Es evidente que no podía ser la que, según el Banco de Vizcaya, figuraban Verdugo y Arquero, que solo asciende a cien mil, una cifra ya de por sí muy abultada si la comparamos con el resto de incautaciones en Aranjuez[318]. Como es evidente, Muguiro intentaba barrer para casa al calor de la euforia contrarreformista desatada por la Dictadura. Probablemente intentara inflar la indemnización solicitada, punto que no podemos dilucidar al desconocer si acudió a algún tipo de peritaje. Lo que sí parece olvidar el conde de Muguiro es que, ya desde el mes de julio de 1936, se había aprobado el pago de 349.450,72 pesetas en concepto de indemnización por ganado, materiales y rentas que dejaba de percibir con el ofrecimiento que hace al IRA. Surge en este punto otro interrogante. ¿Desde el mismo día del golpe, el 18 de julio, Muguiro ya fue considerado faccioso y jamás fue indemnizado?, ¿por qué se

---

317 AMTyES, Archivo Central 199.872.

318 Solo se anotan saldos superiores en el caso de la Colectividad de La Flamenca (153.491,40 ptas.), Consejo Central de Administración de Fincas Rústicas (167.510,93 ptas.), Cooperativa Agrícola de Trabajo y Producción de la finca "Las Infantas" (146.664,74 ptas.) y el Servicio Provincial de Reforma Agraria de Toledo (114.676,33 ptas.)

levantó el acta de incautación dos años después?, ¿acaso no se podría haber expropiado la finca por desafecto desde el mismo momento que se aprobó el Decreto de expropiación del 7 de octubre de 1936? Todo parece indicar que la cifra reclamada ante notario pudiera hacer referencia al total que debía habérsele indemnizado. Si lo hubo cobrado o no en 1936, no lo sabemos. Como tampoco sabemos cómo se resolvió su expediente y reclamación. Suponemos que favorablemente para Muguiro, a la luz de otros casos mejor conocidos en el término de Aranjuez[319].

No puede perderse de vista lo que realmente significaron todas las medidas franquistas llevadas a cabo en el campo. Aunque el discurso oficial reproducía lo que Eduardo Sevilla-Guzmán denominó la *ideología de la Soberanía del Campesinado*[320], un discurso de amplias raíces fascistas que buscaría la esencia –su reserva espiritual- de la nación española en el agro, la realidad histórica ha demostrado hasta la fecha que la Dictadura puso mucho de su parte para que ningún propietario o empresario, especialmente los grandes, perdieran ni un solo céntimo[321]. Incluso, como nos recuerda Gutiérrez Molina, algunas de las conquistas empresariales de las colectividades agrarias fueron capitalizadas por la Dictadura en beneficio propio o para el de sus grupos sociales afines[322]. *Un análisis del origen histórico del franquismo, de los grupos sociales en que Franco se apoyó en las tareas de gobierno y de la misma política que desarrolló, pone de manifiesto que esta dictadura personalista poseía en realidad una dimensión de clase al estar claramente al servicio de determinados sectores sociales vinculados a intereses económicos muy concretos, con la clara exclusión de cualquier posición relevante de poder de otros posibles grupos competidores; se trata, pues, de un sistema político*

---

319 Nos referimos al caso de la adquisición del Real Cortijo de San Isidro por parte del Instituto Nacional de Colonización. Para conocer los detalles, *vid.* Rodríguez, 2016.

320 Sevilla-Guzmán, 1979, p. 159.

321 Barciela, 1996; Rodríguez, 2016; Tebar, 2006, Ortega, 2007.

322 Gutiérrez Molina, 2020.

basado en la dominación de clase[323]. El estudio de todos los frentes que la Dictadura desplegó en Aranjuez para liquidar la herencia del movimiento obrero, debería ser una prioridad de las futuras investigaciones si realmente queremos tener una imagen lo más aproximada posible del objeto de este estudio.

---

323 Sevilla-Guzmán, Pérez Yruela, Giner, 1978, p 119.

Reflexiones finales en torno a la historia agraria contemporánea en Aranjuez

Llegados a este punto, se hace del todo necesario anotar algunas conclusiones a la vista de los materiales presentados, al igual que no queremos dejar pasar la ocasión para aportar ciertas hipótesis y líneas de investigación que parecen oportunas de cara a próximos trabajos sobre la cuestión agraria en Aranjuez y la comarca de Las Vegas.

Dos aspectos centran nuestras conclusiones y propuestas. Por un lado, retomar la senda de los debates historiográficos en torno a la propiedad de la tierra y los modelos de explotación de la misma desde una base empírica en términos de historia local. Abordar cuáles fueron las aspiraciones del campesinado local, desde el pequeño propietario hasta el jornalero pasando por un diverso elenco de formas de colonato y arrendamientos, especialmente enfocado desde la óptica del sindicalismo socialista. Y plantear algunos enfoques respecto de sus logros o retrocesos.

Y por otro lado, encuadrar el sindicalismo ribereño en general y el socialista en particular, en un contexto específico de su desarrollo, cénit de su actividad y apogeo de su militancia, así como presentar algunas líneas de discusión convenientes para una comparativa de modelos sindicales antagónicos como lo fueron la UGT y la CNT durante los años republicanos. Siendo conscientes de las limitaciones que nos hemos impuesto en este estudio, quedaríamos emplazados, en el corto plazo, a la elaboración de un boceto o semblanza de la aparición del anarcosindicalismo y la CNT en Aranjuez desde los años 30, para así disponer de una panorámica más completa de las actividades sindicales del proletariado ribereño durante este periodo. Sin olvidarnos, claro está, de proponer ciertas hipótesis de trabajo sobre el surgimiento y consolidación de otra fuerza obrera en el panorama local, claramente conectado con la UGT, el Partido Comunista.

Propiedad de la tierra y trabajo en el campo. Una aproximación preliminar

Quien no arriesga, no gana.
Terra Cremada

Desde la óptica productivista, Aranjuez y su comarca son una auténtica excepción en todo su medio circundante. La abundancia de tierra fértil, con unos sistemas de regadío ya consolidados y bien abastecidos por la confluencia del Tajo y el Jarama, ya fue advertida, como razón de Estado, desde tiempos de Felipe II. Y sin embargo, los modelos de propiedad de la tierra históricos, desde el patrimonial de la corona hasta las grandes fincas que hemos mencionado a lo largo de este estudio, parece que han contribuido a generar una serie de recurrentes ciclos de crisis de subsistencia que, ante semejante apariencia de abundancia, marcaron las vidas de su población a lo largo de la historia[324]. Evidentemente, el desarrollo de una economía agraria determinada por las necesidades de la monarquía primero y de las leyes del mercado después, con todo lo que esto significa, hacían del todo imposible la consolidación de un modelo tendente a la soberanía alimentaria, es decir, a la puesta en práctica de unas relaciones sociales aseguradas por la autonomía material. Naturalmente, las posibilidades en esta dirección que se desplegaban en el día a día, no eran ajenas a la clase trabajadora ribereña. Parece, por tanto, oportuno enfocar nuestro estudio desde este punto de vista. En su momento, ya propusimos algunas hipótesis que iban en esta dirección, al tratar el tema de los detractores de la propiedad en el contexto de las Ordenanzas rubricadas por Felipe V[325]. Si más allá de las lindes del Real Sitio se

---

324 Recordemos cómo todavía a comienzos de 1936, una reivindicación social llevada al pleno municipal era la bajada del precio del pan, a pesar de ser un año de buenas cosechas.

325 Rodríguez, 2019.

encontraba el paraíso terrenal, la abundancia en forma de leña, caza, pesca, y cualquier expresión del espigueo, para los y las moradoras de aquella frontera *sui generis*, era cuestión de vida o muerte entender la propiedad de la tierra de otro modo. Probablemente, cuando en muchos de los discursos del sindicalismo socialista se hablaba del progreso del campesinado, no parece que se refirieran a las ensoñaciones de convertirse en burgueses, sino sencillamente a superar una forma histórica de hambre crónico.

Dicho lo cual y parafraseando las palabras de Rosa Congost, resulta obligado el hacerse la siguiente pregunta: *la propiedad ¿para qué?*[326] A la luz de los resultados preliminares de esta investigación, no parece que la lucha por la propiedad de la tierra, ya fuera según la forma de arrendamiento colectivo o individual, de ensayo agrícola o para la utilidad social, estuviera destinada a la consecución de un programa socialista revolucionario. Muy al contrario, tenemos la impresión de contemplar una y otra vez una serie de embates dirigidos a consolidar viejos anhelos del campesinado ribereño respecto de la propiedad. Una lucha que si bien no tiene objetivos cerrados ni rígidos, su razón de ser histórica, su principal móvil podríamos decir, prácticamente no variaría a los largo del tiempo: alcanzar la propiedad de los medios de vida.

Esto es esencial para comprender las dinámicas históricas no solo del campesinado ribereño, sino también de su facción militante y sindicalista, pero además, vuelve a plantear con fuerza la cuestión sobre el tipo de propiedad de esos medios de vida que se estaba reivindicando. Cuando afirmamos que el sindicalismo socialista local jamás planteó programa revolucionario alguno, lo hacemos sin perder de vista el horizonte de sus acciones y, por qué no, el de sus conquistas. Como hemos visto más arriba, lo que oficial e institucionalmente se denominó explotación colectiva de la finca de Sotomayor no fue más que un proyecto dirigido -y liquidado- desde arriba sin apenas participación directa de sus trabajadores. La comparación con las

---

326 Congost, 2007, p. 59.

pautas de colectivización anarquista, modelo autogestionario, asambleario y revolucionario[327], parece antojarse innecesario viendo el abismo que existe entre ambas posiciones. El ejemplo de Villamejor, en un momento proclive a la deriva revolucionaria como fue el año 1936, tampoco nos acerca, más allá de sus primeros pasos fuera de la legalidad vigente, a un modelo clásico orientado a la consecución de la revolución social.

¿Fueron exclusivamente estas las aspiraciones del campesinado local en general y del sindicato *La Fresa* en particular? Por un lado, al estar determinados por un importante vacío documental respecto de la organización mencionada, especialmente en lo relativo a los procesos de toma de decisiones en primera persona a través de sus actas, escritos y debates, tenemos que reconocer nuestras limitaciones y la más absoluta precariedad a la hora de dar una respuesta clara a esta cuestión. Sin embargo, que no hubiera una razón programática clara enfocada desde la óptica revolucionaria, no significa que la lucha por la propiedad de la tierra en Aranjuez no hubiera adquirido, a lo largo de los años, unos rasgos singulares en el contexto del conflicto social o de la lucha de clases. ¿Acaso hemos de recordar el punto de partida de este campesinado local respecto de su entorno inmediato, respecto de una particular realidad indisoluble de la historia patrimonial de la monarquía? Visto con la debida perspectiva, que una mayoría de jornaleros y obreras del campo, que todavía a finales del siglo XIX abarrotaban las listas de la beneficencia local, hubieran abierto brecha en los ciclópeos muros de la propiedad de la tierra en Aranjuez y, llegado el caso, pudieran acceder al control de sus medios de vida a base de tesón y coraje, no es algo que debamos ni obviar, ni tan siquiera enmendar como si de un proyecto a medio hacer se tratase[328].

Arriendos individuales o colectivos, aparcerías o colonatos enfitéuticos son algunos de los modelos a los que el campesinado local,

---

327 Gutiérrez Molina, 2020.

328 Volviendo a Congost, sobre la mesa quedaría el *desfase que puede haber entre las condiciones nominales y las condiciones reales de la propiedad*; **y entre las aspiraciones supuestas y las reales de los protagonistas de la Historia** (Congost, 2007, p. 68).

impedido históricamente para acceder a un título de propiedad, se fue amoldando como rentable alternativa a la realidad del trabajo asalariado estacional. Tanto más rentable si, atendiendo al marco de relaciones sociales desarrollado durante los años republicanos, observamos cómo buena parte de los colonos de las grandes fincas ribereñas llevaban un tiempo ejerciendo un particular toma y daca, ejercitando la vieja costumbre de no pagar los arriendos (los que en su día pudieran tener forma de censos). Para los administradores de estas explotaciones, verdadero *axis mundi* de la racionalidad económica en las fincas, el impago de los arriendos por parte de los colonos se fue convirtiendo en un auténtico problema. *En septiembre de 1932 el administrador de La Flamenca apuntaba en la correspondencia: "los colonos no pagan ninguno", mientras que en Fernán-Núñez se pensaba que "el alcalde y los concejales actuales [eran] los más activos propagandistas y mantenedores de la rebeldía de los colonos"*[329]. De esto de deduce, no solo una realidad de relaciones sociales en torno a la propiedad de la tierra, sino también que el apoyo del consistorio socialista, pero también de la sección sindical agrícola de la UGT, fueron clave en la defensa de los intereses del colonato local.

De este modo, y a la vista de las perspectivas y tentativas de *La Fresa* por acceder a los derechos de explotación de la tierra, parece que las, en ocasiones, débiles diferencias entre propiedad y posesión, fueron quedando diluidas bajo el paraguas de un objetivo superior, siempre a la espera de tiempos mejores y propicios. Este es el motivo por el cual nunca hubo mayores discriminaciones entre los diferentes modelos de acceso a la tierra, tanto si eran a través de los cauces legales u obviándolos, dejándose arrastrar por la corriente del modelo burgués empresarial de explotación agraria, las del individualismo agrario o siguiendo las premisas de las organizaciones obreras. Sin lugar a dudas, el pragmatismo y el desarrollo de un programa real, aunque fuera de mínimos, fue la luz de faro que guió el camino que hemos ido describiendo. Pero entonces, ¿qué era lo que exactamente diferenciaba

---

329 Robledo, 2009, p. 172.

el programa agrario de la UGT ribereña, sus concepciones del reparto de la tierra y régimen de explotación, de uno netamente burgués? Si nos fijamos en que las categorías ontológicas de la economía capitalista tales como el trabajo asalariado, la producción mercantil y de valores de cambio, la utilización del dinero, la resignación a la hora de aceptar la tutela del Estado o la acumulación de plusvalor/capital según las dinámicas propias de una empresa capitalista, nunca eran contestadas, sino utilizadas para fines propios, es evidente que no hay diferencias substanciales. Los beneficios, debidamente atesorados en una entidad bancaria, incautados a las organizaciones obreras mencionadas por el régimen salido del golpe de Estado son buena muestra de ello. Así, nos parece inevitable plantear nuestras dudas sobre si la viabilidad financiera, el crecimiento económico, el aumento de la productividad o el éxito desde la óptica capitalista, más que una conquista del proletariado no sería la constatación de su fracaso. El revolucionario polaco Jan Vaclav Majaiski lo expresaba en estos términos: *Jamás en lugar alguno, la gente se ha liberado en el terreno de sus enemigos, que es lo que los socialistas prescriben a los obreros*[330].

Ahora bien, si algo hemos intentado a lo largo de estas páginas, ha sido poner en duda muchas de las explicaciones simplistas, unilineales y teleológicas que tanto daño han hecho tanto en los trabajos historiográficos como en el movimiento obrero en general. Los y las obreras de carne y hueso ribereñas supieron ponerse de morro ante los fenómenos del tiempo. Sufrieron el desánimo y la persecución, las frustraciones fueron en muchas ocasiones su único alimento y las contadas victorias que conocemos, desde la huelga de 32 hasta la ocupación de Villamejor, pasando por una clara hegemonía antifascista en las calles del pueblo, marcaron ese programa de mínimos que hemos citado. El despliegue de la guerra social en Aranjuez durante los años estudiados, no puede ni debe resumirse en un fracaso mayúsculo en los términos de la revolución social. Muy al contrario, atendiendo a los resultados provisionales del estudio precedente,

---

330 Majaiski, 2010, p. 43. Sobre esta discusión, *vid*. Rodríguez, 2020.

parece claro que los avances del movimiento real no dejaron de producirse, aunque como tantos otros proyectos y esperanzas comenzarían a caer en saco roto desde julio de 1936. Nos parece oportuno traer a colación un ejemplo sobre este asunto.

Cuando estudiamos en su día la negativa del proletariado ribereño a la utilización de maquinaria para la siega, promoviendo una huelga en el campo ribereño –que terminó afectando a todo el pueblo– pusimos sobre la mesa un asunto que no siempre se intuye fácilmente si exclusivamente lo abordamos desde los términos de un éxito o fracaso de la huelga. Nos referimos a las concepciones respecto de la solidaridad y el apoyo mutuo que se despliegan en las causas y desarrollo de un conflicto de esta clase. Realmente, como defendimos en su día, la huelga no estaba motivada específica o particularmente por el empleo de maquinaria, siguiendo alguna suerte de ludismo consciente, sino ante la posibilidad de que una parte del proletariado del campo pudiera quedarse en el paro[331]. Las consecuencias de la consigna "o todos o ninguno" se llevaron a su máxima expresión, aunque la sacrosanta ideología del progreso técnico se viera contestada, aunque los obreros y obreras, vecinos y vecinas que secundaron la huelga y lucharon en la misma fueran tildados de bárbaros que intentaban impedir el desarrollo de una economía racional, civilizada[332]. A la posibilidad real de acabar cumpliendo una condena penal, se sumaba la campaña de difamaciones y desprestigio que tuvieron que sufrir hasta que sus demandas se vieron cumplidas. Qué duda cabe que esta realidad estaba muy lejos de las premisas de cualquier programa revolucionario por la emancipación y el socialismo, pero el tejido social desplegado en cada oportunidad, en cada embate por una vida digna, hacía emerger a ese viejo topo que por siglos se ha empeñado en advertir, rememorar, que las luchas sociales no mueren,

---

331 No olvidemos que todavía en tiempos de la puesta en marcha del proyecto de Sotomayor, los obreros de Aranjuez continuaban poniendo trabas al empleo de maquinaria.

332 A la luz de estos pormenores, no parece que los términos del debate Brenner hayan quedado desfasados o superados (Ashton y Philpin, 1988).

que tarde o temprano dan sus frutos. Aranjuez podía ser recuperada por y para sus gentes.

¿Hubo algún debate o confrontación de posiciones en el seno del sindicalismo agrario ribereño? Aunque, tal y como hemos referido numerosas veces, no disponemos de un cuerpo documental significativo que nos ayude a desarrollar este punto, contamos con una fuente de inestimable valor, en la que se recogieron algunos de los debates sobre la propiedad de la tierra y los modelos de explotación en Aranjuez. Como veremos en el punto siguiente, entre finales de 1936 y comienzo del 37, con la guerra ya en marcha, sabemos que algunos de los más destacados dirigentes de *La Fresa* eran militantes del Partido Comunista. Semanalmente, desde su órgano de expresión local, *Combate*, se procedía a informar a los y las ribereñas de diversos asuntos de actualidad internacional (especialmente los movimientos de los gobiernos fascistas), nacional (la marcha del gobierno del Frente Popular o las noticias del frente) y local. Prácticamente en todos los números consultados, los artículos sobre el problema de la tierra y el papel del campesinado son una temática constante.

En términos generales, los primeros artículos que tratan el problema agrario pasan por reproducir las doctrinas oficiales de Partido Comunista respecto del campesinado. Si bien las alusiones al caso español son centrales, en el fondo es obvio que el peso ideológico de todas sus propuestas pasaba por las establecidas y dictadas en el seno de la III Internacional, especialmente a partir de su VII Congreso. Manuel Delicado así lo constataba en el número del 20 de diciembre de 1936. Con un título ya lo suficientemente explícito, *No vivimos la revolución socialista*[333], el autor introducía a los lectores de Combate en las consignas más generales sobre las que el PCE iba a batirse en los debates del movimiento obrero. En primer lugar, la consolidación de los acuerdos mínimos antifascistas del Frente Popular salidos de las elecciones de febrero. Unos acuerdos que cobraban mayor fuerza a partir del golpe del 18 de julio, *ahora con las armas en la*

---

333 *Combate*, nº 3, 20/12/36.

mano. Para el autor, *la causa del Frente popular, que es la de la democracia española, sigue en pie*, apelando en su escrito a la consolidación sin fisuras de la unidad antifascista, unidad que trascendería las fronteras para convertirse en un asunto internacional. Fuera de los principios democráticos y la unidad, se criticaba duramente la aparición de ciertas tendencias en expansión que, según Manuel Delicado, *en vez de servir para unir más las fuerzas de todos, sirven para desorientar y debilitar la unidad de lucha*. Parece obvio que sus advertencias iban dirigidas a la estrategia revolucionaria de la izquierda comunista (POUM) y del movimiento libertario (CNT-FAI-FIJL) y a sus programas de máximos. De nuevo nos encontramos con un histórico debate en el seno del movimiento obrero respecto de la transición al socialismo y a la sociedad comunista[334]. *Hay quien sin pensar en el peligro, quiere llegar a una meta, sin recorrer las etapas por las que forzosamente hay que pasar. No vivimos la revolución socialista, se atreve a reconocer, afirmando a continuación que deben seguir el camino de la revolución democrática, que tiene su expresión fundamental en el campo.*

Aunque es cierto que el argumentario etapista (también el teleológico) ha sido mil veces interpretado en todas las tendencias revolucionarias desde los escritos de Marx, el giro retórico que introduce nuestro autor ribereño nos advierte de un cambio de posiciones respecto de la línea oficial bolchevique rusa. Si el campo es la expresión fundamental de la etapa democrática hacia el socialismo, es evidente que *el campo no está poblado solamente de proletarios, sino que hay millones de campesinos pobres y medios, que han visto en los postulados de la democracia el principio de la liberación semifeudal que encarnan los generales traidores y el gran terrateniente*. Es decir, obviando cualquier paradigma respecto del sujeto histórico revolucionario, o al menos el paradigma oficial soviético y su propia teoría del proletariado, la unidad antifascista y la revolución democrática debían obligatoriamente contar con el pequeño labrador, ya fuera colono o

---

334 Para introducirse en los debates sobre la cuestión del dirigismo leninista, de la unidad frentepopulista y los problemas que suscitaron en el movimiento obrero, *vid*. Alba, 1976.

propietario. Parece claro que las políticas soviéticas respecto de los *kulaks* y la colectivización forzosa estalinista no eran prioritarias en el región española. Evidentemente, el temor a que este perfil del campesinado, históricamente encuadrado entre las fuerzas reaccionarias[335], se sumara a las filas de la sublevación militar, era el principio subyacente del argumento: *No es justo considerar al campesino trabajador como una prolongación de la tiranía y el fascismo.*

De este modo, comenzaba a perfilarse en los argumentos del autor la posición oficial del PCE respecto de todo el campesinado, incluidos los propietarios: sus intereses también son los nuestros. Según parece, las colectivizaciones forzosas son contraproducentes en los avances de la unidad antifascista, puesto que *el campesino quiere una fuerza que le conduzca, que le oriente hacia el camino de su mejoramiento económico y social; tiene una mentalidad pequeñoburguesa que no es fácil transformar con medidas "extremistas".* Nada por tanto de espontaneidad, autonomía o autoorganización y, por supuesto, sería conveniente no lanzar el mensaje de otras organizaciones *extremistas* que ahonda en la inseguridad, suponemos que aludiendo a la CNT y su programa de colectivización y socialización. Puesto que *ama su pequeño pedazo de tierra, y quien trate de quitárselo es considerado por él como su enemigo, el error mayor que se pudiera cometer es lanzar a los pequeños propietarios de la tierra por el camino del enemigo, permitiendo que deje de ser el mejor aliado de la clase obrera.* Porque si la consigna *LA TIERRA PARA QUIEN LA TRABAJA,* sigue siendo el principio orientador fundamental del PCE en su política agraria, parece obvio que sería del todo indiferente el modo en que se realice, esto es, individual o colectivamente[336]. Con semejantes instrucciones, el aparato del partido

---

335 Aunque en los últimos años de su vida la concepción de Marx respecto del campesinado, especialmente a través de su estudio y discusión sobre la comuna rusa, sufrieron un cambio substancial, no es menos cierto que ya en escritos como *La Guerra Civil en Francia* o desde las posiciones teóricas progresistas y lineales que impregnan toda su obra de madurez, el campesinado salía mal parado. Para introducirse en este asunto, *vid.* Shanin, 1983, 1990.

336 Sobre los conflictos surgidos entre las concepciones del individualismo y el colectivismo en Cataluña, *vid.* Gavaldá, 2019.

encargado de consolidarlas y establecer el subsiguiente programa de acción, comenzaría su particular campaña de difusión para que todas y cada una de las secciones tomaran nota. En el número siguiente de *Combate*, una semana después, se incidía en los términos fijados reproduciendo parte del Manifiesto del Comité Central del PCE[337] con un epígrafe explícito, *Respeto para los bienes de los campesinos*[338].

Como ya hemos intentado demostrar, en la trayectoria del campesinado ribereño, también del organizado, se anhelaba un horizonte que dejara atrás las penurias y la inseguridad del jornal y, llegado el caso, avanzar hacia una emancipación material mediante diversas fórmulas de propiedad de la tierra. Nadie en su sano juicio, o con un unas mínimas nociones de pensamiento estratégico (u oportunista, según se mire), que tuviera intereses en la organización del campesinado local, hubiera lanzado consignas en contra de estos anhelos. En todo caso, la visión del partido ya estaba imponiéndose en los discursos de los militantes comunistas de Aranjuez y sus interpretaciones pasaban, también en términos locales, por reproducir las consignas oficiales. Cecilio Nieto[339] lo dejaba claro en un artículo publicado en *Combate* el 17 de enero de 1937, *¿por qué debe darse la*

---

337 Recordemos que Vicente Uribe ya era Ministro de Agricultura y buena parte de las posiciones del PCE eran asumidas desde el gobierno por la vía del ministro. Ricardo Robledo lo recoge así: *La estrategia dilatoria de posponer la revolución y proclamar, como hizo el ministro Uribe a fines de 1936, que "la propiedad del pequeño campesino es sagrada y al que ataca o atenta a esta propiedad o a este trabajo tenemos que considerarlo como adversario del régimen" marcó muchos de los conflictos entre las autoridades del Ministerio de Agricultura y del IRA frente a los cenetistas y otros partidarios de la colectivización inmediata, acusada de "izquierdismo infantil". El enunciado de diversos discursos en el otoño de 1936 publicados por el Ministerio ("Nadie está autorizado para saquear campos y pueblos") ilustra fehacientemente los enfrentamientos; Uribe tenía que proclamar en Algemesí (Valencia) que el Gobierno no había autorizado a nadie para que se incautara de las cosechas y que no se impondría por la violencia la colectivización del trabajo.* (Robledo, 2015, p. 39)

338 *Combate*, nº 4, 27/12/1936.

tierra a los campesinos? Para el autor, en Aranjuez hay una dicotomía de trabajadores de la tierra, *por un lado los pequeños campesinos que ya tienen un trozo de tierra. Por otro, los obreros agrícolas que trabajan la tierra como asalariados, pero que no poseen tierra.* Los términos reproducen el marco ideológico que venimos analizando, especialmente los relativos al pequeño campesinado[340] y la importancia de no convertirlos en enemigos. Y recuerda, la revolución socialista no estaba en marcha. La novedad en este escrito reside en el despliegue doctrinal leninista respecto de la inmadurez revolucionaria de los trabajadores del campo, incluida la militancia más consciente:

Por otro lado, los obreros agrícolas que componen la mayor parte de los trabajadores del campo en la localidad, es indudable que estos obreros llevan la mayoría mucho tiempo en el Sindicato y que muchos de ellos pertenecen a un partido político. Pero ni aun estos que pertenecen a la fracción más revolucionaria de la clase obrera dentro de los Sindicatos, han comprendido todavía, en su totalidad, su papel de revolucionarios y no tienen un concepto claro de lo que es la colectividad. Por este motivo, ni aún a los obreros agrícolas que tanto tiempo llevan en los Sindicatos de clase y en el Partido Político, se les puede plantear que entren a la fuerza en la explotación colectiva. La tierra, ha dicho nuestro Partido en su último manifiesto, la llevarán los campesinos y obreros agrícolas según ellos mismos decidan: individual o colectivamente[341].

---

339 Cecilio Nieto Arévalo fue vicepresidente de *La Fresa* en 1935. Enjuiciado por sedición al ser descubierto imprimiendo propaganda en una imprenta de Aranjuez, cargo sobreseído provisionalmente,   (AHN,FC-AUDIENCIA_T_MADRID_CRIMINAL,75,EXP.31). Ascendido a comandante por méritos de guerra, caía en el frente en julio de 1937. Ramón Muñoz Moreno (Secretario de organización del radio comunista comarcal) y Pedro León escriben dos sentidos homenajes en el número del 18 de julio, e Ignacio Gurumeta, en nombre de la Agrupación Socialista de Aranjuez, lo haría en el número siguiente junto a otros militantes del PCE como Regidor.

340 Pensamos que la ambigüedad del término *pequeño campesino* puede tener cierta utilidad ideológica a la hora de calificar a toda una categoría de trabajadores de la tierra, pero no aclara la situación del colono, arrendatario, enfiteuta, etc. Sujetos que ni son asalariados ni propietarios en sentido estricto.

341 *Combate*, n° 7, 17/1/1937.

Una contradicción evidente se plantea detrás de este muro ideológico. ¿Cómo era posible que el campesinado no pudiera concebir la tarea revolucionaria -ya se encargaría el Partido y su vanguardia que diría Lenin- pero sí decidir sobre el modelo de explotación de la tierra?, ¿en qué momento el trabajador de la tierra alcanza la capacidad plena de tomar tales decisiones? Semejante diatriba, de difícil solución en los términos del PCE, no parece que fuera a ajustarse a un análisis detallado en el marco de las relaciones de clase ribereñas, muy al contrario se solucionaría con una dosis mayor de ideología y ataques velados a las posiciones anarquistas, por ejemplo.

El Partido Comunista aunque partidario de la colectivización de la agricultura, y de que se borren las diferencias entre la ciudad y el campo, de que desaparezcan las formas capitalistas de producción para pasar a las formas socialistas, a una sociedad de productores libres, tanto industriales como agrícolas, el Partido se apoya en las realidades del momento y sobre la base de sus doctrinas científicas y no de quimeras o utopías jamás contrastadas y declara abiertamente que hoy para ganar la guerra hay que estimular por todos los medios el aumento de la producción agrícola. Es este el único medio de asegurar en el frente y en la retaguardia el pan necesario para obtener la victoria.

En tanto que doctrinas científicas, la propuesta del PCE parecía incontestable, al igual que su hoja de ruta para el problema de la explotación de la tierra. Tan solo había que irradiar esta postura oficial entre la masa de obreros, según el PCE todavía inmaduros, para avanzar en su particular revolución democrático-burguesa. En Aranjuez, efectivamente no solo había proletarios en el campo. Como puede imaginarse, las discusiones promovidas en el seno del campesinado local y de las organizaciones obreras, tuvieron también su protagonismo. En el número del 17 de enero de 1937, aparece en el semanario *Combate* esta nota:

Proposición que la Sección Comunista[342] del Sindicato Obrero LA FRESA hará a la Junta General.

---

342 En el punto siguiente intentaremos ampliar la información que tenemos sobre esta sección comunista en el seno de *La Fresa*.

1.Que la asamblea decida libremente si la tierra ha de cultivarse individual o colectivamente.

2.Caso de que haya una parte de obreros agrícolas que prefieran trabajar la tierra individualmente, que se designe una Comisión compuesta de tres o cuatro camaradas, uno de ellos miembro de la directiva, que proceda a su reparto.

3.Que la asamblea elija otra Comisión que se responsabilice de organizar inmediatamente una ESTACIÓN DE APEROS Y SEMILLAS, para que los campesinos al entrar en posesión de sus tierras cuenten ya con los medios de labrarla.

4.Que los pequeños campesinos participen de este reparto hasta la cantidad de tierras que puedan llevar.

5.Que el sindicato facilite créditos, en la medida de lo posible, para que hasta la primera recolección, puedan desenvolverse.

Desconocemos los términos de la discusión en la Junta de *La Fresa*, lo que sí sabemos es que había opiniones dispares sobre el asunto. La disciplina de partido, por mucho que la propaganda comunista incidiera en ella, no estaba asegurada entre las filas del movimiento obrero ribereño. Por este motivo, a finales de enero de 1937, *Combate*[343] se prodigaba en recoger las opiniones de destacados militantes locales sobre el problema de la tierra.

Francisco Esteban, histórico militante del Partido Socialista y peso pesado de la UGT local desde sus inicios[344], era tajante: *A mi juicio, la solución del problema del campo está en la colectividad, porque dará mayores beneficios para los obreros y para la producción. De esta forma pueden crearse grandes granjas avícolas y zonas pecuarias, etc. Crear pequeñas propiedades sería hacer una nueva forma burguesa.* Si bien se adivina cierta evolución en sus posiciones, para Francisco Esteban la clave residía en la dirección de semejantes colectividades. No todo el mundo reuniría las aptitudes para ponerse al frente de tanta responsabilidad y para este socialista en Aranjuez no abundaban los *buenos hombres para*

---

343 *Combate*, nº 9, 31/1/1937.

344 Recordemos que en 1938 formará parte de la Junta Calificadora Municipal.

la dirección. Finalmente, ponía sobre el tapete un argumento de peso a favor de la colectivización. Existen muchos *hombres de edad y mujeres sin compañeros que tienen menos posibilidades de desenvolver y cultivar su trozo de tierra y tendrían que quedar sometidos a los demás pequeños propietarios*.

A continuación le llegaba el turno a Hermenegildo Gálvez[345], del Partido Comunista. Sus prioridades pasaban, como vamos a ver, por elegir el modelo de explotación más adecuado para las exigencias de una economía de guerra: *Yo, como comunista, convencido de que la colectividad es la mejor forma de trabajo, y porque nosotros, todos somos colectivistas, opino que si queremos ganar la guerra, tenemos que organizar la producción agrícola lo más perfectamente posible. La tierra se debe llevar en explotación colectiva, por todos los campesinos y obreros agrícolas que estén convencidos que la colectividad es la mejor forma de trabajo, es una forma nueva, que por medio de ella se intensifica más la producción, tarea que debemos realizar, por ser una de las más fundamentales para ganar la lucha que sostenemos contra el fascismo.* Ahora bien, si la colectivización es la opción que impone el pragmatismo en la retaguardia, *los que no quieran trabajar en colectividad, que trabajen solos y ya se convencerán y vendrán con nosotros. Porque si los hacemos entrar a la fuerza, no van a hacer más que perjudicar.* Sería muy interesante conocer la colectividad a la que pertenece este militante, algo que de momento no hemos podido constatar. Sin embargo, su testimonio como colectivista aporta una visión del asunto de mucho valor.

El siguiente invitado a expresar su opinión es Ramón Baquero, de la UGT. Su escueta opinión corrobora, en cierto modo, algunas de nuestras hipótesis sobre las perspectivas de explotación de la tierra de una parte del campesinado local en general, pero también de la UGT en particular. *La tierra, debe ser repartida entre los obreros, en parcelas y así se trabajará más y se sacará más producto, porque el que tiene un pedazo de tierra, no solo trabaja él más horas, si no que trabaja también su familia.*

---

345 Hermenegildo Gálvez García, afiliado a *La Fresa* número 74 de la lista de 1936 recogida en el expediente de Villamejor.

Es decir, en régimen de pequeña propiedad, de minifundios como explotación familiar podríamos decir, la productividad aumentaría. No sabemos si las circunstancias personales del sindicalista estarían detrás de sus opiniones, pero de manera clara deja constancia de una corriente reseñable dentro del movimiento obrero local.

En último lugar, se incluyen las declaraciones de un representante de otra organización izquierdista, la Juventud Socialista Unificada[346]. Plácido Gálvez, claramente orientado por las consignas oficiales, afirmaba que *la tierra puede trabajarse de las dos maneras, individual o colectivamente. La colectividad pueden hacerla todos los obreros convencidos; y sería mejor hacer muchas colectividades pequeñas; porque las grandes colectividades es más difícil de llevar y de dirigir. Los campesinos que no quieran entrar en la colectividad, que trabajen individual, y poco a poco irán pasándose a la colectividad.*

Paralelamente, no parece que las opiniones de la CNT pudieran tener cabida en el órgano de expresión del PCE local. Introducirnos en los motivos –en clave local, claro está- sobre este punto excedería los márgenes que hemos delimitado en este estudio, por lo que tan solo podemos aplazar para próximos trabajos un desarrollo adecuado. En todo caso, parece que el debate sobre la explotación de la tierra no tenía una postura inequívoca, algo de lo que debió de tomar nota el PCE de Aranjuez. Viendo la disparidad de planteamientos, a la redacción de *Combate* no le quedaría más remedio que agradecer las intervenciones y certificar las tablas en el debate: *Unos opinan que la colectividad es la solución, otros creen, por el contrario, que ésta está en el cultivo individual. Algunos se aproximan mucho al juicio que nosotros tenemos. Todos quizá tienen su parte de razón, si tenemos en cuenta, como decimos antes, las circunstancias que rodean la vida de cada uno de ellos.*

Sin embargo, un número después[347], las posiciones de PCE parecían inamovibles. En boca de uno de sus principales

---

346 Organización nacida en abril de 1936 fruto de la confluencia de la Unión de Juventudes Comunistas de España (UJCE) y las Federación de Juventudes Socialistas (FJSE). La JSU tiene una sección fija en las páginas del semanario *Combate*.

347 *Combate*, n° 10, 7/2/1937.

propagandistas y destacado militante, Jacinto E. Peña[348], volvían a recogerse las invariables líneas de acción del Partido en el artículo *Con toda claridad para que no lo dude nadie*. Peña, haciendo de portavoz de las directrices del ministro Uribe, efectivamente era transparente en sus declaraciones: *Y aún hay cosas que queremos dejar también completamente claras, y es, por qué nosotros estamos en contra de las colectivizaciones hechas a la fuerza*. Y es que tanto ahínco en hablar a las claras suponía que realmente la cosa no estaba tan clara. Juan Ruiz, haciendo un esfuerzo literario y saliéndose de los límites de sus quehaceres cotidianos en las faenas del campo, se lanzó a comunicar su parecer en el número 11 del semanario comunista. *Por primera vez en mi vida, como campesino, y convencido de la colectividad, tomo la pluma para escribir que, en éste mi primer artículo, quisiera que todo aquel obrero agrícola y campesino que lo leyere, piense solamente unos instantes, y saque la enorme diferencia que hay de una colectividad a un aparcero*[349]. De nuevo, en el seno del colectivismo ribereño se estaban tomando posiciones para defender un modelo que, según parece y como veremos más adelante, estaba dando sus frutos en Aranjuez. El argumento de la productividad es central, ya no tanto por las exigencias de una economía de guerra, sino que el autor emplea un argumento que, en buena medida, confirme algunas hipótesis expuestas anteriormente:

(…) Como el obrero colectivista dispone de máquinas que le ayudan en las faenas del campo; también dispone de tiempo para su cultura y estudio personal, mientras el que trabaja solo, no puede tener estas ventajas, porque no dispone de máquinas que le ayuden, ni de medios de transporte, porque su extensión de terreno no lo permite (…) Los burgueses que explotaban la tierra, y al mismo tiempo nos explotaban a nosotros, cuanto mayor era el número de obreros que tenía, más rico era, menos trabajaba y disponía de mejores comodidades; así es que dentro de la colectividad, la ganancia no es para uno solo, sino para todos los que forman la comunidad. Yo citaría un

---

348 Recordemos su papel en la ocupación de Villamejor.

349 *Combate*, nº 11, 14/2/1937.

buen número de agricultores de Aranjuez, que desde hace muchos años vienen trabajando la tierra solos, y no tienen las comodidades que tenían los burgueses que anteriormente cito, y trabajando mucho más, y viviendo mucho peor que aquéllos. Son dos cosas que recomiendo a los campesinos, que midan la diferencia que hay de un colectivista a un individualista.

Cultivar el asueto, la formación intelectual y cultural, romper las reglas de la jornada laboral interminable serían las verdaderas conquistas una vez la autonomía material de la comunidad estuviera garantizada. En cierto modo, de las palabras del autor parece entreverse un mensaje menos explícito, un mensaje dirigido a la clase obrera del campo a la que históricamente se la encomiaba a acceder a sus medios de vida del modo que fuera. Las advertencias de Juan Ruiz serían interpretadas rápidamente por muchos campesinos, a los que el colonato probablemente no les habría supuesto nada más que penurias. Ya no era el tiempo de garantizar la subsistencia al precio que fuera, había llegado la hora de la colectivización. Como recogíamos en otro trabajo[350], *al igual que en la Rusia de 1917, participar en un soviet (o en la colectividad) significaba para un "hombre del pueblo" intervenir como nunca antes, mucho más que en 1793 o 1871, en la evolución de su propia vida y de la sociedad entera[351].*

Una corriente, la del colectivismo, que no debía de ser mayoritaria entre los obreros de Aranjuez. Así al menos se desprende de las palabras de otro articulista, Manuel Sánchez. Ante la máxima irrenunciable, *LA TIERRA PARA QUIEN LA TRABAJA, todo indicaba que la decisión de la mayoría de los trabajadores parece que ha recaído en llevarla individualmente.* Situación que no presupone resignación alguna en las posiciones de Sánchez, pues según su opinión *se debe crear una sola colectividad con todos los obreros convencidos y dispuestos a trabajar, a sacrificarse, porque todos juntos, en una sola colectividad tendríamos más unido nuestro esfuerzo y nuestra admiración, además tendríamos una resistencia más fuerte lo mismo moral, material, que*

---

350 Rodríguez, 2020.

351 Dauvé y Nesic, 2013, p. 72.

económica, con la cual podremos materializarnos mejor y dentro de una gran cantidad de compañeros nos será más fácil encontrar a camaradas capacitados para llevar la dirección, mientras tanto se van forjando nuevos cuadros; por otro lado, si todos somos convencidos y dispuestos a hacer la transformación en el campo y a ganar la guerra, de la misma forma que individualmente trabajarían nuestras familias más horas, como decía aquel compañero trabajador en la colectividad, porque la tierra colectivizada, es tan nuestra como llevándola por parcelas. Además daremos la sensación a los no convencidos de que queremos trabajar.

De esta guisa pasaban los meses y aunque lamentablemente solo tenemos la información que semanalmente se recogía en *Combate*, el debate seguía animándose día tras día. No sabemos si por las circunstancias de la situación en el frente y la retaguardia o que las ideas del colectivismo comenzaron a cuajar entre un número mayor de campesinos, en el mes de marzo de 1937 sucede un hecho crucial para entender toda nuestra exposición. Bajo el título, *Brigadas de choque en el campo*[352], el órgano de expresión del PCE nos informa de la iniciativa llevada a cabo por dos de sus militantes, Mercenario Bernardino e Ignacio Torres, para poner en explotación las tierras anejas a los Estudios de Cine, en aquel momento baldías. Un claro objetivo orientaba esta acción: *El fruto que ese terreno pudiera dar después de cultivado lo habrá de recoger directamente todo el pueblo y, especialmente, nuestros camaradas combatientes.* Según parece, la empresa propietaria puso algunos problemas para que se formalizara la ocupación de la tierra, pero el artículo también deja claro el resultado: *para los comunistas no hay dificultades, el terreno lo sembraron de trigo, trigo que mañana se transformará en pan con que atender las necesidades del frente y de la retaguardia.* De nuevo, se nos presenta una información sobre la ocupación de otra finca, no sabemos en qué condiciones legales y con qué sistema de explotación, pero en términos análogos a los procedimientos desplegados durante la ocupación de Villamejor. ¿Hubo, a la luz de estos datos, otras colectividades en Aranjuez?

Lo cierto es que sí tenemos una fuente documental que nos aporta

352 *Combate*, nº 16, 21/3/1937.

una lista de colectividades que, sin tener más detalles, funcionaron hasta el final de la guerra. Se trata, como ya lo mencionamos para el caso de Villamejor, de la relación de cuentas incautadas a diversas organizaciones de la izquierda local, o vinculadas a la misma. En el listado, junto con las cifras señalas anteriormente para Villamejor, figuran los saldos libres y bloqueados en sendas cuentas del Banco de Vizcaya de las siguientes colectividades[353]:

- Colectividad "El Embocador"[354]. Saldo bloqueado, 20.000 ptas.
- Colectividad agrícola "La Flamenca". Saldo bloqueado por valor de 153.491,40 ptas.
- Colectividad agrícola "Sotogordo". Saldo bloqueado, 51.344,29 ptas.
- Mariano Alonso Matallanos (Colectividad de la finca "La Montaña". Saldo bloqueado, 1.028, 27 ptas.

Como ya viene siendo habitual, las pesquisas practicadas para seguirle la pista a estas colectividades, de momento, no han dado sus frutos. Sin embargo, supone la apertura de un abanico de futuras investigaciones que puedan completar el cuadro general de las colectividades ribereñas, asunto que hasta hace relativamente poco era absolutamente desconocido.

En el mes de abril continuaron los artículos sobre el problema de la tierra en el semanario comunista[355]. Y como la cosa no debería tener visos de acuerdo, otro peso pesado del sindicalismo local y militante de su facción comunista, publicaría su visión del asunto en el número del 2 de mayo. Se trataba de Inocencio Martín, en ese momento

---

353 AMTyES, Archivo central, sig. 199.872.

354 Suponemos que se refiere a la histórica fábrica de luz.

355 En el número del 4 de abril, hay una mención a la posibilidad de creación de una cooperativa agrícola por parte de arrendatarios del Patrimonio de la República, sin especificar si se trata de algunas de las fincas estudiadas (Legamarejo o Sotomayor); en el del 11 de abril se polemiza sobre una supuesta socialización forzosa en el gremio de peluqueros; un tal Rodríguez, viendo que no hay una solución unitaria en Aranjuez sobre el asunto, recuerda la postura oficial del partido en un artículo publicado en el número del 25 de abril con el título, *El problema del Campo.*

Presidente del Sindicato de Obreros Agrícolas *La Fresa* y, como ya hemos visto, otro de los firmantes del documento de ocupación de Villamejor. Su postura intentaba zanjar el asunto, sirviéndose de un título que no dejaba lugar a equívocos, *Hacia la solución definitiva del problema de la tierra*. Como los términos de su exposición dan buena cuenta de todo el proceso que venimos describiendo y podrían suponerse como la postura oficial del sindicato protagonista de este estudio, no hemos renunciado a reproducir en su totalidad el documento:

Desde las páginas de COMBATE quiero exponer como entiendo yo que debe resolverse este problema. Téngase en cuenta que mi criterio es, por un lado, como miembro del Partido Comunista y que por otro, representa el pensamiento de la mayoría de los afiliados del Sindicato. Tengo que sentar un principio: Soy colectivista. Pero no de esta clase de colectividades que en realidad no tienen nada de verdaderas colectividades, porque se daría el caso que después, cuando fuera necesario verdaderamente hacer colectividades y se lo dijéramos a los campesinos, nos dirían que no les interesaba, porque ya habían ensayado y la colectividad no les había traído nada más que la ruina.

El Sindicato no tiene por qué acaparar todas las tierras cuando la mayoría de sus afiliados quieren la tierra; unos, la mayoría, la quieren individualmente. Otros, los menos, colectivamente, pero muy pocos están conformes con que sea el Sindicato quien las lleve. La misión del Sindicato es entregar la tierra a sus afiliados para que la trabajen como quieran, de acuerdo con el decreto del camarada Uribe, ministro de Agricultura.

Hay camaradas que dicen que al entregar a los campesinos y obreros agrícolas las tierras, el Sindicato desaparece. Otros, tienen la opinión de que las tierras cuando se deben de repartir es cuando la guerra termine; no estoy de acuerdo. A los primeros les podemos decir que si ahora muchos obreros agrícolas no van a trabajar a las tierras del Sindicato y prefieren ir a otras de pequeños campesinos, se debe más que a nada, a que no estén de acuerdo con la forma de llevar las tierras. Al cumplir las aspiraciones de los obreros agrícolas, crecería la autoridad de los Sindicatos. Hoy el pensamiento de los obreros agrícolas es, concretamente este: Antes había unos terratenientes que tenían todas las tierras; la diferencia ahora es que las tiene el Sindicato. Yo digo que la tierra tiene que ser para el que la trabaja y que la lleve como a él le parezca. A los segundos les podíamos decir que cuando las tierras deben producir más es ahora, en período de guerra, y cumplir las aspiraciones de los campesinos contribuiría mucho a esto: a que se intensificase la producción agrícola.

Yo sé que de la forma que se lleva la tierra, los obreros agrícolas no están de acuerdo. Entre ellos reina el malestar. Consideran al Sindicato como a un patrono. Los campesinos no quieren a la tierra. ¿Cómo se corrije (sic) esto? Entregándoles las tierras. Entonces ellos querrán a su tierra porque constituye su medio de vida y el medio de vida de su familia. Entonces, y como ya no hay señoritos, el fruto de su trabajo irá íntegro a sus manos. Nadie se plantearía la necesidad de trabajar menos horas, sino todo lo contrario. En lugar de siete horas, trabajaría en una tierra suya todas las horas que necesitase, pues cuanto mejor labrase sus tierras, más aumentarían sus beneficios. Con esto habríamos conseguido dos cosas fundamentales para el porvenir de España, contribuir a levantar la economía nacional y llevar la felicidad al campo.

Considero que la distribución de las tierras, debe hacerse de la siguiente forma: dejando anulados todos los pequeños egoísmos de si una parcela es mejor que otra, etc. Las parcelas que estén cuarteadas de frutales de doce años en adelante deben ser de seis fanegas, las que sean de frutales de doce años para abajo, de siete fanegas y las que estén en blanco, de ocho fanegas. Siempre aumentando dos fanegas de tierra por cada hijo que tenga el cabeza de familia, mayor de diez v ocho años, porque en realidad de nadie son sino es de los propios campesinos y obreros agrícolas.

Yo ruego a todos los pequeños campesinos y obreros agrícolas de Aranjuez, particularmente a los afiliados del Sindicato, que a la próxima asamblea de éste, que se celebrará pronto, acudáis todos a discutir, con la mayor cordialidad posible, nuestro problema: el problema de la tierra. La solución del mismo corresponde a todos por igual.[356]

Vayamos por partes. Si bien el autor no esconde su orientación colectivista, no es menos cierto que la colectivización no estaba

---

356 Combate, nº 22, 2/5/1937.

extendiéndose como debiera/deseara o no funcionaba adecuadamente. ¿Cuáles eran los motivos? En primer lugar, parece que una parte de los obreros que habían pertenecido a alguna colectividad la habían abandonado. Sin reparos a la hora de volver la mirada al propio sindicato y sus posibles responsabilidades, Inocencio Martín entiende que si por un lado el Sindicato había entregado la tierra a los trabajadores, su protagonismo o sencillamente su monopolio en la tenencia de la tierra había provocado un efecto adverso. El campesinado local parecía tener claro que no había mucha diferencia entre un patrono burgués y uno sindicalista[357], generando un comprensible malestar. ¿Cómo se corrige esta situación, se preguntaba el autor? De nuevo la parcelación, la distribución de la tierra entre el pequeño agricultor arrendatario y la defensa de la propiedad privada minifundista. Ni rastro de postura anticapitalista alguna, siendo la felicidad en el campo y la economía nacional el objetivo prioritario, añadiéndose la manifiesta sensación de estar retrocediendo a los términos discursivos del ilustrado Jovellanos. Un sensación que parece corroborarse con la propuesta de parcelaciones final, más propias de un agrimensor clásico que de un sindicalista que se dice colectivista.

Suponemos que siendo consciente del revuelo que levantaría semejante propuesta, más si cabe proviniendo del máximo representante de *La Fresa*, Inocencio Martín terminaba sus alegatos emplazando a todo el campesinado local a una asamblea abierta para debatir estas posiciones o aportar otras. En sus palabras finales todavía resonaban los ecos de la principal consigna de la I Internacional, *que la emancipación de la clase obrera debe ser obra de los obreros mismos*. ¿Horizontalidad y autoorganización entre las propuestas de *La Fresa*? No lo parece. Muy al contrario, supondría un recurso retórico más para poner orden entre las filas de la militancia, una militancia que *de facto* ya estaba divida en diferentes facciones como veremos en el siguiente punto y que sin embargo de manera recurrente seguía apelando a la unidad.

Parece que la discusión no debió de ir por lo derroteros esperados.

---

357 *Vid*. Rodríguez, 2020.

En el mes de julio Mercenario Bernardino, del que ya hemos dado cuenta en la ocupación de la finca de los Estudios de Cine, escribiría con cierta amargura que el Consejo de Administración de *La Fresa* todavía no había hecho efectiva la entrega de la tierra a los campesinos locales. Los términos del debate en el sindicato nos son desconocidos, pero atendiendo a las palabras de Bernardino, parece que ceder definitivamente el control de la tierra a los trabajadores locales no entraba dentro de sus planes *¿No comprenden los camaradas que componen dicho Consejo que por ese camino se va en contra de la producción? ¿No han sabido todavía los compañeros que forman el Consejo de Administración dar solución al problema? O es que todavía hay quien se opone a que la tierra se trabaje como los campesinos quieran? Si es así yo pido desde las columnas de nuestro querido COMBATE que se señale quiénes son para desplazarlos de los puestos de dirección (…) Así que, camaradas que dirigís a los campesinos de Aranjuez, conforme va finalizando el año agrícola, es necesario ir entregando la tierra a los obreros del campo, en parcela a quien lo quiera y formando una colectividad a los compañeros convencidos, para que no sea el Sindicato o el Consejo el que sustituya a los caciques de antes, sino que sean los campesinos quien con ayuda de los técnicos dirijan la producción agrícola y obtengan los beneficios de su trabajo*[358].

Según parece, ese malestar que reinaba entre el campesinado local respecto del sindicato iba en aumento y *La Fresa*, que un día fuera la herramienta de cambio en el agro ribereño indiscutible, se había convertido en un factor -sindicalista- de dominación y caciquismo.

---

[358] *Combate*, nº 34, 25/7/1937.

Apuntes provisionales sobre la historia del sindicalismo ribereño

> *El movimiento obrero no fracasó; al contrario,*
> *cumplió con su verdadera tarea: la de garantizar la*
> *integración de los obreros en la sociedad burguesa.*
> **Las aventuras de la Mercancía.** Anselm Jappe
> *A las reivindicaciones sociales del proletariado se les*
> *limó la punta revolucionaria y se les dio un giro*
> *democrático; a las exigencias democráticas de la*
> *pequeña burguesía se les despojó de la forma*
> *meramente política y se afiló su punta socialista. Así*
> *nació la socialdemocracia.*
> **18 Brumario de Luis Bonaparte.** Karl Marx

Para finalizar, quisiéramos plantear algunas cuestiones o reflexiones abiertas de cara a futuras investigaciones. La historia del sindicalismo ribereño es una historia por hacer y madurar. No nos cansaremos de repetir que los problemas, las incógnitas y el trabajo por hacer son innumerables y en modo alguno podríamos considerar este trabajo como un producto acabado con carácter finalista. El camino que hemos ido señalando, por tanto, continúa y queda mucho por recorrer.

En los debates sobre el papel del movimiento obrero en la consolidación de las categorías esenciales del capitalismo, en ocasiones se echa en falta los aportes empíricos, es decir, históricos. Si la autonomía material era prioritaria para el proletariado ribereño, para una buena parte del mismo el programa ideológico de la socialdemocracia era absolutamente inseparable.

Cuando afirmábamos que en la solicitud de los ocupantes de Villamejor dirigida al IRA se vislumbra buena parte del perfil estratégico del sindicalismo agrario socialista ribereño, lo hacíamos pensando en varios puntos. En primer lugar, la histórica relación, o podríamos decir coordinación, entre los métodos legales y los ilegales.

Una ocupación que se intenta legalizar *a posteriori* o los sabotajes en una huelga legalizada, negociar un arriendo con el Ministerio o plantar cara a la Guardia Civil serían aspectos de la misma realidad sindical. De este modo, y en segundo lugar, el conocimiento de los vericuetos legales se hacía imprescindible para servirse de cualquier resquicio útil para sus objetivos, sumándose la necesidad imperiosa de contar con un equipo legal bien formado junto con un perfil de negociadores solventes en el seno del sindicato. Por otro lado, la organización de este tipo de acciones siempre se produce desde arriba -*hemos ordenado la ocupación*-, desde los cuadros dirigentes, desapareciendo cualquier rasgo de horizontalidad y autoorganización obrera, suponiendo un conjunto de afiliados/militantes disciplinados dispuestos a obedecer órdenes y llegado el caso ejecutarlas. Esta división del trabajo vertical sería una constante en la historia de la UGT ribereña. De hecho, cuando en un proyecto como el de Sotomayor se incidía recurrentemente en la tutela de los obreros por parte de los encargados de Patrimonio y en su supervisión permanente, el nicho ideológico de la UGT era bastante adecuado para anidar semejantes requisitos organizativos, es decir, no había contradicciones que fueran insuperables. Quizás, trazando una genealogía sobre el origen de esta óptica sindical, podamos comprender mejor las orientaciones estratégicas de la UGT ribereña y la formación de sus cimientos.

La idea de los arrendamientos colectivos, una reivindicación histórica de *La Fresa* desde prácticamente sus primeros pasos en el sindicalismo agrario, *se había hecho popular*, recuerda Malefakis, *entre los círculos católicos desde el trienio bolchevique como remedio al problema del subarriendo*[359]. En el fondo, cuando el sindicalismo católico comenzó a extenderse por toda la geografía del Estado español, en su programa reformista ya incluían buena parte de las medidas que luego serían moneda corriente entre los programas socialistas. Y, aunque el reformismo católico incidía en la defensa cerrada del orden establecido y el desarrollo capitalista agropecuario mediante la modernización

---

359 Malefakis, 1982, p. 200.

(maquinaria, abonos, créditos) y el aumento de la productividad, muy lejos por otro lado del reformismo izquierdista que basaba sus principales reivindicaciones en el reparto de la tierra[360] (y unos mínimos principios de justicia social), existían, como hemos dicho, importantes lugares comunes: desde la defensa del pequeño propietario y de los arrendamientos colectivos (o la colonización) a la constitución de cooperativas de productores o consumidores, del recurso al crédito a, algo que nos parece importante resaltar, su tendencia a la colaboración interclasista[361].

De hecho, en el arbitraje social entre ambas tendencias siempre hubo un intermediario, una referente de tutela común, que debería de ejercer de faro dirigente en el campo del reformismo. No referimos al papel del Estado. Su apoyo, introducidos de lleno en la crisis finisecular, se hizo indispensable ante los embates de las facciones revolucionarias del movimiento obrero, especialmente de los anarquistas. Las vías reformistas se afanaron por debilitar los planteamientos y actitudes, no siempre pacíficas, de las organizaciones obreras[362] (Federación Regional Española de la AIT o la CNT desde su fundación en 1910). Asistimos al nacimiento del denominado Estado tutelar, cuyo principal instrumento político fue la Comisión de Reformas Sociales:

El principio que lo sustentaba era la búsqueda de la relación recíproca entre los hombres en el marco de la legalidad, el orden y la libertad; reciprocidad presente en la unión entre capital y trabajo, y favorecida por medio de jurados mixtos, cooperativas de consumo, producción y crédito, y la participación de los beneficios.[363]

Es decir, liquidar la lucha de clases como razón de Estado. La tutela, el paternalismo y dirigismo era, por tanto, el campo semántico en el que iban a moverse estas orientaciones reformistas. Porque, en

---

360 Cuesta, 1978, p. 18, 26

361 *Ibid.*, p. 34 y 35.

362 De la Calle, 1989, p. 29.

363 *Ibid.*, p. 33.

resumidas cuentas, el Estado consideraba a las masas proletarias como menores de edad, incapaces para el gobierno y el progreso, ajenos a la mejora de sus intereses si no era gracias a la dirección inteligente de los expertos y demás técnicos. En estos términos, todos y cada uno de los papeles, proyectos y directrices del Estado republicano en materia agraria (recordemos la *Memoria* de Sotomayor o el proyecto del IRA en Villamejor), subscriben esta corriente. Y no solo del Estado, sino también de buena parte de los principios ideológicos del sindicalismo ribereño a lo largo de su historia (las tesis leninistas de la facción comunista de *La Fresa*, casan a la perfección). Al final, la Iglesia y sus sindicatos, el Estado y sus Comisiones, o *La Fresa* y el PCE, todos ellos conocían la fórmula mágica que condujera a la mejora de las condiciones de vida de la clase trabajadora. Segismundo Moret, poco sospechoso de comunista, en 1894 recordaba que *en las sociedades no corresponde a todos elegir esta o aquella dirección, ya que en ellas la "masa" no tiene otro cometido que seguir las líneas de acción que le trazan "los espíritus directores" y las individualidades bien caracterizadas*[364].

Con semejante genealogía, parece conveniente preguntarse si esta trayectoria parcial (en tanto en cuanto solo atiende a un conjunto muy concreto de orientaciones doctrinales) del reformismo agrario y, por supuesto, su asunción por parte de la UGT, no sería un factor que terminaría por coadyuvar en la consolidación del contrarreformismo que desplegaría la dictadura franquista. Por muy chocante que pudiera parecer semejante afirmación, cuando nos acercamos a fenómenos como la colonización franquista y leemos los discursos, no solo del dictador, sino de responsables del Instituto Nacional de Colonización, como Martínez Borque[365], las viejas cantinelas del Estado tutelar, del paternalismo corporativo y, claro está, del interclasismo entendido como colaboración/obediencia, claramente nos aproximan a ciento cincuenta años de reformismo empeñado en organizar desde arriba la vida en el campo. Algo con lo que, en numerosas ocasiones, los propios

---

364 Citado en *Ibid.*, p. 49.

365 Rodríguez, 2016.

sujetos afectados por estas políticas estaban de acuerdo. Las relaciones de producción capitalista, en resumidas cuentas, jamás serían puestas en duda, por lo que su germen trascendía los gobiernos e ideologías. Categorías básicas de la crítica anticapitalista, eran dejadas de lado por cierto pragmatismo cortoplacista. Una estrategia que identificamos en prácticamente todos los pasos que hemos ido describiendo, desde los años 20 a 1939, en el sindicato *La Fresa*.

Por otro lado, en ocasiones tenemos la sensación de que cuando se antepusieron las siglas y las directrices de la organización, cuando el peso ideológico y el de sus cuadros dirigentes cobraba fuerza, el movimiento sindical sufría de parálisis y crisis o, incluso, producía rupturas en su seno. Por el contrario, cuando el proletariado organizado ribereño se lanzaba a la ofensiva (negociando bases de trabajo, declarando la huelga, atacando caravanas de propaganda fascista, solidarizándose con los detenidos, etc.) o desde la retaguardia recomponía su tejido e influencia social (la Casa del Pueblo, cooperativas de consumo, cuidado de los hijos e hijas de los huelguistas metalúrgicos de Madrid, romerías y mítines, etc.) las consignas maximalistas generalmente pasaban a un segundo plano y esta organización proletaria se reforzaba. El fracaso de las huelgas de 1934 puede que sean un buen ejemplo. Probablemente, la tradición histórica y la impronta que una organización como la UGT había dejado en Aranjuez nunca fueron sobrepasadas y jamás volvieron a repetirse. Tal era su fuerza. Pero no puede hacernos olvidar que en la Comarca de las Vegas, también en Aranjuez, existieron otros modelos sindicales que, en ocasiones, disputaron esta hegemonía social e histórica a la socialdemocracia, la UGT incluida. Se hace necesario, por tanto, hacer unas últimas anotaciones relativas a la historia del sindicalismo local y responder a la pregunta, ¿se abrieron en algún momento las costuras del corsé sindical de la UGT?

Respecto de la CNT, aunque hay una investigación en curso para sacar a la luz la federación local de Aranjuez en los años 30, podemos anotar algunas diferencias substanciales. La UGT y todos sus sindicatos ribereños son una organización sindical organizada de arriba abajo, con un cuadro definido de dirigentes en la cúpula directiva y un conjunto de afiliados o simpatizantes que suelen ir a la zaga de los primeros. Como hemos comprobado, en numerosas ocasiones las decisiones ejecutivas no parten de la horizontalidad, de un modelo asambleario en el que el peso de las decisiones se hacen por consenso. Muy al contrario, las juntas y reuniones, en ocasiones denominadas asambleas, sirven para refrendar decisiones que ya han sido tomadas. El dirigismo sindical es la nota predominante y es un principio organizativo general asumir que la masa de afiliados y obreros/as son un agregado sin autonomía y margen para las decisiones propias. Esto, aunque es evidente que no era plato de buen gusto sacarlo a la luz o fomentar su debate público dentro de la organización, supuso numerosas tensiones en el seno del sindicato. Pero en absoluto estamos sugiriendo que hubiera una corriente asamblearia dentro de la UGT. Muy al contrario, el tipo de tensiones que hemos analizado se resolvían con desafiliaciones o rupturas, no con un cambio de rumbo organizativo. Quizás este es uno de los motivos por los que, en un momento dado, una parte de la militancia obrera trasvasó sus quehaceres sindicales a organizaciones, en teoría, autogestionarias como la CNT. Los grupos de afinidad libertarios, basados en la confianza y el apoyo mutuo, eran una realidad antagónica de las líneas sindicales ugetistas. Y si bien ambas centrales sindicales, al menos hasta los sucesos de mayo de 1937, eran dos organizaciones de masas, las dinámicas de ambas eran, en ocasiones, irreconciliables. Un estudio comparativo de la Comarcal de CNT, con sede en Chinchón y la Comarcal de la UGT, sacaría a la luz este tipo de discordancias, con el interés añadido de su contextualización local.

Pero, probablemente, quien más se benefició de las tensiones en el seno de la UGT no fue el sindicato anarquista. No en Aranjuez, sin apenas tradición libertaria. Y al igual que las discusiones subidas de tono sobre la guerra en una sobremesa cargada de licores, las leyendas sobre el Partido Comunista en Aranjuez han ido viajando a través de la memoria local sin ningún tipo de fundamento histórico. Ni tan siquiera hay algo parecido a una historia oficial desde el Partido. Realmente apenas conocemos nada del núcleo fundador del radio comunista de Aranjuez, quiénes fueron sus artífices, sus vinculaciones y afinidades antes de la guerra y, a pesar de ser un lugar común entre las opiniones de una parte de la memoria colectiva local[366], la existencia de una supuesta checa comunista, que iba aterrorizando a todo hijo de vecino, jamás ha sido demostrada documentalmente.

Lo cierto es que las pocas noticias que disponemos sobre los primeros pasos del PCE en Aranjuez están relacionadas con las tensiones abiertas entre las filas del movimiento obrero ribereño. Según informaba de manera escueta el periódico *La Libertad*[367], el 16 de abril de 1934, durante un mitin comunista en Aranjuez, los oradores atacaron duramente a los socialistas, señalándoles como los culpables de la actual situación de los problemas obreros. Debió ser un acto muy accidentado, donde probablemente el ánimo de muchos asistentes estaría especialmente contrariado. De repente, la izquierda del PSOE, partido obrero hegemónico en Aranjuez, se había rebelado contra el hermano mayor, podríamos decir. Podemos intuir cómo el corazón militante de algunos de los allí asistentes estaría sufriendo por las contradicciones y la tensión. De hecho, *un socialista que intentó defender a los dirigentes de su partido fue abucheado por el público*. Y desde la óptica de nuestro estudio, la noticia aporta otra información crucial para comprender lo que ocurriría posteriormente: *También se originó un formidable escándalo cuando un sindicalista que asistía al mitin acusó a los comunistas de traidores*. No sabemos si el sindicalista era de *La Fresa* o de la CNT[368], pero lo que parece estar claro es que el PCE ya estaba funcionando en Aranjuez y lo hacía para quedarse.

Este periodo en cuestión, debió ser especialmente convulso y conflictivo entre las posiciones sindicalistas y de la militancia obrera ribereña. Un histórico comunista, Ramón Muñoz Moreno, del que ya

---

366 El propio cronista oficial, José Luis Lindo, da por sentado su existencia sin aportar prueba documental alguna, más allá de lo consignado en el libro de registro del Ayuntamiento franquista de Aranjuez (Lindo, 2016, p. 29).

367 *La Libertad*, 17/4/1934.

368 Recordemos la noticia recogida anteriormente del mitin de la CNT contra la UGT, el 9 de julio de 1934 aparecida en *El Siglo Futuro*.

hemos informado de sus apariciones en el semanario *Combate*, al calor de las movilizaciones desde octubre de 1934, era detenido por cometer un delito de desorden público, al cortar la línea telegráfica y ayudar a colocar un raíl en la vía férrea para intentar que un tren descarrilara en las cercanías de la Estación de Aranjuez. Sentenciado a prisión, sería amnistiado en el mes de febrero de 1936[369]. Otro tanto ocurriría, meses después con Cecilio Nieto Arévalo, también militante del PCE y vicepresidente de *La Fresa* en ese preciso momento como ya mencionamos anteriormente, detenido por el delito de sedición al estar imprimiendo propaganda contra el gobierno radical-cedista en una imprenta de Aranjuez[370].

Según parece, el excesivo reformismo del ala más moderada del socialismo local, representada por el Alcalde Doroteo Alonso[371], ya no satisfacía las inquietudes de una parte de sus antiguos afiliados. Esa vieja tensión entre los métodos legales y los revoltosos, ya no parecía complementarse adecuadamente y hay quien prefirió pasar a la ofensiva en el contexto de la guerra social ribereña. De este modo, la división también comenzó a extenderse en el seno de *La Fresa*. En el acta[372] de ratificación del convenio de cesión al sindicato de la finca de Villamejor por parte del IRA, anteriormente dejábamos un punto sin comentar. En aquella junta general extraordinaria uno de los presentes, Juan Huerta, hablando sobre el asunto de las Bases de Trabajo para la siega de cereales, manifestaba que *en nombre del grupo comunista se presentaba este pacto colectivo de trabajo y que acordaron poner dos jornales más hectárea.* Es decir, ya en el seno de *La Fresa* había una corriente o facción comunista actuando en su seno, además de negociar convenios

---

369 AHN, FC-AUDIENCIA_T_MADRID_CRIMINAL, 64, Exp. 15.

370 AHN, FC-AUDIENCIA_T_MADRID_CRIMINAL, 75, Exp. 31.

371 Nos parece oportuno recordar que Doroteo Alonso fue quien llamó personalmente a la Guardia Civil para que no hubiera desmanes de los piquetes durante la huelga de 1932 (Rodríguez, 2015), haciendo lo propio en abril de 1936, cuando sus compañeros de sindicato ocuparon la finca de Villamejor.

372 AIRYDA, Ministerio de Agricultura, caja 29/2-Madrid, folio 258.

colectivos. Como la cosa debió ser motivo de malestar para algunos de los asistentes, el propio Doroteo Alonso pedía la palabra para aclarar que *un partido político no tiene que ver nada con una organización sindical.* Argumento claramente defensivo y casi insubstancial, sabiendo todo el mundo que el PSOE y la UGT en Aranjuez habían sido uña y carne. Parecía como si Doroteo hubiera olvidado que en los Estatutos de *La Fresa* en su artículo primero, el sindicato quedaba adherido al Partido Socialista. En todo caso, el aludido Juan Huerta rectificaría sus declaraciones, cambiando la mención del PCE, hecha por error, por un denominado *Grupo de Oposición Sindical.* ¿Qué era este Grupo? ¿Quiénes lo forman y con qué objetivos? Tan solo podemos especular respecto del lapsus de Juan Huerta y su "confusión" a la hora de citar al Grupo de Oposición. Parece que realmente estuviera hablando de la facción comunista dentro de *La Fresa,* de una oposición comunista para ser más exactos. Aunque, los GOS o los Grupos de Oposición Sindical Revolucionaria (GOSR) eran organizaciones que estaban desarrollándose en el seno de los radios comunistas a nivel local[373], no tenemos constancia anterior, ni posterior a la mención en el acta de *La Fresa,* de la existencia de estos Grupos en Aranjuez. Tan solo podemos certificar una fractura, a todas luces polémica, que continuó dando que hablar, y que necesariamente debería insertarse dentro de un contexto general de crecimiento del PCE a nivel estatal.

Pero la ruptura jamás llegó a producirse. La UGT era una institución, instrumento sindical de la clase obrera ribereña y en palabras de Tomás Rivera, del PCE, *no es necesario decir, que en otros tiempos ha sido casi única y exclusivamente la U. G. T. la que en el terreno local sostuvo esa lucha larga y escabrosa, porque ha pasado la clase trabajadora, hasta llegar al momento que vivimos, enfrentándose*

373 Para un ejemplo en la ciudad de Cáceres, *vid.* Hinojosa Durán (2015). Para un acercamiento a la historia del PCE a nivel local, *vid.* Hernández Sánchez y López Villaverde (2021); y para una historia del PCE más generalista nos parece oportuno recomendar el clásico de Víctor Alba (1979), o el más reciente de Martín Ramos (2021).

374 *Combate,* nº 10, 7/2/1937.

continuamente contra la burguesía y contra sus servidores[374]. En todo caso, para este militante comunista era lógico que la UGT sufriera la influencia de las nuevas tendencias del movimiento obrero, *cuando los partidos fueron dando formación política a esa parte de la clase trabajadora que vivía intensamente el movimiento sindical.* Claramente barría para casa.

Con el frente de guerra ya en las cercanías de Aranjuez, los debates se sucedían, esta vez en el interior del órgano de expresión del radio comunista de Aranjuez, *Combate.* Poco a poco, se estaba convirtiendo en una sección habitual entre sus páginas la urgencia de definir el papel de los sindicatos en la guerra[375]. Tomás Rivera, en el artículo comentado, una vez había recordado la importancia histórica de la UGT, lanzaba una advertencia: *hay que ver muy bien en manos de quién van a estar los Sindicatos. No es hablar por hablar, lo que decimos porque si bien hasta aquí la UGT ha tenido muy poca participación directa en las cuestiones locales, hoy cuando los Sindicatos van a ocupar el puesto que les corresponde en la tarea de normalización de la vida, intensificando y ayudando la producción en general, es preciso tener muy en cuenta y **mirar con mucho detenimiento quienes van a ser los encargados**[376] de esa labor.* El alegato parece estar claro, había que controlar al sindicato, no fuera que tomaran decisiones en las antípodas de la línea ideológica del PCE. Nada de veleidades revolucionarias y, por supuesto, cuidado con los cantos de sirena de la emancipación, la autogestión y la autonomía del proletariado, *¡Cuidado con la socialización de las fábricas y del campo que nos podría llevar al fracaso! porque dentro de la República democrática, el Socialismo es solamente una fórmula socialista, vacía de contenido, ya que*

---

375 *Los Sindicatos en la guerra*, escrito firmado por (Ramón) Muñoz, *Combate*, nº 3, 20/12/1936.

376 La negrita es nuestra.

377 *El papel de los sindicatos en los momentos actuales*, por Cecilio Nieto en *Combate*, nº 13, 28/2/1937. El mensaje claramente iba dirigido a la estrategia de la CNT, al menos a la de sus comités menores y sus facciones antiburocráticas. Desarmar a la CNT y liquidar su influencia entre las filas del proletariado ibérico era prioritario para el PCE. En este sentido *vid*. Guillamón, 2012 y especialmente Guillamón, 2014.

el contenido no lo tiene hasta que no está implantada la dictadura del proletariado[377].

Machaconamente el PCE de Aranjuez llamaba al orden y la disciplina, mucha disciplina. Quizá así se entiende la propuesta que saldría del Partido encaminada a inmiscuirse en las actividades de la UGT. *Una de las tareas más importantes que pueden y deben realizar los sindicatos de Aranjuez debe ser esta: enseñar lo más elemental de la instrucción militar a sus afiliados (…) Brindamos la idea a la Junta administrativa de la Casa del Pueblo, seguros de que si quieren preocuparse pueden hacer una buena labor.* ¿Qué idea era aquella lanzada por el PCE a la UGT? *Que después de las horas de trabajo, todos aquellos que sientan la necesidad de dotar de reservas nuestro Ejército, vayan a instruirse al lugar que de antemano se determine*[378].

Poco más sabemos hasta el final de la guerra. Lo que había sido una de las épocas más fecundas y probablemente para muchos la más emocionante, en términos de conquistas sociales, llegó a su fin. La flor y nata de una generación de luchadores y luchadoras sociales fue carne de paredón, persecución y exilio. Los que no huyeron sufrieron una represión feroz, escondiéndose o quemando toda la documentación que pudiera comprometer a la militancia. Algunos pocos pudieron llegar al país vecino, pero tampoco les fue mejor. Al poco de llegar a Francia, un total de 13 vecinos y vecinas de Aranjuez fueron deportados a los campos de exterminio nazis de Mauthausen/Gusen[379]. Y aquel hervidero de ideas, entusiasmo, fraternidad y sueños de emancipación fue barrido de la historia, quién sabe si para siempre. Sirva este trabajo para recuperar su memoria y ejemplo de dignidad.

---

378 *Combate*, nº 18, 4/4/1937.

379 Peche Villaverde y Díaz Berzosa, 2016.

Bibliografía

- Alba, Víctor (1976). *El Frente Popular*. Ed. Planeta. Barcelona.
- Alba, Víctor (1979). *El Partido Comunista en España*. Planeta. Barcelona
- Álvarez Junco, J. y M. Pérez Ledesma (1982). *Historia del Movimiento Obrero. ¿Una segunda ruptura?*, en **Revista de Occidente**, nº 12, pp. 19-41.
- Ashton, T.H. y C.H.E. Philpin eds. (1988). *El Debate Brenner. Estructura de clases agraria y desarrollo económico de la Europa preindustrial*. Crítica. Barcelona.
- Barciela, Carlos (1996). *La contrarreforma agraria y la política de colonización del primer franquismo*, en **Reformas y políticas agrarias en la Historia de España**. Serie Estudios. Ministerio de Agricultura, Pesca y Alimentración. Madrid.
- Barciela, Carlos (2016). *La colonización agraria en España durante el primer tercio del siglo XX*, en **Libro jubilar en homenaje al profesor Antonio Gil Olcina**, pp. 1043-1062. Universidad de Alicante.
- Bascuñán Añover. Óscar (2008). *Protesta y supervivencia. Movilización y desorden en una sociedad rural: Castilla–La Mancha*. Fundación Instituto de Historia Social. Valencia.
- Bringas Gutiérrez, Miguel Ángel (2000). *La productividad de los factores en la agricultura española (1752-1935)*, en **Estudios de Historia Económica**, nº 39. Banco de España.
- Calle, María Dolores de la (1989). *La Comisión de Reformas Sociales, 1883-1903. Política social y conflicto de intereses en la España de la Restauración*. Ministerio de Trabajo y Seguridad Social.
- Carrera Sánchez, María del Carmen (1982). *La evolución de Aranjuez en el sistema urbano de Madrid*, en **Anales de geografía de la Universidad Complutense**, # 2, 1982, pp. 149-166.

- Castillo, Santiago y José María Ortiz de Orruño, coords. (1998). *Estado, protesta y movimientos sociales*. Universidad del País Vasco-Eukal Herriko Unibersitatea.

- Cisneros y Sevillano, Juan (1886). *Apuntes de la Epidemia de Aranjuez de 1885*. Escuela tipográfica del Hospicio. Madrid.

- Congost, Rosa (2007). *Tierras, Leyes, Historia. Estudios sobre "la gran obra de la propiedad"*. Crítica.

- Congost, Rosa (2016). *Revisitando la transición. Tierras, trabajo y relaciones sociales en el mundo rural de la España moderna*, en **La historia rural en España y Francia (siglos XVI-XIX). Contribuciones para una historia comparada y renovada**. Francisco García González, Gérard Béaur y Fabrice Boudjaaba eds. SEHA.

- Congost, Rosa (2020). *Cincuenta años de estudios sobre la propiedad. Un balance y algunas propuestas*, en **Senderos de la Historia. Miradas y actores en medio siglo de historia rural**. Comares ed. Granada.

- Cruz, Rafael y Manuel Pérez Ledesma, eds. (1997). *Cultura y movilización en la España contemporánea*. Alianza.

- Cuesta, Josefina (1978). *Sindicalismo católico agrario en España (1917-1919)*. Bitácora. Madrid.

- Dauvé, Gilles y Karl Nesic (2013). *Más allá de la democracia*. Lengua de Trapo. Madrid.

- Díaz del Moral, Juan (1967). *Historia de las agitaciones campesinas andaluzas*. Alianza. Madrid.

- Ealham, Chris (2005). *La lucha por Barcelona. Clase, cultura y conflicto, 1898-1937*. Alianza. Madrid.

- Esteve Mora, Fernando y Javier Hernando Ortego (2007). *Régimen comunal y economía moral en el Antiguo Régimen. La lenta transformación de los derechos de propiedad en Madrid, siglos XV-XVIII*, en **Campos cerrados, debates abiertos. Análisis histórico y propiedad de la tierra en Europa (siglos XVI-XIX)**. Rosa Congost y José Miguel Lana, eds. Universidad Politécnica de Navarra.

- Gavaldá, Antoni (2019). *Cataluña. Avatares de la colectivización agraria (1936-1939)*. Fundación Anselmo Lorenzo. Madrid.

- Ginés, Armando B. (2007). *Primera Crónica del Movimiento Obrero de Aranjuez y surgimiento de las Comisiones Obreras*. Ayuntamiento de Aranjuez.

- Gómez Bravo, Gutmaro (2017). *Geografía humana de la represión franquista. Del Golpe a la Guerra de ocupación (1936-1941)*. Cátedra. Madrid.
- González Calleja, Eduardo y Fernando del Rey Reguillo (1995). *La defensa armada contra la revolución*. CSIC.
- González Calleja, Eduardo (1998). *La razón de la fuerza. Orden público, subversión y violencia política en la España de la Restauración (1875-1917)*. CSIC.
- González Calleja, Eduardo (2012). *La prensa carlista y falangista durante la Segunda República y la Guerra Civil (1931-1937)*, en *El Argonauta español*, nº 9, p. 13.
- González de Molina, Manuel (2001). *Condicionamientos ambientales del crecimiento agrario español (siglos XIX y XX)*, en *El Pozo de todos los males*. Crítica.
- Guillamón, Agustín (2012). *La revolución de los comités. Hambre y violencia en la Barcelona revolucionaria. De julio a diciembre de 1936*. El Grillo Libertario. Barcelona.
- Guillamón, Agustín (2014). *La guerra del pan. Hambre y violencia en la Barcelona revolucionaria. De diciembre de 1936 a mayo de 1937*. Aldarull/Descontrol. Barcelona.
- Gutiérerz Molina, José Luis (2020). *Llevaban un Mundo Nuevo en sus corazones. Colectividades libertarias en Castilla*. FAL-Aranjuez, Calúmnia edicions, Cuadernos de Contrahistoria.
- Hernández Sánchez, Fernando y Ángel Luis López Villaverde (2021). *Camaradas de un comité menor. Una larga guerra civil (1936-1947)*. Sílex Universidad.
- Hinojosa Durán, José (2015). *La carta y la maleta: análisis de la afiliación comunista en la ciudad de Cáceres durante los meses del Frente Popular*, en *Pensar con la historia desde el siglo XXI*, actas del XII Congreso de la Asociación de Historia Contemporánea, págs. 3875-3894.
- Jackson, Gabriel (1986). *La República española y la Guerra Civil*. Crítica.
- Lindo Martínez, José Luis (2008). *Maderadas y Gancheros*. Junta de Comunidades de Castilla-La Mancha.

- López Barahona, Victoria (2015). *Las trabajadoras madrileñas del siglo XVIII, familias, talleres y mercados*. Tesis Doctoral. Universidad Autónoma de Madrid.
- Lucea Ayala, Víctor (2005). *Rebeldes y amotinados. Protesta popular y resistencia campesina en Zaragoza (1890-1905)*. Institución Fernando el Católico, CSIC. Zaragoza.
- Madoz, Pascual (1845). *Diccionario geográfico-estadístico-histórico de España y sus posesiones de Ultramar*. Tomo II. Madrid.
- Majaiski, Jan Vaclav (2010). *La conspiración obrera, en La Ciencia socialista, religión de intelectuales*. Bardo ediciones.
- Malefakis, Edward (1982). *Reforma agraria y revolución campesina en la España del siglo XX*. Ariel.
- Martín Ramos, José Luis (2021). *Historia del PCE*. Catarata.
- Maurice, Jacques. (1978). *La reforma agraria en España en el siglo XX*. Siglo XXI. Madrid.
- *Memoria que presenta el Comité Nacional al examen y discusión del Congreso ordinario que ha de celebrarse en Madrid durante los días 17 y siguientes del mes de septiembre de 1932*. Federación Nacional de Trabajadores de la Tierra. Gráfica Socialista, Madrid.
- Merlos, Magdalena (1995). *El patrimonio inmueble de Aranjuez. Su evolución en el siglo XIX*, en **Espacio, Tiempo y Forma**, serie VII, pp. 273-304.
- Moreno Ballesteros, Vicente (2015a). *La desamortización de Madoz en Madrid: Capital y Provincia (185-1894)*. Tesis Doctoral. UCM. Madrid.
- Moreno Ballesteros, Vicente (2015b). *La desamortización de Madoz en el Partido Judicial de Chinchón (1855-1894)*. Ampliación de la Tesis Doctoral. UCM. Madrid.
- Ortega López, María Teresa (2007). *Las miserias del fascismo rural. Las relaciones laborales en la agricultura española, 1936-1948*, en **HISTORIA AGRARIA**, nº 43, diciembre, pp. 531-553.
- Ortiz Córdoba, Ángel (2004). *Los ayuntamientos democráticos y la democracia. Ayuntamiento de Aranjuez*. Ayuntamiento de Aranjuez.
- Paniagua Mazorra (1989). *Colonias agrícolas en la provincia de Madrid durante la segunda mitad del siglo XIX*, en **La sociedad**

madrileña durante la Restauración (1876-1931). Vol. I. Ángel Bahamonde Magro y Luis Enrique Otero Carvajal eds.

- Paniagua Mazorra, Ángel (2005). *Catálogo de colonias agrícolas históricas de la Comunidad de Madrid (1850-1980)*. CSIC.

- Pascual Hernánsanz, Alicia (2007). *Cita con la escuela. Enseñanza en Aranjuez (1900-1940)*. Doce Calles.

- Peche Villaverde, Ramón y Concha Díaz Berzosa (2016). *La lucha por la libertad. Vecinos de Aranjuez en Mauthausen*. Ateneo de Izquierdas de Aranjuez.

- Pujol, Josep coord. (2001). *El pozo de todos los males. Sobre el atraso en la agricultura española contemporánea*. Crítica. Barcelona.

- Quirosa-Cheyrouze y Muñoz, Rafael (2004). *Los consejos municipales: una nueva articulación del poder local en la retaguardia republicana*, en **Historia Actual Online** (HAOL), #4, pp. 115-126.

- Redero San Román, Manuel (1990), *La UGT en el primer bienio republicano, 1931-33*, en **Investigaciones históricas: Época moderna y contemporánea**, #10, pp. 91-122.

- Robledo, Ricardo (1993). *Economistas y reformadores españoles: la cuestión agraria (1760-1935)*. Ministerio de Agricultura, Pesca y Alimentación.

- Robledo, Ricardo (1996a). *Política y Reforma Agraria: de la Restauración a la IIª República (1868/74-1939)*, en **Reformas y políticas agrarias en la historia de España**. Ángel García Sanz y Jesús Sanz Fernández (coordinadores). Ministerio de Agricultura, Pesca y Alimentación.

- Robledo, Ricardo (1996b). *Documentos sobre la reforma agraria en los archivos del IRYDA*. Catálogo realizado bajo la dirección de José Luis Martín, por Amanda Cabo, María Dolores Moreno de Vega y Pía Senent. UNED.

- Robledo, Ricardo y Teresa Gallo (2009). *El ojo del administrador: política económica de una aristocracia en la Segunda República*, en **Ayer** #73, pp. 161-194.

- Robledo, Ricardo (2015). *La reforma agraria durante la Segunda República (1931-1939)*, en **Revista de Estudios Extremeños**, tomo LXXI, Número Extraordinario, pp. 19-48.

- Robledo, Ricardo (2020). *Propiedad de la tierra: ideas y experiencias (1970-2019)*, en **Senderos de la Historia. Miradas y actores en medio siglo de historia rural**. Comares ed. Granada.
- Rodríguez, Curro (2014). *Aranjuez o los infortunios de la Servidumbre*, en **Cuadernos de Contrahistoria Local**, vol. 1, pp. 10-62.
- Rodríguez, Curro (2015). *Capitalismo y conflicto agrario en el sur de Madrid: Aranjuez, junio de 1932*, en **Cuadernos de Contrahistoria Local**, vol. 2, pp. 13-56.
- Rodríguez, Curro (2016). *Robinsonadas franquistas. El Real Cortijo de San Isidro y el Instituto Nacional de Colonización*, en **Cuadernos de Contrahistoria Local**, nº 3. Cuadernos de Contrahistoria y AC La Casa Negra. Aranjuez.
- Rodríguez, Curro (2019). *Reyes, campesinos y caracoles: la propiedad de la tierra y sus detractores en la historia de Aranjuez*, en **Cuadernos de Contrahistoria Local**, vol. 4, pp. 59-137.
- Rodríguez, Curro (2020). *Prólogo* a **Llevaban un Mundo Nuevo en sus corazones. Colectividades libertarias en Castilla**. José Luis Gutiérrez Molina, 2020.
- Rodríguez Chumillas, Isabel, Ana Moreno Adalid, Patricia Miñambres Puig y Rafael Mata Olmo (1987). *Propiedad y explotación agrarias en el regadío de las "vegas" de Madrid*, en **Agricultura y Sociedad**, #42, 1987, pp. 149-180.
- Rudé, George (1978). *La multitud en la historia*. Siglo XXI.
- Sanz Gimeno, Alberto (2000). *Aranjuez 1870-1970. Cien años de historia demográfica*. Aranjuez STVDIA, 3. Ayuntamiento de Aranjuez.
- Ruiz Alonso, José María (2019). *La Guerra Civil en la Provincia de Toledo. Utopía, conflicto y poder en el sur del Tajo (1936-39)*. Almud. Castilla La Mancha.
- Sánchez Pérez, Francisco (2002). *Protesta colectiva y cambio social en los umbrales del siglo XX. Madrid 1914-1923*. Tesis doctoral. Director Ángel Bahamonde Magro. UCM. Madrid.
- Sevilla-Guzmán, Eduardo; Manuel Pérez Yruela y Salvador Giner (1978). *Despotismo moderno y dominación de clase. Para una sociología del Régimen franquista*, en **Papers. Revista de Sociología**, nº 8, pp. 103-141.

- Sevilla-Guzmán, Eduardo (1979). *La evolución del campesinado en España*. Península. Barcelona.
- Shanin, Teodor (1983). *La clase incómoda*. Alianza ed.
- Shanin, Teodor (1990). *El Marx tardío y la vía rusa. Marx y la periferia del capitalismo*. Editorial Revolución.
- Souto Kustrín, Sandra (2003). *Poder, acción colectiva y violencia en la provincia de Madrid, (1934-1936)*. Tesis doctotal. Director Julio Aróstegui. UCM, Madrid.
- Taibo, Paco Ignacio II (2016). *Que sean fuego las estrellas*. Crítica. Barcelona.
- Tébar Hurtado, Javier (2006). *Reforma, revolución y contrarrevolución agrarias. Conflicto social y lucha política en el campo (1931-1939)*. Flor del Viento.
- Utanda Moreno, Luisa (2000). *Geografía agraria de la Comarca de Las Vegas*. Doce Calles. Aranjuez.

APÉNDICES

PROYECTO DE EXPLOTACIÓN DE LA FINCA DE SOTOMAYOR. MEMORIA

I. CONSIDERACIONES GENERALES

II. ESTUDIO DE LAS CONDICIONES DE LA FINCA
Situación
Límites
Superficie
Configuración
Naturaleza geológica
Tierras
Clima
Datos de orden económico y social. Población
División de la propiedad
Consumo
Trabajo del ganado de labor y máquinas
Construcciones
Riegos
Sistemas de producción

III. SOLUCIONES AGRONÓMICAS
Sistema de cultivos seguido en la finca Sotomayor
Resultados- Sus causas
Número de obreros y mulas y su distribución
Fertilización del suelo. Salinidad
Condiciones de las soluciones
Cultivos. Regadío. Plantas y alternativas. Secano. Alternativas
Mano de obra y ganado de trabajo
Número de obreros y mulas necesarios

Alternativa ganadera. Ganado a explotar

Producción y distribución de productos forrajeros y número de raciones por ha.

Ganado a explotar. Vacuno de leche

Régimen atendiendo a las necesidades de mercado

Régimen de explotación de un lote de 100 vacas

Número de cabezas que lo constituye durante las distintas épocas

Número de cabezas a vender anualmente

Régimen de explotación de un lote de 144 vacas

Número de cabezas que lo constituye durante las distintas épocas

Número de cabezas a vender anualmente

Alimentación. Alimentos necesarios durante los diferentes meses

Alimentación. Alimentos necesarios en el año

Excedente. Productos a adquirir

Producción, consumo y adquisición de alimentos para el ganado

Producción de leche

Necesidades de alojamiento

Personal necesario para la explotación ganadera

Instalaciones complementarias

Personal necesario para los cultivos y explotación ganadera

Ganado lanar. Pastos. Importancia del rebaño

Régimen. Finalidad zootécnica principal. Leche

Precios

Alimentación suplementaria

Personal

Producciones

Abonos

Estiércol. Cálculo de la cantidad a producir

Abonos necesarios anualmente en explotación normal

Riegos y saneamiento

Riegos. Características de la instalación de elevación

Número de riegos y cantidades de agua necesaria por ha. de los diferentes cultivos

Conservación de las obras de riego. Módulo

Plano perímetro

Salinidad. Necesidad de drenajes. Trazado general de las redes de distribución de aguas y saneamientos
Construcciones
Reparaciones. Alojamientos para los obreros
Habilitación de viviendas y dependencias para el ganado. Distribución y características de las obras
Material agrícola y de transporte
Productos y valores de los alimentos de ganado de trabajo
Productos y valores de los alimentos del ganado de renta
Productos a adquirir para alimentación del ganado
Producción y consumo de paja
Productos exportables
Industria lechera. Distribución. Personal
Personal total necesario a la explotación.

IV. VARIACIONES DE LA SOLUCIÓN ESTUDIADA Y NORMAS DE DESENVOLVIMIENTO

Solución forrajera-hortícola
Normas para el establecimiento de la explotación ganadera
Alternativas
Posibilidades ganaderas
Formación del lote de ganado
Ganado lanar
Mano de obra y ganado de labor
Número de obreros y mulas y su distribución por meses
Construcciones
Máquinas
Abonos químicos
Consumo de productos por el ganado
Productos exportables
Plan de cultivos en el año 1933. Soluciones diferentes
Mano de obra
Ganado de trabajo. Ganado de renta
Maquinaria
Obras

Piensos
Productos exportables. Solución primera
Id. Id. Solución segunda.

V. ESTUDIOS ECONÓMICOS

Explotación normal. Coeficientes de trabajo y precios de los productos
Precios de jornales
Cuentas analíticas de los cultivos
Explotación ganadera. Resultados. Variaciones de éstos con los rendimientos y precios
Resultados económicos de la explotación de ganado vacuno de leche
Lechería. Costos del tratamiento
Ganado lanar. Resultados
Explotación en conjunto. Resultados económicos
Capital de explotación y beneficio industrial
Explotación durante el año 1933-1934
Distribución de cultivos
Resultados probables considerada la finca en conjunto
Resultados probables en soluciones culturales diferentes
Capital de explotación, beneficio total e industrial en explotación normal de la solución ganadera
Explotación durante el año 1933
Resultados económicos probables en los cultivos y ganado lanar con las dos soluciones estudiadas
Resultado del conjunto de la explotación
Renta
Capital de explotación
Inventario

VI. ORGANIZACIÓN Y DIRECCIÓN DE LA EXPLOTACIÓN

Fórmula económica. Soluciones diferentes
Distribución de beneficios
Dirección y administración

• ANEJOS A LA MEMORIA

Anejo nº 1 Análisis de tierras
"   nº 2 Observaciones meteorológicas
"   nº 3-4 Coeficientes de trabajo
"   nº 5 Precios de jornales y condiciones de trabajo
"   nº 6 Racionamiento del ganado
    " Valor nutritivo de los productos que se van a obtener en la explotación
    " Pesso aproximados medios del ganado
    " Necesidades nutritivas de los animales
    " Raciones de crecimiento
    " Raciones para el ganado de trabajo
"   nº 7-8 Secciones de regueras
"   nº 9 Labores, jornales y distribución de los mismos
"   nº 10 Distribución total de jornales durante el año agrícola

PROYECTO DE EXPLOTACIÓN DE LA FINCA DE SOTOMAYOR. PRESUPUESTOS

I- OBRAS

Reparación del cortijo
Reparación del aprisco
Obras de instalación y transformación
Vaquería grande
Vaquería de 40 plazas
Vaquería de una fila
Dependencia de sementales
Dependencia de terneras y novillos
Parideras
Silos
Sala de preparación de alimentos
Departamento de trituración y almacén de piensos
Cobertizo para preparación del forraje
Viviendas

Parques
Estercolero
Resumen de obras de instalación

II- MAQUINARIA E INSTALACIONES.
A.- Maquinaria agrícola
B.- Instalaciones

III- GANADO
A.- Ganado de labor
B.- Ganado de renta

IV- LECEHERÍA
A.- Obras
B.- Instalaciones

PROYECTO DE EXPLOTACIÓN DE LA FINCA DE SOTOMAYOR. ESTUDIO ECONÓMICO

I- EXPLOTACIÓN NORMAL. (SOLUCIÓN GANADERA)

A.- Capital de explotación
- Totalidad de los gastos anuales de los capitales
- Resumen

B.- Cuentas analíticas de los cultivos
- Remolacha
- Trigo
- Veza–avena
- Maíz
- Nabos
- Cebada forrajera
- Cebada para grano
- Judías

- Patatas
- Habas
- Sorgo
- Alfalfa (año de establecimiento)
- Id. (2º y 3º años)
- Id. (4º, 5º y 6º años)
- Secano-barbecho-cebada
- Resumen
- Regadío. Alternativa primera
- Id. Alternativa segunda
- Secano
- Observaciones a las cuentas analíticas
- Renta-ganadería
- Gastos anuales de las construcciones
- Id. Id. De la maquinaria agrícola
- Limpieza de acequias
- Transporte de obreros y elementos para los mismos
- Anejos a las cuentas analíticas de los cultivos
- Determinación del coste del trabajo del tractor
- Determinación del jornal de las mulas
- Determinación del coste del trabajo de la trilladora
- Determinación del coste del trabajo de la segadora
- Gastos anuales de las máquinas y herramientas
- Intereses del capital fijo de explotación.

C.- Cuentas analíticas del ganado de renta
- Ganado vacuno
- Variaciones en los resultados correspondientes a distintos precios y producciones
- Ganado lanar
- Resultados económicos de la explotación del ganado de leche
- Anejos a las cuentas analíticas del ganado de rentas
- Determinación correspondiente a la explotación del ganado vacuno
- Determinaciones correspondientes a la explotación del ganado lanar

D.- Estudio económico de la lechería
- Gastos de instalación y funcionamiento y precios de tratamiento
- Anejos al estudio económico de la lechería
- Determinaciones correspondientes al estudio económico de la misma

E.- Resultado económico probable de la explotación considerada en su conjunto

II- EXPLOTACIÓN NORMAL (Primer periodo a base de obtener productos exportables)
A.- Capital de explotación

B.- Cuentas analíticas de los cultivos
- Remolacha
- Trigo
- Veza–avena
- Maíz grano
- Cebada para grano
- Judías
- Patatas
- Habas
- Sorgo
- Alfalfa (año de establecimiento)
- Id. (2º y 3º años)
- Secano-Barbecho-Cebada
- Resumen
- Anejo a las cuentas analíticas- Determinación del jornal de las mulas

C.- Cuentas analíticas del ganado de renta
- Ganado lanar.- Determinaciones correspondientes al mismo
D.- Resultado económico de la explotación

III- EXPLOTACIÓN EN EL AÑO ACTUAL
A.- Capitales de instalación y explotación

B.- Cuentas de los cultivos
- Solución 1ª
- Solución 2ª

C.- Cuentas del ganado de renta
- Ganado lanar

D.- Resultados económicos probables

ESTATUTOS

de la

Cooperativa de Pequeños Campesinos

◆

ARANJUEZ

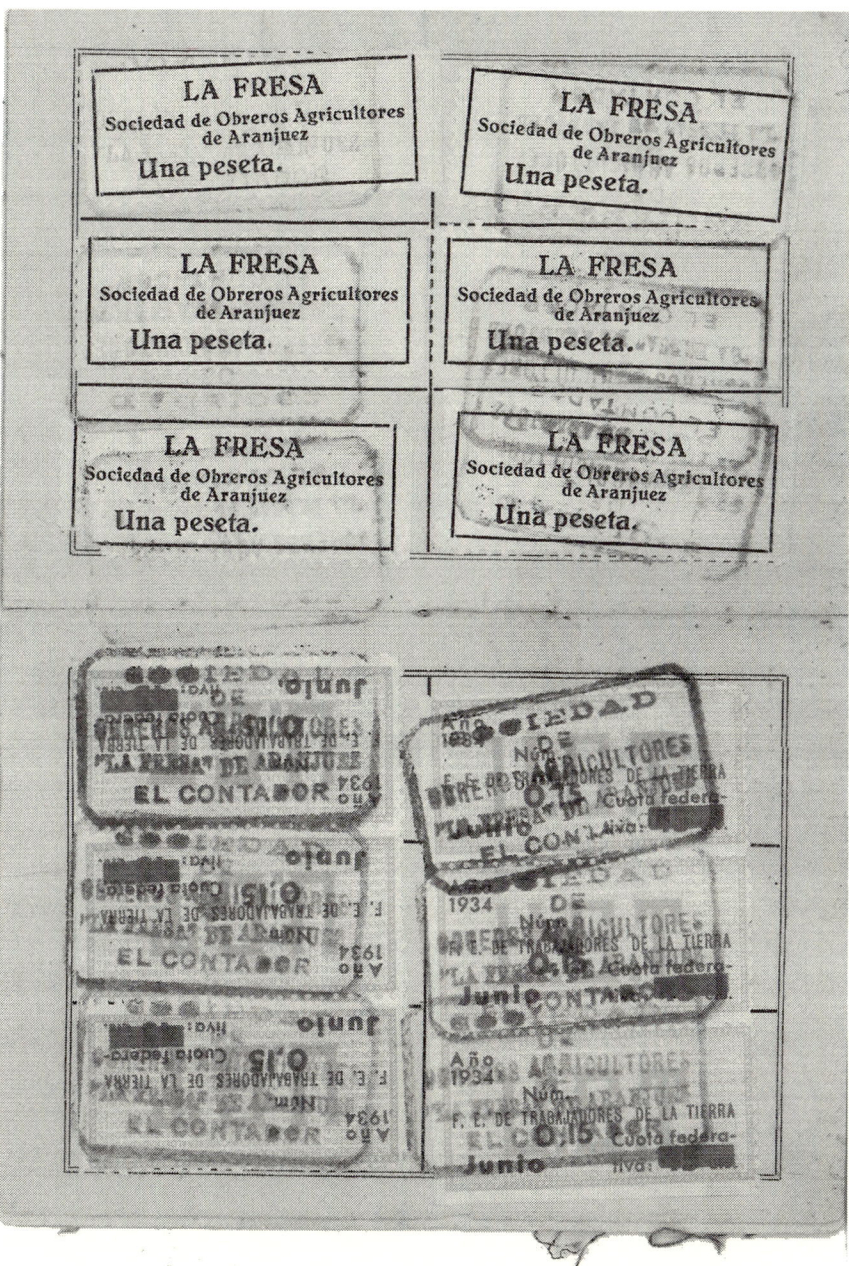

En estas coplas de hoy
como campesino digo:
que este año cogeremos
más patatas y mas trigo.
Antes, decían los burgueses
que si no fuera por ellos
no saldría de la tierra
el sustento para el pueblo.
Y yo digo desde aquí
que lo único que hacían
era dejarnos las tierras
para criar lagartijas;
solamente se ocupaban
de muchas juergas correr,
y si el pueblo no comía
¡que se le importaba a él!
El caso era vivir bien
de juergas en cabarets,
con el sudor del obrero
y violando a su mujer.
Combinados con los curas
y gentes de mal vivir.
También concurría el juez,
también la guardia civil;
entre todos combinaron
el crimen de la traición
y al extranjero vendieron
trozos de nuestra nación.
En estas coplas que digo

no quisiera desviarme
para yo abrirle mis brazos
al gremio de comerciantes.
Estos obreros merecen
también decirles que ayudan
al obrero campesino
a recoger la aceituna
Y siempre estarán dispuestos
al campesino ayudar
porque saben que en la tierra
es donde está el manantial,
y todos los campesinos
recogen para llevar
prolongando su jornada
y así al Gobierno ayudar.
Diré siempre con orgullo
que el sindicato La Fresa
todo cuanto recogió,
como un ejemplo a imitar,
al pueblo se lo entrego.

Juan RUIZ
Combate, 21/3/1937

Y la rosa de la Poesía es roja...
roja como la sangre vertida en el Calvario.
Y os digo, felices poetas laureados,
yo os digo que esa rosa de sangre
no se gana aquí
en estas justas de danza de opereta y juglaría
con la vieja retórica del yeso
y una pluma encarnada en el falsete agudo del gorro del
tenor.

León Felipe